從集權到民主

看懂俄羅斯之一

白嗣宏 著

代序　俄羅斯是中國的
　　　　永恆鏡子

《亞洲週刊》總編　邱立本

　　在那火紅的歲月，蘇聯是中國的鏡子，照出中國的希望。五六十年代，正是中國共產黨建國之初，舉國上下，都有一種難掩的興奮之情，認為今天的蘇聯，就是明天的中國。向蘇聯老大哥學習，是中國的共識。多少的年輕人，都帶著夢想到蘇聯學習，要發現通往社會主義天堂的秘密。

　　而社會主義的基礎，也和俄羅斯的歷史密切相關。十月革命之前的舊俄文學，也是這塊廣袤大地的巨大吸引力。那些熠熠生輝的名字——普希金、果戈理、屠格涅夫、托爾斯泰、陀思妥耶夫斯基、契訶夫、高爾基等，都在中國年輕人心中留下了難以磨滅的印記。

　　這也是白嗣宏在1956年到蘇聯留學時的大時代背景。在前往列寧格勒大學的路上，他的行囊中裝載了他對蘇聯的夢想，也裝載了那些豐富的俄國文學遺產。他被分配去學蘇聯的戲劇和文學，在莫斯科的劇場上，他不僅熟悉斯坦尼拉夫斯基表演體系，也發現幕前和幕後的人生角色。這是讓人意氣風發的時刻，在蘇聯的幾年，他站在當時中國精英的前列，想像他所學習的蘇聯的

種種優點，總有一天會在中國實現。

　　五十年代的中國，剛從百年屈辱與戰爭的廢墟走過來，對蘇聯所強調的公平正義社會的追求，有強烈的認同感，他們認同計畫經濟的強大威力，也對蘇維埃體系在二戰擊敗納粹德國，都不勝仰慕。但1953年史達林去世後的「去史達林運動」，已使不少敏銳的中國心靈警惕，不僅看到蘇聯政治的變幻，也看到史達林時代那種讓人髮指的整肅與血腥。原來建立一個理想社會主義的社會，中間要經過這麼多的鬥爭與痛苦的折磨，也有那麼多的扭曲人性與犧牲人命的代價。

　　一九五七年，正是白嗣宏去了列寧格勒大學的第二年，中國掀起了狂飆的反右運動，林昭、林希翎等被鬥下來。在異國的校園裡，這位來自上海的留學生，感受到政治運動的變化，比舞台上的想像還要戲劇化。

　　但更戲劇化的是中蘇開始分裂。當白嗣宏和他的俄羅斯女同學談戀愛如火如荼之際，也是兩國在意識形態爭議如火如荼之時，但白嗣宏的羅曼史比舞台上的愛情更轟轟烈烈，他不顧中蘇分裂的政治逆境，將自己的愛情成為世界的核心，他和他心愛的俄羅斯女子結婚，也是和他所心愛的俄羅斯文化結緣。一九六一年，他和她回到中國，不獲准在京滬生活。他被分派到安徽教書，歷經困難的三年自然災害，後來更面對文革的殘酷；他遭受了種種的政治磨難，但他從不後悔，正如他對自己鍾情的俄羅斯文化毫不後悔。

　　一九八八年，中國走向改革開放。他應聘蘇聯新聞社，攜妻小重返莫斯科，在妻子的老家，他以新的角度來觀察中國與俄羅斯所經歷的巨大變化。從九十年代開始，他為《亞洲週刊》寫下一系列有關俄羅斯的報導，也寫出這塊改變他過去命運的大地，

正在改變自己和中國未來的命運。

因為中俄兩國之間，冥冥中有一種微妙的互動。如果沒有1989年的六四，蘇聯1991年政變時的軍人就不會拒絕開槍？蘇聯是否就不會那麼快解體？如果沒有近年中國的國家資本主義發展，國進民退，就沒有近年普京的強勢崛起？這兩個國家從社會主義體系，轉向資本主義的全球化體系，在追求國家競爭力的同時，是否也面對軟實力流失的挑戰？

在二十一世紀的初葉，中國和俄國都突然「走回從前」，回到他們有點不堪回首的六十年代——如何尋找通往美好明天的最佳途徑。但他們不再是依靠馬克思列寧的意識形態，而是要在市場機制與全球化的浪潮中，尋找社會主義與資本主義的最新反思。他們都要追求一個美好的明天，但也要從過去和當下的歷史教訓中，發現新的自己與新的世界。

這都是停不了的歷史挑戰，也刺激中國人思考俄羅斯的命運軌跡，是否就是中國人迴避不了的鏡子？它照出了中國的希望，也照出來中國的缺陷。白嗣宏這本書，就是那一面鏡子，照出中俄兩國交纏不休的身影，也照出中國衝往新世界的力量。

序　新俄道路的見證

白嗣宏

今年是俄羅斯走上正式民主化的二十年。作者於1988年10月應蘇聯新聞社邀請前來莫斯科工作，任職編審，開始在俄國的又一段生活。前一段，作為一個尚未開竅的高中畢業生，毫無生活經驗，於五十年代奉派留蘇，渡過了五年無憂無慮的大學時代。這個時期，恰逢蘇共二十大開啟的「解凍」正在發酵，漸漸滲透到蘇聯生活的各個領域，恰好作者所學的專業又是與意識形態緊密相連的文學與戲劇，聽到見到許多在國內無法知道也無法理解的事物。在學校裡時常聽蘇聯同學介紹，某某作家剛剛解放。某某教授剛從流放地歸來。求學所在的列寧格勒大學語文系教授古科夫斯基，普希金研究專家，就是1957年重返講壇的。對初到蘇聯學習的一代青年學生（十八九歲），都是聞所未聞的新事物。當初看到的一些電影，如《第四十一個》、《雁南飛》、《晴朗的天空》；看到的一些新戲劇，如《祝你平安》、竟有「馬列主義現在不時髦」台詞的《五個黃昏》，都感到十分意外。雖說在日常生活中感到輕鬆，但是並沒有真正認知變化的深度。意識裡只有朦朧的覺悟。

作者1961年畢業後回國工作。歷經「反修」教育，「四清運動」，「文化大革命」，思想解放，反思，改革開放，實踐是檢驗真理的唯一標準的大辯論，清理精神污染，反對自由化，人道主義的辯論，看清一些問題。1988年10月來到蘇聯，又恰逢戈巴契夫推動的蘇聯改革。公開性和新思維，成了公眾主要的話題。蘇聯在他領導下首次進行直選人民代表，第一屆全蘇人民代表大會上民主派與保守派的激烈搏鬥，全國空巷，天天守在電視機旁觀察代表們就國是民生大大小小問題進行辯論，開放黨禁報禁，全民公決，許多過去不敢想像的事，就活生生地出現在眼前。一人一票直選國家領導人，更是新鮮。那些蘇共黨員出身的民主健將，激情澎湃的演說，對國家命運的痛惜，令人難以忘懷。蘇聯的瓦解，民主派炮打白宮，保守派衝擊國家電視中心，事事關係俄國的命運。

新俄誕生的苦難歷程，民生的崩潰，社會意識的更換，價值體系的變化，歷歷在目。近年來俄國歸位，體制變化，經濟發展，從集權制度改造成民主國家，重歸大同世界，仍然都是俄國思想界不停探討的對象。作為一個經歷兩個社會主義大國數十年來的變遷，背負兩種文化的薰陶，大半生的經歷，提供了更多一些參照係數，對後集權後共產主義國家俄羅斯現實的見證和思考，也許具有別樣的意義。

這裡，俄國民主化的路線圖，從其當代國家發展來看，先是戈巴契夫的解構集權，結束冷戰，開始引進普世價值，對西方的支持和援助抱一定的希望。其中發生過由前蘇聯克格勃領導的武裝政變，但是三天之後就煙消雲散，蘇聯式的集權主義體制復辟猶如南柯一夢。徹底打破集權主義、走向民主的是從葉利欽掌權之後開始的。無論政治還是經濟，葉利欽前半期都是依賴親西

方的所謂「改革少壯派」，既有奔向市場經濟的「震盪療法」，也有大民主的政治改造。即所謂的「動盪十年」。2000年新年伊始，普京登上俄國總統寶座，開始一系列整頓工作，採取許多措施，強調俄國特色，加強從上到下的垂直集權體系，撤銷民選地方首腦，反對全盤西化，提出「主權民主」理論，防止西方國家干涉俄國內政。主權民主論要求在民主化的過程中，考慮本國歷史、文化、社會意識、民眾接受等具體因素，反對照搬西方民主道路和外部強加給俄國西方民主概念。從「普世民主」到「主權民主」，就是俄國從後蘇聯或者後共產主義國家過度到民主社會正在走的路。本書評論和描述的事實，就是這個過程的見證。下一步，俄國將會走向由中左和中右兩黨爭取掌權的政治體制。值得注意的是，兩黨都有克里姆林宮的後台。冷眼旁觀，中左的背景可能是普京；中右的背景可能是梅德韋傑夫。這也可能是明年俄國總統大選中出現疑似兩黨競爭的先兆。目前中右的政黨還沒有形成，但是近來梅德韋傑夫已經要求大富豪普羅霍夫出面主持已經存在但軟弱無力的正義事業黨（俄文中正義與右是同一個詞）。

這裡的文章，大部分在《亞洲週刊》發表過。現在按時間順序編排成兩本書，使讀者可以更方便把握俄國二十年來的變遷，更易品嚐俄羅斯這杯雞尾酒，以助看懂當代俄羅斯。第一本為《從集權到民主》，反映俄國的葉利欽時代和普京第一任期俄國民主化的多種面貌。第二本為《民主的困惑》，介紹普京第二任期和梅德韋傑夫任期俄國民主化的新動向，特別是在主權民主論下出現一黨獨大的現象，顯出後共產主義國家民主化之維艱。因此可以說，俄國民主化的道路還在演變中。

憂國憂民的《亞洲週刊》總編邱立本先生，堅持獨立思維和重視俄國這面鏡子；知俄學者、策劃編輯章海陵先生親自動手出題目和編輯，就是這些文章的動力。在此感謝這份文緣。

Contents

Headline 1 蘇聯解體前後作家協會的裂變

「八月事變」震撼了整個蘇聯社會。政變之餘波至今仍不斷動搖著蘇聯種種社會團體，蘇聯作家協會便是其中之一。

現在的蘇聯作家協會成立於1934年，會員一萬多人。原由十五個加盟共和國作協、二十個自治共和國作協，以及自治州、邊疆區、大城市的作家組織和分會組成。會員包括八十八個民族。自成立以來，一直是官方機構，享受部委一級待遇，歷屆第一把手常名列蘇共中央委員。

蘇聯作協向來以管理作家為己任，操持作家創作生命的生殺大權，行使褒貶作者作品之事。蘇聯文學史上許多持不同政見的作家一直受到作協的壓制。凡是異端的作家，首先受到作協的公開批判譴責，繼之發動簽名運動，要求趕出作家隊伍，最後受到組織處理，開出出會，失去一切生活保障。

著名大詩人諾貝爾獎金得主帕斯捷爾納克（《日瓦戈醫生》的作者）、小說家索忍尼辛均是範例。根據當年法令，作家協會會員均是合法的自由職業者。開除會籍之後，就被視作無業遊民，法院即可起訴，處以流放或勞改。

Headline 1 蘇聯解體前後作家協會的裂變 017

隨著戈巴契夫新思維的出台，作協也發生了變化。不久前（1991年八月政變前），作協第一書記卡爾波夫（以寫巨幅戰爭題材小說《大將軍》蜚聲文壇）被趕下台。緣起保守派共產黨員尼娜‧安德列耶娃譴責改革的公開信發表以後，各創作團體紛紛表示抗議，唯獨卡爾波夫主持的作協採取拖延立場，遲遲不肯表態。據說他同保守派頭子利加喬夫商量過。為此他得到獎賞，由候補中委提升為正式中委。這自然引起民主派作家抗議。卡爾波夫被迫辭職。

　　8月20日，正值政變處於頂峰期間，三教九流紛紛登場，粉墨表演一番。有支持的，有反對的，有模棱兩可的。蘇聯作家協會的常務書記們自然也不例外。這一天，他們悄悄開了一次工作會議，就如何表態問題討論很久。會議由代理常務書記科洛夫主持。會上含蓄表示支援國家緊急狀態委員會的有老作家謝爾蓋‧米哈爾科夫（多次史達林獎得主、蘇聯國歌作者）、費‧庫茲涅佐夫（文藝學家、蘇聯科學院世界文學研究所所長、作協書記）、普羅哈諾夫（作家）、尼‧戈巴契夫（文學基金會主席）等人。另外一些人主張暫緩表態。誰知政變竟如此短命，蘇聯作協來不及表示譴責，政變就垮台了。結果蘇聯作協在這場危機中表現曖昧，成了民主派攻擊的對象。

　　8月23日，政變流產之後，以造反詩人葉甫圖申科為首的一批非常務書記召開了一次書記處擴大會議，主要人員是「四月派」作家。其中包括阿納尼耶夫（《十月》雜誌主編）、巴克拉諾夫（《旗》雜誌主編）、沙特羅夫（著名劇作家）、契爾尼琴科（政論家）。會上宣佈解散原作協書記處，指定以葉甫圖申科為首的工作書記處，實際上奪了權。會議做了如下決定：

　　一、鑒於在政變期間表現不光彩，撤銷理事會代理書記科洛

夫和蘇聯文學基金會主席戈巴契夫的職務。

二、鑒於書記處書記戈裡勃夫、庫茲涅佐夫和維爾琴科表現曖昧，建議他們辭職。

三、鑒於邦達列夫、拉斯普京（作家，小說《活著，但要記住》的作者，曾任總統顧問委員會委員）、普羅哈諾夫簽署為政變製造輿論的《告人民書》，要求他們辭去蘇聯作家協會書記和俄羅斯聯邦作協書記的職務等等。

《告人民書》是在政變前夕由一批蘇聯社會名流簽署的一份文件，要求全國動員起來，採取緊急措施，挽救祖國挽救俄羅斯。這次擴大會議認為其精神和口號，同政變委員會的綱領如出一轍。會上選出了一批新書記，同時要求召開理事會全體會議，要求新任國家安全委員會負責人從作協撤出克格勃人員。

擴大會議結束後，立即遭到俄羅斯聯邦作協指責，說這是一場篡權活動。俄羅斯聯邦作協以主席邦達列夫和第一書記羅曼諾夫為首，全盤否定擴大會議的決定，宣佈接管蘇聯作協和文學基金會、作協所屬各出版社、報刊、全部財產。問題到此並沒有結束。8月30日的擴大的全蘇作協理事會全體會議上，危機進一步發展，矛盾白熱化。以保守派作家邦達列夫為首的俄羅斯聯邦作協在政變之後急忙發表聲明效忠葉利欽總統；這次會議上卻宣佈退出民主派掌權的全蘇作協。自從「俄羅斯，退場！」後，蘇聯作協隊伍的兩極分化更為明顯。保守派與民主派兩軍對壘，互不相讓。

自從戈巴契夫總統開始推進改革以來，春風吹進了蘇聯作協。作協長期以來的官僚作風、書記們的特權，都遭到了大力批判。各加盟共和國人民自我意識高漲，俄羅斯自然也不例外。俄羅斯聯邦作家一致要求成立俄羅斯聯邦作協。在此之前，唯獨俄

羅斯聯邦沒有作家組織。邦達列夫發起成立俄羅斯聯邦作家協會並出任主席。問題是俄羅斯聯邦作協的主要領導成員反對進行改革，包括經濟改革。《我們同時代人》雜誌主編庫尼亞夫就曾公開反對設立自由經濟區，說那是出賣祖國，是當買辦。他們與保守派報刊《日子》、《文學的俄羅斯》、《我們同時代人》、《青年近衛軍》和《莫斯科文學家》結成聯盟，不斷攻擊民主派。去年冬天選舉作協領導機構時，沒有搞差額選舉，引起部分作家不滿。會上推選參加全國作家代表大會的代表時，「四月派」（以紀念戈巴契夫改革開始的月份命名）的主要人物沃斯涅先斯基（現代派詩人）、葉甫圖申科等均未入選，造成分裂。政變失敗之後，民主派作家發起成立新的作家協會作為對抗。籌委會的人員有：阿納尼耶夫、瓦西里耶夫（《這兒黎明靜悄悄》的作者）、格拉寧（反個人崇拜作品的作者，原列寧格勒作協負責人）、杜金采夫（《不單靠麵包》的作者）、伊萬諾娃（著名文學評論家）、奧庫札瓦（著名詩人）、雷巴科夫（《阿爾巴特街的孩子們》的作者）、契爾尼琴科等。這批人指責邦達列夫派搞沙文主義、反對民主改革、壟斷俄羅斯愛國主義，政治上支持利加喬夫（原蘇共政治局委員，據傳政變集團打算用他接替戈氏出任總書記），和波洛茲科夫（俄羅斯聯邦共產黨前第一書記）等反改革派。

不久前，籌委會公佈了俄國作家協會章程草案，提出作協是作家的自治機構；促進解除意識形態對作家作品的監管和監督；提高文學的精神因素和作家專業技巧水準；所有作家，不分民族、信仰、居住地、語言，一律平等。目前俄國作家協會籌委會正在收集會員，兩個組織都在搶支持者以擴大隊伍。

隨著蘇聯的瓦解，蘇聯作家協會各共和國分會也紛紛宣佈脫

離全蘇組織而獨立。全蘇作協何去何從？這又是一個大問題。從目前已發表的意見來看，大多數贊成實行聯合會體制，使各參盟者有更多的獨立性。

就在各派爭得不亦樂乎時，卻有人宣稱根本不需要什麼作協。著名女詩人雲娜‧莫里茨說：「民主派奪得了蘇聯作協的大權。他們幹得很好，比原來的首長們要好。六十年代登上文壇的一批作協書記代替了老朽的共產黨員書記。很快七十年代、八十年代更激進的作家們會趕走六十年代作家書記，自己當起書記來。無論是普羅哈諾夫和庫尼亞夫（保守派）好，還是葉甫圖申科和普拉托夫（民主派）也好，都不能代表我。那些在為作家大樓爭得不可開交的書記們，──這樣的作協，我根本不需要！」

還有一批作家最關心的是蘇聯文學基金會的問題。文學基金會是一個相當大的機構，掌握大量資源，擁有一批社會福利和日常生活設施、醫療和生產機構，是為作家及其家屬服務的。文學基金會的資金來源於各出版社、報刊編輯部、演出活動在支付報酬時撥給基金會一定數額的公積金，文學基金會所屬企業的營業收入，等等。形式上它是一個獨立機構，但實際上一旦參加作協，即成為基金會的成員，享受一切福利待遇。文學基金會的領導機構是由作協書記處或理事會任命的。原本是負責救濟貧困作家的，後來成了少數人控制作家的工具。這次作協改組，基金會主席易人，各共和國作協獨立出去，都要求分掉文學基金會的財產。怎樣分？至今尚未解決。一部分作家呼籲把基金會辦成真正有益作家創作的機構，而不是少數書記們物質享受的小金庫。基金會應當開辦實業，賺錢支持作家，特別是青年作家的創作，包括建立出版社，便於作家出書，這樣作家才能真正獨立。

綜觀蘇聯作家協會的裂變，是蘇聯瓦解的一個衍生品，是

近七年來政治改革、公開性、社會生活多元化的結果。各派爭論的焦點，仍然是改革與保守，即政治上、意識形態上的分歧造成的，故而十分深刻。從文藝創作上來看，兩都派有很好的作品。但願目前這種多元化的作協組織，能帶來百花爭妍的多元化文學！

Headline 2 蘇俄的傷痕文學和迷惘的一代

1992/03

自從1985年戈巴契夫上台正式發動改革以來，改革潮流勢如破竹，把世界六分之一大地上的社會鬧得天翻地覆，被英國電視界稱為第二次俄國革命。作為社會生活不可分割的一部分，文學也遭到一場大變革。所謂的社會主義現實主義創作方法，隨之進入歷史。一場對文學的反思大大改變了傳統的「蘇聯文學」的面貌。歌功頌德、粉飾太平的「假大空」的奉命文學，地位一落千丈。昔日紅極一時的英雄人物黯然失色，取而代之的是光怪陸離、五花八門的作品，猶如打開的水閘，奔騰直瀉，使人眼花繚亂，目不暇接。在這色彩斑斕的文學調色板上，我們大致可以分為四大板塊。

傳統的俄國革命文學。這類文學變化最大。從原先的以寫光明為主（如當年蜚聲文壇的《金星英雄》或者《光明普照大地》），改為寫社會陰影為主。這一根本性變化，是過渡時期的現象，自然也是俄國整個思想界學術界對俄國歷史反思的結果。如何看待七十年的蘇聯國家生活，成了文學反思的重要內容。我們都熟悉蕭洛霍夫的名著《被開墾的處女地》，那場嚴酷的為建

立集體農莊而鬥爭的故事。五十多年的現實是，集體農莊養活不了本國人民。這個現實自然引起作家們的思考。當代著名俄國作家瓦‧別洛夫於1991年發表了新作《偉大轉折的一年》。蘇聯歷史上稱1930年為轉折的一年，即從資本主義根本轉向社會主義的一年（不久史達林即宣佈在蘇聯建成社會主義）。現代的作家如何看待1930年呢？別洛夫向讀者展示的情景完全不同於蕭洛霍夫筆下的畫卷。為了建立集體農莊，當年全國展開了一場消滅富農的運動。《偉大轉折的一年》就是寫這件事的。主人公巴威爾拒絕參加集體農莊，被告定為罪犯，不得不到處躲藏。農村裡人人自危，家家都在夜裡烤麵包。萬一遭到流放，好帶在路上充饑。這些不願參加集體農莊的農民（相當於中國的中農）統統被掃地出門。除鎮壓外，全部被流放到邊遠地區。書中描繪了這樣一個插曲：巴威爾在森林裡遇見一個烏克蘭少婦。少婦懷裡抱著一個嬰兒。她一家從烏克蘭流放到西伯利亞。男人被派到林場伐木。女人、小孩和老人留在教堂裡。巴威爾請她到家裡吃飯，進屋以後才發現一路上無聲無息的嬰兒，早就死在他母親的懷抱裡。烏克蘭農民家破人亡就是巴威爾命運的寫照。這場消滅富農的運動使農民大傷元氣，農業的生產水準隨之下降，以致三十年代中期數百萬人死於饑荒。俄國從一個糧食出口國變成一個進口國。這部小說成了清算史達林極左政策的批判書。

七十年被禁文學。戈巴契夫改革以來，民主化和公開性的成果之一，就是思想開放與多元化。在這股浪潮之下，七十年之間被禁的文學作品，紛紛出版，終於能夠與讀者見面。這裡有名詩人阿赫瑪托娃的長詩《安魂曲》（寫於1939年至1940年）——一首母親痛哭被捕兒子的哀歌，一首俄羅斯哭祭被害兒女的哀歌。這裡有楚可夫斯卡婭的中篇小說《索菲婭‧彼得羅夫娜》

（寫於1939至1940年），第一部描述人性在越來越沉重的迫害下扭曲的作品。這裡有揚波爾斯基的長篇小說《莫斯科一條街》，描述那種吞噬人的恐懼氛圍。這條街很有名，即阿爾巴特大街。由於領袖每天乘車沿這條街上下班，街上每一幢房子、每一個門洞、每一扇窗都列入清冊，所有的人都受到監視。這條商業文化街上空籠罩著神秘莫測令人怵然的陰影。是他們使這條大街處於高壓的紅色恐怖之下。這裡有東布羅夫斯基的長篇小說《無用東西系》。這部書「是由鬧劇時代活下來的1937年悲劇見證人寫的」。作者本人經歷過古拉格群島（勞改營）地獄般全部磨難。「無用東西系」指的是大學法律系。主人公畢業於法學專業，因持不同政見被捕。審訊員說他學的都是無用的東西。1939年的現實就是無法無天。這裡有老作家格羅斯曼的長篇小說《生活與命運》（手稿於1961年被克格勃沒收）。這是一部包羅社會各個層次的小說，對史達林主義在社會所有領域的職能進行了廣泛的研究，猶如一部社會生活的「門捷列耶夫化學元素週期表」。作者揪住一個制高點──史達林格勒大血戰。從這個最高點可以一覽全部結構。作者寫道，史達林格勒大血戰不僅決定國家的整體命運，也決定德國俘虜的命運。他們要到西伯利亞戰俘營去勞改。還決定希特勒集中營裡蘇聯戰俘的命運。他們在得到蘇軍解放後分享德國戰俘的命運，也被遣送到西伯利亞去勞改。這場大血戰也決定了東歐各國的命運。史達林主義消滅了人性和自由，這就是本書的主題。讀者記得當年紅極一時的西蒙諾夫的小說《日日夜夜》，完全從另一個視角反映了史達林格勒大血戰，主要是歌頌蘇軍戰士的大無畏精神。《生活與命運》則看出了史達林格勒大血戰為今後製造個人崇拜推行史達林主義建立了基礎。在血與淚凝成的俄國現代文學裡，瓦爾拉姆‧沙拉莫夫的遭遇催人淚

下。他生於1907年，1929年在莫斯科大學讀書時因「散佈偽造列寧政治遺囑（實際上是著名的列寧致十二次黨代會公開信，信中指出史達林不適合擔任黨的總書記）」而被捕，判刑勞改三年。1937年再次被捕，遭流放到遠東北極圈內的科雷馬勞改營。他在勞改和獄中度過了漫長的二十年人生，二十大以後得到平反。但好景不長，1964年隨著赫魯雪夫下台，新史達林主義粉墨登場，再次受到打擊。沙拉莫夫晚年窮困潦倒，每月領取七十二盧布（最低）退休金，只好在養老院度殘生。他雙目失明，聽力衰退，最後被強行送進瘋人院。入院後次日即因肺炎死去。他生前寫道：「那裡的一切太不尋常，太不可信了。可憐的人腦簡直無法通過具體形象去想像那裡的生活。」他的《科雷馬小說集》正是那裡生活的具體形象。他所描述的鐵絲網內的生活，駭人聽聞。處於饑餓狀態下的人，喪失人的尊嚴和人性，為了一塊麵包會打得你死我活，會把垃圾堆翻過個來，會去吃人。為了十克鹹魚，會捅刀子。饑餓、沉重的勞動和毆打腐蝕人性，這些都是沙拉莫夫小說的主題。近年來十分活躍的政論文學揭露了許多禁區（史達林主義、吸毒、賣淫、阿富汗戰場上蘇軍官兵的道德面貌、民族關係、軍內制度、法制、生態環境等等），牽涉到整個行政官僚體制的利益，也可歸入這一類文學作品。

前一階段曝露黑暗的文學比較單純的傷痕文學，後一階段除揭露以外，筆觸伸入蘇聯行政體系，達到探索改革的領域。

俄國僑民文學回歸。俄國僑民文學回歸祖國也是蘇聯開放意識形態的結果。十月革命後，俄國發生了三次流亡浪潮。第一次浪潮是二十年代；第二次是四十年代；第三次是六十年代至七十年代。三次浪潮的特點是大批知識分子或自我流放或被迫出國。大文豪高爾基就是在列寧逼迫下出國的。列寧對他說，「你還

是出國吧；否則我們把你流放出國」。這些亡命海外的俄國知識分子大部分都受到俄國文化傳統的薰陶，有著深厚的文化功底，出國以後，繼續維持和發揚俄國文化傳統。俄國僑民中很少人成為大富翁（這一點與華僑不同），卻出現了許多著名的作家、詩人和藝術家（其中包括諾貝爾文學獎得主蒲寧、索爾任尼岑和勃羅茨基）。他們在國外繼續文藝創作，組織文藝團體、創辦出版社（如播種出版社、契訶夫出版社）、出版文藝刊物，發表流亡作家和蘇聯境內禁止出版的作品，編印自己的報紙和雜誌（《大陸》Metropol和《新俄羅斯言論報》等）。近年來俄國思想界獲得解放，一致認為俄國僑民文學是俄國文學寶庫不可分割的一部分。各報刊和出版社競相發表和出版僑民文學作品。二十卷集的俄國僑民文學選集也在編印之中。第一代流亡作家格・伊萬諾夫、弗・納博科夫、弗・霍達謝維奇、鮑・札伊采夫等人的作品不斷出現在刊物上和出版單行本。納博科夫的作品出版最多。他的名著《洛麗達》終於在他的故國俄羅斯面世，而且出版了多種版本。第二代流亡作家葉拉金、第三代流亡作家索爾任尼岑、勃羅茨基、沃伊諾維奇、科爾札文、阿克肖諾夫、涅克拉索夫等人，經歷了種種磨難，都是被迫流亡國外。他們的創作力旺盛，作品累累，得到普世認同。索爾任尼岑的《古拉格群島》（描繪前蘇聯勞改營真實畫面）、《癌病房》（描寫流放地知識分子遭遇）、《第一輪》（即《煉獄》，描寫政治犯特別勞改營知識精英的苦難和鬥爭），都在俄國相繼發表。他的多卷集也在出版中。沃伊諾維奇的長篇諷刺小說《士兵瓊金奇遇記》因痛斥史達林主義被禁，直到不久以前才得以在俄國發表。

業餘作者登上文壇。在前蘇聯時期，一些業餘作者很難有發表作品的機會，特別是民間一些涉及到敏感題材的作品，而且

只有少數作品能夠克服重重困難見諸公眾。不久以前，莫斯科出版了一部兩卷本詩集《夜之公民》。這是一批業餘作者，白天在機關工作，晚上進行創作。白天過著繁重的紅塵生活，晚上投入詩的境界。「誰能給我背上插上兩隻翅膀，我就會山鷹一樣翱翔於天上」。這些詩充滿人情味。一位默默無聞的俄國作家米・科洛索夫歷盡千辛萬苦才出版了自己的長篇小說《死胡同》。這部小說獨樹一幟，描寫德軍占領區的生活。過去的作品寫淪陷區的生活，限於寫災難、英雄抗敵、壞人叛變。人們要麼吃盡苦頭，要麼去當游擊隊員，要麼去當偽員警。可是當年蘇聯有一大片領土失守，處於淪陷狀態。淪陷區的人也要過日子、生孩子、撫養孩子、結婚、工作、學習、吵架、爭論、蓋房子、讀書、種花……。總之，從另一個側面反映了敵占區的生活。這些業餘作者有自己的生活經歷，有自己的審美觀。他們寫出的作品自有獨到之處。由於客觀條件，他們的大量作品仍在高閣裡，但不等於這些作品不存在。俄國現行的出版法允許私人辦出版社、私人刊物，允許作者自費出版作品，為業餘作者們開闢了一處園地。

　　通觀當前的俄國文學，我們可以看到這樣一個特點：新創作的文學作品，包括目前十分流行的紀實文學、問題文學、政論文學，一方面尖銳犀利、干預生活；另一方面，缺乏美學深度和文學探索。老作家格拉寧表達了一代人的迷惘與痛心。不久前他發表談話時指出，他在與人合作的《圍困記事》一書裡描寫戰後生活、糧票、住房證、長龍、饑寒交迫，但是有勝利的鼓舞，儘管肉體上要艱難得多，住在工柵裡、集體宿舍裡，但大家對未來都有一個明確的概念，好像未來已經爭取到手。可是現在作家茫然不知寫什麼、怎樣寫，成了迷惘的一代。對於當前社會生活的商業化，生意關係統治一切，金錢的權力，使作家正在失去文化和

文學方面的優勢。優秀的出版社編輯面臨市場經濟無所適從，正在覆滅；前一時期內容豐富的文藝刊物在通貨膨脹的壓力下，叫苦連天，難以維持。訂數不斷下降。這位老作家對當前政論文學中的一些現象也提出來了批評，特別是政論文學向人們灌輸恐怖和冷漠，不是去激發人們靈魂裡的原動力，而是去消滅它。依他的看法，記者、文學家的膽識在於身居動亂年代找到善良、光明的潛在能量，協助人們生活下去。這番話可以說代表了俄國作家對本國人民的一片癡情。

Headline 3 俄國與兩岸三地四角戀

1996/05/05

　　自從蘇聯解體之後，俄國作為超級大國的地位下降，同另一個超級大國美國討價還價的能力減弱。俄國領導面臨新的選擇。總統葉利欽上台以來，急於重振舊威，儘管長期奉行親西方政策，也得到西方的支持，但是在要害問題上，卻未能盡如人意。

　　一是安全問題。西方一再不理睬俄國的警告，堅持要吸收東歐和波羅的海各國加入北約，將北約的勢力範圍擴大到俄國邊界。

　　二是經濟問題。俄國經濟處於轉軌時期，百廢待興，極需吸收大量外資。原指望西方慷慨解囊，誰知西方只在俄國原材料和能源工業方面投入若干資金，企圖加以控制；對於扶植俄國工農業並不熱心。亞洲地區近年來國際政治地位不斷提高，經濟蒸蒸日上，地區實力不容忽視。於是俄國開始調整全球戰略，並基於本國安全和經濟需求，開始重視與亞洲修好。

　　中國大陸在俄國的亞洲戰略中占著重要的地位。俄國希望兩國合作，增強在國際社會中的發言力度；兩國的邊界穩定可以減輕對俄國的壓力。中國又是俄國最大的軍火買家之一。俄國的機

械設備、化肥、鋼材大量銷往中國。中國的日用品和食品已經成了俄國東部地區重要的貨源。

但是，部分俄國人患著嚴重的「恐黃症」，擔心中國人湧向俄國人煙稀少的遠東地區。國家杜馬（國會）為此專門召開秘密聽證會；政府工作例會也曾討論對策。中國官方則一再聲明決無此意，並控制中國人赴俄數量，但仍無法消除中俄關係的這層陰影。

就在葉利欽訪華前夕發生了三件反對中俄邊界協議的事件。一是俄國邊防軍少將、中俄邊界標界委員會顧問羅卓夫因不同意標界工作進程而辭職的事。二是以總理契爾梅爾金為首的「我們的家園—俄羅斯」運動發表聲明，說劃分邊界不能只對中國人有利。三是濱海邊疆州州長就中俄邊界劃定工作向本地電台發表談話，說葉利欽已經下令在他正式訪華（4月下旬）結束前，暫停標界工作。

日前該州州政府新聞局發表一份文件《濱海州州長納茲德拉堅科對中俄邊界東段標界問題的立場》。文件說，向中國移交一千五百公頃俄國領土，中國可能會利用得到的土地，在圖門江口建設通向日本海的港口，三、四年後將成為歐亞大陸橋運輸量達一億公噸的東方出海口，而將俄國冷落在一邊。

葉利欽聽說後，4月11日公開反駁濱海邊疆州州長，宣佈說，他已下令加快中俄邊界的標界工作。可見他對中俄友好關係極其重視。

俄國和香港關係近年來發展順利。俄國駐港總領事館已經正式辦公。香港貿易發展局駐莫斯科代表處正在積極開展業務。今年元月，莫斯科召開俄港貿易研討會。4月底，一批香港工商界人士將再次前往莫斯科參加洽談會。去年頭十個月，俄港貿易額

已達六億六千萬美元。此外，俄國有意通過香港轉口與中國大陸進行貿易，又想通過香港進軍東南亞。因此，香港在俄國的亞洲戰略中占有特殊地位，何況香港又是世界金融中心之一。俄國正以豐富的資源和高素質的人員爭取香港工商界人士前往投資。

俄國同台灣長期以來很少聯繫。隨著俄國政治經濟的變化，兩者之間的關係有了突破性的發展。1992年9月，葉利欽下令成立莫斯科—台北經濟文化合作委員會。俄國人士以該委員會代表團的形式訪問台灣，會見台灣政府機構要人。台灣要人也紛紛訪問莫斯科。莫斯科和台北已經結成友好城市。台北國際貿易中心在莫斯科設有代表處。雙方留學人員和專家交流相當頻繁。俄國專家在台灣各大學任教。

此次台灣大選，俄國獨立電視台特派記者作了專題報導；俄國著名政界人士蓋達爾應邀觀察大選情況。莫斯科-台北的直達航線正在由一家俄國民營航空公司出面洽談。經濟貿易方面，俄國很看重台灣的投資能力，並對此抱有很大期望。但是，台灣實際投資很少，令俄國感到失望。雙方貿易額並不大。俄國對香港和台灣與中國大陸一視同仁，給予「發展中國家」的減半關稅優惠。俄國市場上台灣商品屢見不鮮。然而由於台灣地位相當微妙，俄國處理雙方關係時十分謹慎。不過，雙方合作的願望和潛力都是巨大的。

中俄關係目前處於順利發展階段。亞洲各國當中，中國對俄國最重要。此次葉利欽訪華必將推進雙邊關係。

Headline **4** 俄國改革新形勢：
走出低谷前夕

1997/08/17

　　在一個教條主義、計畫經濟統治了七十餘年的大國進行一場翻天覆地的改革，並非易事。要從舊觀念根深蒂固、政治鬥爭複雜、經濟破產、人心渙散的環境中脫胎而出，成為一個具有民主政制和市場經濟的國家，從政治理念到心態平衡，從機構改造到人員培訓，不是一朝一夕能解決的。俄國十餘年所走過的改革歷程就是明證。

　　俄國的改革是從政治改革著手的。政治改革的目的是為了解放生產力，為了發揮個人的主動性，使經濟改革有一個相應的前提。在這方面，俄國的改革取得了相當大的成績：其一，廢除了一黨執政，建立了民主政制；其二，實行三權分治，相互制約，議會已經不是橡皮圖章；其三，進行真正的普選，全民直選總統、國會議員、各級政府首長；其四，放開黨禁，人民有自由組黨結社的權利；其五，做到思想自由、言論自由、出版自由，不以言論治罪；其六，放棄兩個超級大國主宰世界的觀念（不得已），主張多極世界結構。其七，新憲法將人的價值作為主線。當然，只進行政治改革還不夠，解決不了吃飯問題。政治改革代

替不了經濟改革，俄國的形勢恰恰說明了這一點。

葉利欽自從去年重新當選總統、今年恢復健康以來，大刀闊斧推動改革，重點放在經濟改革方面。他排除眾議起用堅持經濟改革的數員大將，如兩位第一副總理丘拜斯和涅姆佐夫（年紀均在四十歲以下），更新內閣，抓緊推行市場經濟機制。開源節流以克服預算危機。這半年來在經濟改革方面的措施有：加速制定有利於發展生產和調動積極性的稅法法典，減輕企業和個人的所得稅；加強限制天然壟斷企業的作用，迫使其降低收費標準，如天然氣價格、鐵路運輸費，下一步將壓低電價22.5％。這些都與降低生產成本有關，有利於增加產品的競爭力；改革公用事業收費辦法，減輕政府補貼重擔；壓縮預算開支；追收各企業拖欠的稅金以充實國庫；修改私有化政策，使之能為國庫提供資金；改善投資環境以爭取國內外投資；成立由總理擔任主席的外國投資諮詢委員會，參加者為在俄有大量投資的外國企業公司代表；成立以總理為主席的投資者權益保障委員會，參加者有經濟部、聯邦證券市場管理委員會、聯邦安全局和內務部，以保障本國資本利益和幫助外國投資商；降低利率和國債收益，軟硬兼施指導銀行資金從投機國債和外匯轉向購買實業公司股票和向生產企業投資；大力培訓掌握市場經濟規律的管理人員，總統簽署命令制定向歐美派遣五千名高中級管理人員進修的計畫；支持出口壓縮進口；制定措施清償欠發的退休養老金，改善改革的形象。

今年上半年以來俄國經濟發展的勢頭說明這些措施有一定的成效。7月24日舉行的政府工作會議公佈了上半年的經濟形勢和資料。

工業生產與去年同期相比上升了0.8％，6月份比去年增加2％，部分地區已達10％，是近七年來首次達到的水準；糧食

收成為七千六百萬噸，人均糧食千斤以上，由糧食進口國成為出口國；通脹率由去年夏季的15％降至今年的8％；7月通脹率已降至0.9％；央行利率由年初的48％降至目前的24％；外貿出超一百一十億美元（1996年全年出超二百零九億美元，結餘九十三億美元）；外匯匯率平穩，盧布實際匯率上升，今年5月央行外匯儲備增加32％，人均外匯儲備超過一百一十美元；居民現金收入增加5％，薪金增加2％；由資本外流變為資本回流；私有化提供的資金相當可觀，單是拍賣通訊投資公司的25％的股票一項即為國庫增加近十九億美元資金；去年一年小型企業投資額達二十八萬億盧布（約五十億美元），其中90％是自有資金；外國投資有上升的走勢，美國投資鉅賈索羅斯單為通訊投資公司提供九億四千萬美元，另有意向俄國石油總公司提供十億美元投資；俄國生產企業的股票升值極快，半年中平均增值150％，部分通訊公司的股票半年增值額達600％左右，這是企業生產發展的前兆；日前俄國總統宣佈從明年元旦起換發新鈔，票面將縮小一千倍，這也是金融穩定、通脹得到控制的結果。俄總理說「俄國經濟正在足夠明確地開始展示自己上升的能力」。他得出這樣的結論是基於從去秋以來俄國經濟就出現了國民生產總值和工業生產走向穩定的趨勢。專家研究所所長、經濟學人涅夏金認為俄國經濟出現了三個好勢頭：一、貸款利率下降；二、政府表明認識到要合理管理國有資產和控制天然壟斷企業；三、地方政權開始主動促進生產發展。

俄國各界對於經濟改革的路徑一直爭論不休。大體可以分為兩派：一派是市場經濟一步到位的西方派。這一派以前任代總理蓋達爾為代表。他認為蘇聯解體之時全國經濟崩潰，已經無法組織有效的經濟管理，只有全部推倒重來。另一派以前蘇共中央工

業部長、現任企業家聯合會會長和俄中友好和平合作協會會長的沃爾斯基為代表。他主張吸收中國經濟改革的經驗，重整俄國經濟。葉利欽的首席經濟高參裡夫希茨在對莫斯科國際大學講演時也提出參考中國之路的設想。

縱觀俄國經濟改革舉步艱難，成效甚微，引起廣大民眾失望。葉利欽深深知道，時不待人。他還有三年的任期，如不加速改革的步伐，人民再得不到改革的好處，三年之後的形勢就難於逆料。正如俄總理在講話中指出的，改革對人們也應當有效益。

俄國經濟改革已經走過的路程是一個搖擺不定的階段。正如俄國民主派的首領之一經濟學家波波夫教授最近著文所說，「已經到了關閉輪盤賭的時候了」。他在評述新近上演的根據俄國作家陀思妥耶夫斯基小說《賭徒》改編的話劇時說，俄國現代改革的輪盤賭時期已經結束，文明將代替野蠻，明確的目標將代替搖擺不定。

Headline **5** 俄國電視改革十年

1997/10/12

　　電視在前蘇聯一向是原蘇共中央控制最嚴格的宣傳工具之一。全部節目由中央審查；現場直播很少，絕大部份是事先製作好並經過審查批准的節目；頻道少的可憐；沒有廣告；經費全部由國家提供；無論是1991年的保守派政變，還是1993年的武裝動亂，俄共繼承了蘇共的傳統，首先要搶占的就是電視台。

　　在俄國改革的進程中，電視除了參加這一變革外，自身也發生了巨大的變化。當代俄國電視發展的進程可分為三個階段。

　　第一個階段，改革浪漫派同集權政治制度作鬥爭的階段。時間跨度為1988年到1991年政變之前。戈巴契夫實行公開性政策，電視獲得了自由，積極參與政治改革運動。特別是1989年議會在辯論蘇聯國家向何處去的時候，各派政治勢力充分表演，電視台從早到晚轉播辯論實況，全國人民都坐在電視機前邊看邊討論國家的命運，真可謂萬人空巷。1991年8月19日，中央電視台突然取消原有節目，只播芭蕾舞《天鵝湖》和政變委員會的公告和記者招待會。可是烏雲也只遮住了三天的太陽。

　　第二個階段，言論充分自由的階段。時間跨度為1991年政變垮台之後到1993年底左右。這個時期是改革派同保守派鬥爭最激

烈的時期，電視成了自由論壇。

第三個階段，金融資本開始控制電視事業。自從1993年10月莫斯科炮轟白宮、葉利欽控制政權以後，電視開始重新改組。原中央第一頻道節目私有化，改為俄羅斯公眾電視台；原原第二頻道改為俄羅斯電視台，是目前唯一的國家電視台；不久前新組成第五頻道的文化台，與第二頻道同屬政府下屬的國家廣播電視委員會，也是國家台，但尚未開播。俄國鉅賈別列佐夫斯基控制著公眾電視台和第六頻道TV-6電視台（此台原是俄美合資台）；莫斯特（橋）銀行集團老闆的「莫斯特—梅迪亞集團」（橋—媒體）控制著第四頻道的獨立電視台；莫斯科地方政府控制著第三頻道的電視中心台。其他私營電視台還有音樂電視台、REN-TV台、電視網台、31頻道台和35頻道台（試播）。此外，各地還有自己的地方電視台或節目。

目前俄國電視有以下幾個特點：

第一，國營和私營並存，私營數量超過國營數量。

第二，允許與外國資本合作在俄經營電視台，TV-6台就是俄美合資創辦的。

第三，允許與外資合作開辦對俄衛星電視，莫斯科的Cosmos-TV公司就是與美國Metromedia International Group合作經營的，專門轉播外國衛星電視，在莫斯科可以看到歐美各主要台、日本NHK電視台，部分台還附有俄文同聲翻譯。CNN台無需特別設備即可全天收看。

第四，部分節目成了各金融集團鬥爭的工具，電視從業人員被迫聽命於金融集團。

第五，電視商業化占主導地位，教學節目全部撤銷，文化節目微乎其微；獨立電視台老闆在倫敦看到電視台在黃金時間播出交響音樂會節目，大吃一驚，因為在同樣時間他的台播放的是商業歌曲節目。

第六，電視節目五花八門，從時事政治到「花花公子」電視片，從議會辯論到「草莓甜點」（三級片性質）。

第七，大量外國影片（從奧斯卡得獎作品到廉價美國片）和巨型電視連續劇長期占用黃金節目時間；美國連續劇《Santa Barbara》已播出三年多，仍在繼續播放。

Headline **6** 盧布改值民心動盪

1998/01/03

　　對俄國老百姓來說，1998年開門第一件事，就是許多人失去了「百萬富翁」的稱號。由於幾年來連續的通貨膨脹，俄國許多人月月到手的薪金都以百萬計。商店裡的價格上百萬也是司空見慣的事，如二十一英吋的電視機價格就在二百萬以上。從今年元月1日起，俄國實行盧布改值，鈔票、價格、存款等等，全部去掉三個零，即一個新盧布相當於一千個舊盧布。這項動作早就正式公佈了。公佈之後，政府動員大量輿論工具進行解釋工作以安定民心。在前蘇聯和俄國來說，這是第五次盧布改值。第一次改值是1921年，改值幅度最大：一百萬舊盧布換一個新盧布。1947年的盧布改值帶有沒收性質：超過一定數額的存款換新鈔時的比例大大低於少量盧布換新鈔的比例。1961年赫魯雪夫的改值引起了物價上漲。1989年和1993年兩次換鈔，都使老百姓遭到相當大的經濟損失。因此，這一次的改值，引起老百姓的擔憂是可以理解的。據俄國國際文傳通訊社報導，社會輿論基金會調查結果表明，越來越多的老百姓對改值表示擔憂。1997年8月的資料表明有53％的人表示擔心；11月上升到58％。具有高等教育水準的人士中，46％表示不贊成這一措施；具有中等教育水準的人士中，

有33％不贊成這一措施。《消息報》發表的一封讀者來信說，1998年兩種鈔票同時流通在經濟上是荒謬的，必然造成通脹率上升。居民手中上百萬億的盧布舊鈔未必會在1998年全部使用完畢。能否都換成新鈔？以後的幾年中，央行行長是否會換人？舊盧布的遭遇如何？

1998年的改值，早在1996年夏就由俄總理提出，總統批准，中央銀行行長下令印鈔廠和鑄幣廠印製新鈔和鑄造新的硬幣。此後，輿論界忽然自行設計新鈔，引起一陣轟動。儘管中央銀行一再否認要發行新鈔，看來是此地無銀三百兩。

對於此次盧布改值，官方一再指出，這是經濟好轉的標誌。葉利欽總統在對全民每週廣播演說中宣稱：「盧布改值，價格的改變，毫無疑問會簡化人們的生活。少幾個多餘的零計算起來要容易一些，習慣一些……可以不必擔心。物價不會暴漲，商店裡的東西不會消失。現在不會有人吃改革的苦頭。」切爾諾梅爾金總理說：「這是經濟發生質的變化的結果。既是我國貨幣穩定的標誌，又是政府有能力對貨幣流通進行嚴格控制的標誌。鈔票上減去三個零是高度通貨膨脹時代一去不復返的結果。這一點很重要，包括在心理方面。」第一副總理丘拜斯聲稱，政府和中央銀行對1998年的貨幣管理原則已經定下來，在改值過程中不會改動。他說：「政府在這方面的政策一如既往。目的是繼續壓低通脹率，壓到年通脹率5％到7％（1997年為11.3％。）。在這個基礎上增加生產，從而可以及時發放工資和退休金。」俄國中央銀行行長杜比寧認為「抬高物價的做法必將是白費力氣。商品物價過高，對這些商品的需求必然有限，必將導致物價還原。我們堅信所有的比例關係都會保持不變。」他說這次貨幣改革是國內經濟不穩定和高通脹時代的終結；貨幣流通量不會增加，因為商

業銀行繳給中央銀行多少舊幣，中央銀行就發給商業銀行多少新幣，元月1日起中央銀行停止發行舊貨幣，商業銀行從7月1日起停止發放舊幣；舊幣換新幣不受任何限制，老百姓有多少換多少，這是以往沒有的。

俄國反對派對這次盧布改值持全盤否定態度。俄共領袖久加諾夫說「改值是一項倉促的、過早的、缺乏考慮的、計算不足的措施。」這項改革的結果必然是「窮人更窮」，「因為近幾年來葉利欽的每次改革都使老百姓的錢包瘦一次」。久加諾夫認為政府採取改值措施的真實目的在於把老百姓的注意力從國家進行的破壞性的改革轉到關心個人利益上來。前兩位總統候選人列別德將軍和亞夫林斯基擔心改值會給國家經濟造成損失。國家杜馬議員費奧多羅夫（前財政部長）認為改值的條件不成熟。他說：「只有在年通脹率低於10％的時候才能宣佈改值。因為新鈔要能用幾十年才合算。是否應當更謹慎一些？1997年的物價可能上漲15％；下一年再漲10％，到1999年貨幣要貶值三分之一，又要考慮發行大面值的鈔票了。」反對派經濟學家包洛金認為對於拿國家工資的人來說，自動減去三個零等於實際收入降低30％。私人企業會想辦法補償的。這樣必然擴大兩者之間生活水準的懸殊差別。對衛生界和教育界的影響更大。

外國評論界意見不一。國際貨幣基金組織表示贊成俄國貨幣改值，並表示俄國將繼續獲得國際貨幣基金組織給予的三年共一百億美元貸款。英國《金融時報》認為這是「俄國政府和總統想向本國公民展示已經完全戰勝了通貨膨脹，因為只有在物價基本上停止上漲的情況下，減去幾個零才有經濟意義。估計大眾用品的物價會略有上漲，窮人階層的生活水準會有所下降，在實際換鈔的過程中也許會出現一些嚴重的問題。一般來說這純粹是一

項象徵性的心理措施。與俄國政府的貨幣政策和經濟政策無關。這只不過是為了使老百姓相信盧布不會再貶值了。在西方來說，不會為此改變對盧布的態度。」

俄國老百姓的態度也不盡相同。大部份都擔心會受到損失。記者街頭採訪的記錄很說明問題。一位名叫列昂尼德的二十五歲軟體編寫員說：「改值對我個人來說沒有關係。只不過工作上會出現許多問題。我是在商店工作的。我不得不更換全部價格軟體，要輸入大量的新數字。」一位名叫塔吉揚娜的四十二歲總會計師說：「儘管我是總會計師，可我是一個窮人。所以說換鈔的事嚇不住我。因為我根本沒錢。我還要養活丈夫和孩子。我想，未必會有什麼變化。」一位姓波波娃的八十八歲老婦，在地鐵站口賣蘋果。她說：「當然，要我習慣新鈔票很困難。可是，我有什麼辦法呢？沒人能改變現狀。大家都會感到困難的。至於說到我的儲蓄，退休金就是我的全部儲蓄。我的退休金全在儲蓄本上。我指望儲蓄所不會欺騙我。」一位三十歲的男子說：「很明顯，這又是一個圈套。我不相信我們的國家。如果這是第一次的話，又當別論。因此，我打算把自己結餘的錢，要麼換成外匯，要麼投到不動產上去。這樣更可靠一些。」一位名叫蓮娜的十八歲時裝學院女大學生說：「我對改值抱著極其否定的態度。國家必然會從這一切中取得最大的好處。我們全會上當受騙的。因為這事不是隨隨便便做的。對我個人來說，有一次就足夠了。現在還為時不晚，要把錢拿去做生意，就是說把錢投入各種賣傢俱或者賣不動產的公司裡去。」兩位年青的大學生說：「我們不明白為什麼大家對換錢一事這樣擔心。我們認為不會騙我們的。因為是等價交換。有什麼區別呢？也許是我們不明白？反正錢還是在自己手上的。不過我們打算把自己攢下來的錢在近期內換成美

元。為了以防萬一呀。」

元旦前夕俄國中央銀行出納中心加班加點，準備了大量新鈔。莫斯科的商業銀行紛紛前往以舊換新。連出納中心有經驗的老出納員都說，出現了換錯錢的情況。運新鈔的飛機、專列、汽車源源不斷開向各地。元旦這一天，莫斯科尚未見到新鈔。只是元月2日，莫斯科市民才從取鈔機中取到新鈔（各行營業部公休）。大家似乎都忙於過新年，對換鈔一事並不那麼關心。

1917年前，盧布曾是世界五大硬通貨之一。第一次世界大戰前夕，盧布有黃金擔保，一個英鎊換九個盧布；一個美元換不到兩個盧布；一個盧布可以換到兩個德國馬克，或者三個法國法郎。現在改值後的盧布將相當於一個法郎，或者說，一個美元大約可以換六個盧布。

盧布大貶值引發
信譽危機

1998/08/19

盧布終於垮了。

8月17日俄國政府和中央銀行宣佈新的盧布匯率「走廊」為6至9.5盧布兌1美元，即允許貶值50％。

三天前，即8月14日，葉利欽總統信誓旦旦，「堅決地和明確地」向全國表示盧布決不會貶值。四天前，總理和財政部長再次聲明，盧布沒問題，一切都在掌握之中，總理說不存在金融危機，只不過是「心理危機」而已。俄央行表示有足夠把握控制局面，黃金外匯儲備至少能抵擋三個月。而9月份國際貨幣基金組織的第二筆貸款即可到達俄國，因此盧布匯率可以維持下去。國際炒家索羅斯建議俄國政府主動將盧布貶值15％至25％，以便控制局勢，遭到俄國朝野反對。前總理切爾諾梅爾金說，不能聽索氏預言盧布貶值的話，因為「聽他的話的人都淪為乞丐」。評論界認為，貶值的風潮和順序當是日元→人民幣→盧布。

事與願違，盧布緊跟日元先於人民幣貶值了。

8月17日，俄國政府和央行發表聯合聲明，要點是：

一、從8月17日起，盧布匯率走廊為6至9.5盧布兌1美元。

二、停止國債券交易，12月底以前到期的國債券將換成新的國債券，換句話說，不再即期貼現。

三、各商業銀行的外債（約一百六十億美元）停止清償九十天，同時禁止非居民公司投資一年期以內的盧布證券。這項聲明的要害是俄國政府正式表明無力清償債務。

盧布宣佈貶值之後，引起一片恐慌，居民搶購外匯，大量提取存款，美元匯率最高達到15盧布換1美元，兌換點或者只收進、或者宣佈因技術原因停業，出現外匯黑市市場，提款機常常停止供款，連政府大廈白宮裡的提款機都無款可提。德國股市大幅度滑坡。

這次盧布貶值的徵兆在8月中旬就十分明顯。但是，冰凍三尺非一日之寒。這次俄國政府被迫貶值盧布，正如一些俄國媒體所說，是俄國宣佈自己實際上破產了。

盧布貶值早在預料之中。多年來政府和央行人為地維持盧布的高匯率，已經給俄國經濟帶來了許多困難，出口商品失去了國際競爭力。造成盧布大幅度下跌的原因是多方面的。

年年入不敷出，赤字累累，寅吃卯糧。政府靠發行短期國債過日子。做法是每週三財政部發售短期國債券，發售所得清償到期債款和利息。歷年來利率最高達到300％以上，最低也在30％以上。去秋以來，都在60％至100％之間徘徊。目前已達到每月需支付二百二十億盧布（約三十四億美元）的鉅款。由於近期來購買國債券的數額大大減少，利率居高不下，出售短期債券所得已經無法清償到期債款。近幾次又被迫取消發售，稅收又不足於維持開支，政府只有變相貶值盧布和停止清償債款。

原本賴以維持俄國國際清償力的出口順差去秋以來急劇減少。俄國出口主要收入的能源特別是石油和鋼材大幅度跌價，造

成外匯收入減少。

　　國際金融危機特別是東南亞金融經濟危機嚴重影響俄國經濟。東南亞金融經濟危機給俄國帶來的災難性後果表現在以下方面：首先，投資商在東南亞遭到損失之後，轉過頭來將手中的俄國股票大量拋售出去，換成外匯從俄國抽走，使俄國失去大量外匯儲備，加重了俄國金融負擔，到了不得不向國際貨幣基金組織求援搶救盧布的地步；其次，俄國向東南亞出口武器和高科技的合同泡湯，連那些已經達成購進協定的交易，都因金融危機而無法兌現，特別是印尼、馬來西亞等國，目前都談不到執行採購計畫；再次，俄國原指望從東南亞地區吸收投資，現在已化為泡影。

　　長期實行抽緊銀根的政策，造成資金緊張，現鈔發行量只占資金總額15％，企業缺乏流動資金，生產連年下降或者原地徘徊，影響稅收。

　　稅收政策失誤，金融資本基本注入外匯業務、國債券，未與實業結合，經濟全面低迷，盧布缺乏根基。

　　多年來經濟改革依賴國外經援；老百姓對本國金融機構沒有信心，大量儲蓄換成美元，藏於家內，給盧布增加了額外負擔。

　　這次盧布貶值給俄國政治、經濟、社會帶來的後果尚需時日才可全部明朗。就目前已可看到的是：這對葉利欽的威信是一次打擊，對葉利欽執行的路線發生懷疑。俄共說「葉利欽欺騙人民」。有人發表文章，認為應當打破葉利欽改革的設計師、一直在幕後出謀畫策的蓋達爾的「偉大改革家的神話」。充當葉利欽首席經濟顧問六年之久的總統府行政副首腦已引咎辭職。總理和央行行長也表示願意承擔責任並準備隨時去職。在野派要求政府辭職，另組「人民信任政府」。俄國在國外的金融信譽大落，等

於零。

　　盧布貶值給俄國帶來一定的好處：增加了政府的盧布收入，緩和了財政困難，有利於出口，有利於本國工農業生產，防止了國家財政的大崩潰。索羅斯不幸言中：有控制的貶值好於不可收拾的局面。

　　俄國金融市場週一被沖昏之後，正在緩慢地甦醒過來。十二家最大的商業銀行立即組成銀行聯合總金庫，互相擔保居民提取外匯現金存款，以防止搶兌風潮造成銀行倒閉。政府正在採取一系列穩定民心的措施：限制外匯投機，規定外匯買進與賣出的差額不得超過15%，否則吊銷銀行的外匯營業執照；央行設立熱線電話以供居民舉報；稅務局和地方政府監督物價，防止哄抬物價；補發拖欠的工資和養老金等。這兩天的匯率正在慢慢穩定，收進為6.5至7.5換1美元，賣出為7.5至8.5換1美元。政府估計將下落至最高7.5盧布換1美元。

　　前蘇聯經營七十年之後宣佈無力清償債務；現政權經營七年之後宣佈無力清償債務。歷史的進程加快了十倍。俄國又進入了一個新時期。但願俄國利用這次機會反思如何建成一個經濟強國。

Headline **8** 俄國電視是社會的鏡子

1999/01/10

　　隨著俄國大選的迫近（國會選舉為今年12月，總統大選為明年6月），各派政治勢力加緊控制媒體的鬥爭。電視因其對公眾輿論的特殊影響力並在獨聯體許多國家轉播，自然首當其衝。一個月前，俄國電視一台（正式名稱為「俄羅斯公眾電視台」，由國家、商業團體和私人合股組成）突然播送莫斯科法院執行人員在該台總經理辦公室清查財產造冊的畫面。法院判決該台因欠信號發射機關的費用凍結其財產，甚至連該台採訪用車也被查封，被逼得向公眾呼籲借車採訪。最後由葉利欽總統親自出面批款，問題才得以解決。此間報導說，這次事件的背景同俄國大亨、獨聯體執行秘書（最高事務官員）別列佐夫斯基（一台的實際指揮）和莫斯科市長盧日科夫（輿論稱其為下一屆總統首名候選人）之間的鬥爭有關。魯派大張旗鼓展開競選活動，有意掌握一台。

　　俄國唯一的國家電視台是二台（正式名稱為「俄國電視和廣播台」），一直是俄國共產黨覬覦的對象。俄共利用在國家杜馬的多數派地位一直要求設立監委會監督該台的工作和節目設置。

一些具有獨立觀點的節目主持人被迫離開該台。該台的政治評論員斯萬尼澤不斷受到共產黨的指責並威脅要把他關進大獄。該台另設有專業的文化台。

「獨立電視台」是俄國金融媒體集團「橋梅迪亞」下屬的私立電視台，觀點獨立，經常捅馬蜂窩，因而不斷受到俄國共產黨的攻擊。橋集團的老闆同盧日科夫關係很好。該台在全國播放，同時設有有線台和自備電視衛星。

「電視中心台」，是莫斯科私營地方台，是盧日科夫的喉舌，一般情況下，他本人每週三在該台「面向本市」節目中就莫斯科市政和有關國家政局問題回答公眾提出的問題。對盧氏一直採取歌功頌德的態度。最近傳出可能改組為莫斯科電視台，以適應盧氏創立的「祖國」運動（為大選做準備的政治團體，輿論界稱其為第三種勢力；自稱為中間派或中右派政治綱領以西歐社會民主黨為藍本。盧氏曾前往德國向施羅德和英國向布雷爾學道。他稱其目的是將俄國建成一個政治上民主的、市場經濟為主體的國家。

其他私營電視台中，前美俄合資的第六台（現為俄人私營台）正在加強政治新聞節目，其領導人來自二台。其餘均以娛樂為主。

Headline **9** 恰如時機的訪問

1999/01/31

中國總理朱鎔基將於日內首訪俄國。訪俄前夕，已經作了大量準備工作。俄國媒體關於中國和中俄改革道路的比較評論也多了起來。1月下旬，俄國派出以塔斯社社長為首的媒體代表團訪問中國，受到朱總理接見並回答了俄國新聞界的問題。俄國各大報紛紛刊登了朱總理的回答。同一時間，中國方面派出四十人組成的大型代表團訪俄，其中有包括副外長在內的十九名副部長，參加中俄21世紀友好合作委員會例會。俄國總理普里馬科夫親自主持開幕式。雖說訪問日程只安排了四天，但作為「熱場」來說已經相當可觀。由此足見中俄雙方對朱鎔基這次訪問重視程度的一斑。

朱鎔基與歷屆中國總理不同，他與俄國毫無瓜葛，並無留蘇學歷。對俄國人來說，朱是一匹「黑馬」。因此俄方對朱上台起先抱著揣揣不安的心情。俄國經濟界曾經介紹過朱是治理金融的「鐵腕」。政界介紹說他是鄧小平欽定的總理接班人，因此將會繼續執行鄧路線。朱鎔基這次訪俄是乘著中國經濟改革二十年的成就的東風而來；俄國則正處在經濟困境之中。雙方在經改方面當會有話可談。

朱鎔基訪俄雖說早就確定，但卻恰逢時機。

俄美關係半年來急劇冷卻，此間媒體甚至說，就算不是回歸「冷戰」，卻也是進入「冷和」時期。雙方利益衝突主要表現在中東地區（伊拉克）和南斯拉夫（科索沃），北約東進，俄國近鄰即將進入北約集團，美國起著主導作用的國際貨幣基金組織遲遲不肯貸款給俄國解決今年的預算困難。美國宣佈制裁莫斯科三所大學，原因是它們同伊朗合作。克林頓在國情咨文中提出要增加對俄援助，條件是俄國放棄同伊朗的友好合作。國家杜馬小組委員會副主席說這是赤裸裸的「巨額賄賂」，要俄國出賣中東友邦。就在美國對俄全面實行咄咄逼人政策的背景下，國務卿奧爾布賴特於1月底訪俄，調整同俄國的關係。她這次可以說充分體會到俄國公眾反美情緒的深度。1月25日莫斯科一家電視台舉辦的「新聞俱樂部」節目裡，美國駐莫斯科記者應邀參加。《新聞週刊》記者在解釋美國駐軍西歐和北約東進時，遭到主持人粗暴打斷。在場美國記者成了美國政策的替罪羊。俄國朝野上下一致表示對美國政策不滿，實出奧氏意外。甚至在兩國外交首腦的聯合記者招待會上，俄國外長重申「不用國家利益來做交易」。葉利欽沒有接見奧氏，只同她通了一次電話。可以說，美俄兩國關係陰雲重重。

俄國同周邊國家的關係也不理想。俄日關係因北方領土問題一直未能取得實質性進展。北高加索地區的阿塞拜疆聲稱要請北約前來駐軍。俄國在黑海的艦隊不斷受到烏克蘭的刁難，兩國的友好合作條約一直得不到國會批准。烏克蘭不斷表明要加強同北約聯繫，連年與北約軍隊在黑海進行軍事演習，俄國沒有參加。儘管俄國已經不是往日的蘇聯，但昔日超級大國的陰影仍然留在東歐國家的心理上；東歐國家為了確保本國安全都在積極爭取早

日進入北約。反過來又引起了俄國的戒心。俄國為了自身安全也在加緊改革軍事。同時，為了抗衡中國和日本對俄國遠東地區的影響，俄國正在加強同韓國的聯繫，日前決定在納霍德卡設立對韓開放的經濟特區。

俄國國內正處於一個轉換與動盪的時期。今年年底俄國面臨國會大選；明年6月面臨總統大選。各派政治勢力鬥爭白熱化。爭論的焦點是俄國今後何去何從的問題。葉利欽主持的改革，政治改革在民主、言論自由、多黨制、議會民主等方面有目共睹；經濟改革經歷了多次反覆，國內生產總值下降到改革前的三分之一，迫使現政府反思經改道路。「休克術」沒有成功，左派勢力要求加強國家在管理經濟中的作用。普里馬科夫總理一方面宣佈堅持改革，推行市場經濟，另一方面強調國家調節作用。在尋求新的經改道路過程中，中國經改道路再次引起注意。俄國媒體關於中國經改的討論，以中國改革二十年為契機，紛紛發表文章。經濟學界權威人士在論及中國經改的秘方時針對俄國經改說：「二十年改革推翻了改革過程必然帶來社會福利損失的成見。」他們的文章說中國改革增加了老百姓的收入，而俄國的改革大大減少了老百姓的收入。另一派意見認為中國有著引發東南亞經濟危機的潛在因素。俄國工商聯主席、俄中21世紀委員會俄方主席沃爾斯基則說「我一直堅持要走中國的道路」。看來朱鎔基有機會現身說法一番。

中俄關係近來發展很快。兩家都反對美國獨斷獨行，反對使用武力解決問題，主張多極世界，以致俄總理提出抗衡美國的俄—中—印新軸心的方案。「戰略夥伴」正在充實內涵。雙方正在加強在能源和有色金屬方面的合作，中國投資在俄開發天然氣、石油、電力、銅礦等；俄國正在參加連雲港核電站的建設，俄方

向中方提供先進軍機蘇愷27的製造技術與設備，為中方培訓宇航員，向中方提供中方缺乏的木材和化工原料，同時表示願意加強在高科技方面的合作。然而中俄關係並非晴空一片，還有幾朵烏雲。東部邊界問題還有一些雜音。雙方貿易額不斷下降。俄方投標三峽工程失敗，耿耿於懷。俄國未必意識到中國在新世紀中的強勢地位。中國也未意識到俄國市場是一個國際競爭的場合。其他國家紛紛在莫斯科建立大型商貿中心，中國仍然停留在個體戶水準，缺乏集團行動，沒有表現出經濟大國的氣派，以致此地老百姓看不出中國的優勢（香港、台灣亦然）。去秋在莫斯科舉行的兩國經濟學界研討會上，中國學者表現出「俄國從何談起經濟學」的傲氣；俄國學者則表現出「中國經濟問題多多」的超級大國失落感。僅此一例就可看出雙方存在的心理障礙。更不用說連續發生中國商人在俄國不斷受到當局粗暴對待的事件（據《莫斯科晚報》說，這可能也是朱鎔基訪俄話題之一）。去年7月14日兩國總理在北京為兩國個體商戶乾杯；11月，莫斯科稅務員警卻在江澤民訪俄後的第三天大搶中國商貿樓。至於說一些敏感問題，如兩國關係中的台灣因素、達賴因素，也是兩國關係中的微妙因素。

朱鎔基就是在這種複雜的現實背景下訪問俄國的。中俄兩國各自走著自己通向市場經濟和建立民主社會的道路。要發展兩國關係，關鍵是加強相互理解，消除心理障礙。至於香港，如像董特首所說，今後香港要發展高科技。在此建議港府不妨擴大視野，把美國都承認的俄國高科技納入自己利用的範圍之內。

Headline 10 秘密急行軍 俄國大反擊

1999/06/21

　　6月12日凌晨，一支二百人的俄國駐波黑維和部隊，從波士尼亞秘密強行軍五百餘公里，早於北約先鋒英國部隊三個小時到達科索沃首府普里什吉納市，搶占最佳戰略據點——機場，控制進入該地區一切重型運輸機、軍隊和輜重的著陸點，引起國際社會一陣騷動，弄得北約將領目瞪口呆。北約原定英國維和部隊司令傑克遜將軍的司令部就設在這裡。在此之前，11日，當地就傳言俄國人將於當晚十點進入該市，數千名塞族人湧向市中心街頭歡迎俄軍。一位婦女向記者說：「這是對北約的警告：我們不是孤立的。」旁邊一位男子則說：「叫美國人知道，這裡不僅有美國。俄國人是和我們站在一起的。」

　　克林頓總統是從CNN廣播中得知這一消息的。12日清晨五點俄外長伊萬諾夫在回答CNN記者詢問時說：「這是一個錯誤，這個錯誤會糾正的。」美國負責同俄國談判的第一副國務卿泰爾博特正在飛赴布魯塞爾的途中，不得不在空中緊急調轉機頭返回莫斯科，要求俄外長伊萬諾夫澄清事件。伊萬諾夫對他說，出了錯誤，俄軍即將撤出科索沃區。北約忽然發現俄軍搶先進駐

科索沃區以後，面對既成事實，不願承認被俄國人搶先了，沉默很久，於12日下午才表示「歡迎俄國積極參與維和行動」。俄國總統新聞秘書對事件的說法是「俄國願意參加聯合國安理會決議規定的一切行動」，回避了撤出科索沃區的問題。

　　15日的莫斯科《生意人日報》透露了俄軍進軍的詳細過程。據該報說，俄軍方近來對俄外交部和總統特使的所作所為公開表示不滿。俄軍總參謀部二十名高級將領於上週末在特別機密的情況下，制定了一項解決科索沃區問題的方案。方案作者之一在談到制定這項戰術時說，「快速而堅決地行動；考慮到二戰的教訓，勝者是不會受審的。」正當俄外交部同泰爾博特進行談判時，俄軍總參謀部忙得熱火朝天，全力制定一項從波士尼亞調派兩百名空降兵閃電式進入科索沃，搶先占領機場的計畫。按計畫下一步從俄國本土派出若干架伊爾七六重型運輸機，運送數千名空降兵在該機場著陸。首先從波士尼亞派出先鋒部隊的主意是俄國防部駐北約代表札瓦爾金上將提出的。俄總參謀部的計畫規定11日11點30分施實。11點整，俄總參謀長克瓦什寧打電話給總統葉利欽報告作戰計畫，請求總統批准。葉利欽批准了計畫並說「這是正確而有力的一著」。在此之後，總參謀長才向國防部長報告，並說總統已經批准計畫。11點30分兩百名俄軍分乘十五輛裝甲運兵車、三十輛卡車和五輛吉普車，攜帶五天乾糧，向南斯拉夫邊界進行。一小時之後越過邊界，在塞爾維亞員警的陪同下進入南斯拉夫。與此同時，俄國內三個機場上已聚集一千名空降兵和六架空軍伊爾七六重型運輸機，整裝待發，可於接到命令四小時之後飛往科索沃區。進入南斯拉夫的俄軍先遣隊急行軍四小時之後通過貝爾格勒。12日4點30分占領機場。該報還說，是CNN造成俄軍率先到達科索沃區的。原來按計畫北約應在11日上

午進入科索沃區。據說是克林頓總統親自下令延遲一晝夜。因為當時美海軍陸戰隊尚未到達。克林頓要求北約部隊等美陸戰隊到達後再進入科索沃。俄方下一步原打算派往科索沃區的部隊因匈牙利和保加利亞遲遲不肯提供空中走廊而無法行動。目前這兩百人孤軍堅守，要在等到18日八國高峰會議時再定去留。

俄國公眾對本國軍隊突然出現在科索沃區一事普遍感到意外。到底是誰發出進軍令的問題困繞各界人士。大家都在猜測。13日定期的國家電視台《鏡子》節目中，主持人一再追問俄第一副外長阿夫傑耶夫，是誰發出的命令，他顧左右而言它，反而糾正了外電所傳伊萬諾夫外長答CNN記者的話。莫斯科《新報》問：「誰知道和誰不知道俄國空降兵進軍科索沃區？」接著列表如下：

不知情者	總理斯傑帕森 總統巴爾幹特使切爾諾梅爾金 外長伊萬諾夫 國家安全會議秘書長兼國家安全局局長普京
知情者	總統葉利欽 總參謀長克瓦什寧 國防部長謝爾蓋耶夫是否知情，不清楚

按俄國憲法規定派軍隊出國的許可權在議會聯邦院（上院）。不經聯邦院批准軍隊不許出國。軍隊調動權屬總統。因此，此間普遍看法是由軍方提出、葉利欽下令進軍的。但總統府至今沒有承認。間接證明是指揮此次進軍的指揮官當天由中將晉升上將；葉利欽在按見外長時對進軍表示非常興奮，並將克林頓挖苦了一番。

莫斯科報刊紛紛發表各界反應和對事件的評價。《莫斯科共青團員報》的題目是《發燒（興奮快樂）的一天》；《莫斯科真理報》頭版的題目是《我們的坦克在普里什吉納》；《今天報》的文章題目是《供內銷用的「給他個厲害瞧瞧」》；《新報》頭版頭條的題目是《俄國開向歐洲》；《生意人日報》頭版頭條題目是《堅持到18日》；《消息報》的頭版通欄標題是《閃擊戰之後》。進軍發燒友和支持者認為，俄國報了一箭之仇，向國際社會和北約表示俄國不能容忍北約對俄國的羞辱、排除俄國利益的做法，特別是北約在安理會通過派維和部隊之後，將科索沃劃分為五個管轄區，沒有安排俄國。俄國此舉旨在提醒西方，俄軍有相當的作戰能力，不考慮俄國在西歐的利益是不行的。俄國家杜馬國際事務委員會主席魯金的看法具有代表性。他認為，是總統批准進軍的。他說，俄軍行動符合安理會決議，而北約實際上欺騙了俄國。本應由聯合國採取的行動，北約取而代之，變成了北約行動。俄軍行動是為了執行聯合國安理會決議。同時向西方表明，不能把俄國當成下人對待。對國內來說，加強了老百姓對俄國軍隊的信心。

　　俄國輿論界發出不同看法。有人將俄軍此舉比作赫魯雪夫當年派軍艦和導彈去古巴，是一場冒險行動。但是葉利欽的處境不如當年赫魯雪夫，因為赫魯雪夫經濟上是獨立自主的；今天的葉利欽要靠美國控制的國際貨幣基金組織的貸款過日子。16日康德蘇將來俄參加經濟研討會，俄方沒有好消息告訴他。《今天報》認為此舉是葉利欽為了打擊國內反對派。但同時也打擊了俄國外交部、總統特使、政府和國防部在國際上的威信。該報認為結果是表明克里姆林宮依靠的是將軍們，外交政策上的自由主義時代告終。是否僅僅限於外交政策呢？《新報》的作者認為，葉利欽

在做出如此重大決定時排除國家其他領導人，目的是要表明誰是老闆。發展戰略和國家安全研究所所長認為此舉表明國家領導缺乏保持俄國在巴爾幹地區長期利益的戰略。《消息報》呼籲國家領導不要被勝利衝昏頭腦，要適可而止，要考慮本國的實力，特別是財政實力。俄軍隊表現出的親塞族情緒，有可能使俄國維和部隊失去中立形象，從而影響執行維和任務。著名政論家、前俄駐以色列大使鮑文在《可恥又無良心》一文中說，北約點燃的犯罪戰爭，結束了。而俄國的左派卻反對切爾諾梅爾金的調解活動，說他出賣國家利益。作者認為，禍是北約闖的，叫北約去解決吧，俄國軍隊是否有必要待在科索沃？值得考慮。《莫斯科真理報》說俄國人的動作並不總是拖拖拉拉的；閃擊戰推翻了俄國軍力衰弱的神話。《莫斯科共青團員報》的文章作者擔心俄國與北約的關係，提醒當局不要上米洛舍維奇的當，不要介入南斯拉夫與北約的衝突。老百姓擔心的是總統不要心血來潮，突然撤下核彈頭的啟動鈕。

Headline 11　俄國民主運動十年祭

1999/06/29

　　十年前的5月，莫斯科一派大好春光。戈巴契夫倡議的公開性和改革運動，得到黨內改革派和大眾支持，熱火朝天。民主改革運動，猶如脫韁的野馬，打破他和蘇共的計畫和控制，衝破一切阻擋，奔向社會生活的各個層面。1989年5月25日，蘇聯改革與民主運動的標誌──第一屆蘇聯人民代表大會正式開幕。與以往不同，這次代表全部差額民選產生，選前開展了真正涵義上的競選活動，竟然出現十二名候選人爭奪一個席位的壯觀。過去選舉最高蘇維埃代表是由黨委提出等額候選人名單，老百姓奉命投票而已。最高蘇維埃只是一個橡皮機構，代表一向全體通過黨的提議，很少可以發表不同意見。這次人民代表大會（請注意國會名稱的改變）開了十六天。會議期間，全國電視台從早到晚現場直播大會實況；全國各地萬人空巷，人人盯著電視畫面，傾聽大會辯論；過去只在「廚房」裡才談論的話題，如今成了國會討論的議題；全國上下就在電視機前接著大會發言的話題，暢抒己見。辯至興濃，個個面紅耳赤。蘇共對媒體的壟斷被一掃而光。筆者其時已在莫斯科，目睹這一切，不禁感慨萬分。十年逝去，

然而當年大會上提出的一批俄國民主運動的重大問題，例如取消蘇聯憲法第六條關於蘇共「領導與指導」作用（1990年正式取消，蘇共也於1991年因涉嫌政變被正式取締）、限制克格勃的權力、民主討論國是、置政府於民眾監督之下等等，人權人士薩哈羅夫和民主健將們在大會上慷慨激昂的演說，依然歷歷在目。

十年在歷史的長河中並不算長，然而俄國民主運動卻給國家的政治改革留下了相當深刻的痕跡。這十年裡：取消了一黨專政；實行真正的普選；直選國家總統；實行三權分離；制定新憲法保障公民集會結社言論出版自由的權利；確定財產私有制的合法地位；充分擴大政治透明度；國中之國的克格勃被分割為六個機構，從而分散了它的權力；人權被寫進了憲法；「法治」代替「人治」，形成了一個相當寬容的政治環境，等等。儘管離理想的民主社會還有很長一段路，但畢竟在從集權社會過渡到民主社會的道路上跨了很大一程。對蘇維埃制度統治了七十多年的俄國來說真是天翻地覆的變化。

從集權制度走向民主制度是一個苦難的歷程，也是本世紀末期一些政治家求索的題目。俄國民主化的經驗教訓也是歷史的經驗教訓。俄國能在民主化的道路上跨出這樣大的步子，其社會歷史原因何在？

一、俄國社會中相當一部分人受到集權主義的傷害，對於蘇聯當年大量政治清洗、古拉格群島、意識形態的絕對控制、文字獄、1980年代後期1990年代初經濟崩潰物資匱乏等等痛苦經歷，記憶猶新，迫切要求改革。在選擇痛苦的前進還是後退時，毅然選擇前進。1996年總統大選，最後一輪選舉，面臨是選擇共產黨候選人久加諾夫還是民主派候選人葉利欽時，大多數選民還是選擇了葉利欽，儘管他也不盡人意。這就是要求徹底改革的明證。

二、公開性起到了應有的作用。政治透明度在這十年中基本上保持下來。任何人想捂蓋子已不可能。包括總統本人。所幸葉利欽在言論自由這個民主運動最基本的內涵上沒有後退。

三、民主派沒有搞清洗。儘管在意識形態方面同共產黨幹部水火不相容，但在民主派掌權以後沒有對這些反對派進行人身清洗，而是由他們自己去適應新環境。一些人在合法的原則下從事反對派活動，批判總統和政府。國會有著強大的反對派。這一切在蘇聯時期是不可想像的。許多共產黨幹部或者繼續從政，或者留在新政權裡充當官員，或者搖身一變成了資本家，總之，各得其所，回避了一場國內戰爭。應該說這是民主帶給他們的好處。在集權政府下這是不可能的。

四、民主運動和實際改革的領導沒有落入激進分子手裡，而是由穩健勢力撐握。第一個回合，薩哈羅夫與戈巴契夫，由蘇共總書記戈巴契夫領導；第二個回合，激進民主派與葉利欽，由黨內改革派葉利欽領導；第三個回合（明年的總統大選），極可能是葉夫林斯基與盧日科夫（一個是前蘇聯副總理，一個是前莫斯科副市長），落入穩健派盧日科夫手中的可能性極大。這對穩步前進的社會民主化進程是有利的，可以避免流血。

五、中等階層不斷形成壯大。在俄國，中等階層與其說是經濟群體，不如說是心理群體。今天四十歲以下的人，儘管經濟上沒有達到中等階層收入水準，但他們相信，只要保住民主化的勢頭，他們有希望在經濟上進入中等階層。反過來，這批社會力量又是保住民主化勢頭的力量。

六、代表一部分工人階級的新工會，擺脫了御用工具的地位，取得了向政府提出各項政治經濟要求的權利。單是自由罷工一項，只有在民主社會裡他們才能享受這種權利，在蘇聯時期

是不可想像的。當時多少次罷工被血腥鎮壓下去的史實，猶在心目。

七、國際資訊時代和國際互聯網（俄國有上百萬的用戶），給老百姓提供了自由交換資訊的機會，使俄國的民主化進程匯入世界潮流，誰也無法阻擋。價值觀的更新是俄國社會民主化的催化劑。

八、十年民主運動及其代表人物葉利欽，克服了1991年的政變、1993年的炮轟議會大廈事件、1996年總統大選的險情、不久前的總統彈劾，支撐下來。究其原因，社會民主化符合歷史發展規律。

俄國民主運動和改革十年留下了值得深思的教訓。民主派在國民大眾支持下掌權以後，在對國家進行政治經濟改革中，遇到相當大的阻力。阻力來自傳統觀念、既得利益階層、蘇聯經濟模式的後遺症等等。從民主派自身來說，許多民主派頭面人物經不住歷史的考驗，紛紛退出政治舞台，有的流亡國外，有的回到自己的專業工作，失去政治影響。曾經主持政府工作的民主派人士，缺乏治國經驗，沒有把經濟治理好，沒有處理好從計畫經濟轉向市場經濟的問題，沒有讓老百姓嘗到改革的物質好處，引起大眾對社會民主化的失望。老百姓更看重民主運動帶來的物質好處而非政治好處。民主派內部各自為政，小團體主義占上風，以致造成國家杜馬大選的慘敗，使杜馬成了改革的實際障礙。俄國民主運動任重而道遠。

Headline 12　葉利欽換馬 特工當總理

1999/08/10

　　8月9日已經被俄國大眾媒體稱作「多事之日」。當天事件的演變充滿了戲劇性。清晨八點未到，斯傑帕森總理正在驅車前往政府大廈（白宮）的途中，忽接總統府命令，叫他立即前往葉利欽在郊外的行宮晉見總統。有消息說，葉利欽感謝他擔任總理以來的工作成績，同時宣佈免去他的總理職務。斯傑帕森表示不同意這種做法，根據是這個步驟的政治後果不堪設想。葉利欽堅持己見，決定撤去他的總理職務。上午十點是原定由斯傑帕森主持的政府工作會議。本地各電視台播送了這次會議的情況。斯傑帕森表情嚴峻地走進會場，原本打算坐到位置上去。他忽然改變主意，抬起身子說：「我就不坐下去了，免得坐的太久……」然後對自己的對手、克里姆林宮的親信、曾經覬覦總理寶座、現任第一副總理說：「對不對？」接下去他站著說：「情況嚴重。我們很可能失去達吉斯坦（穆斯林武裝分子從車臣共和國過境占據了四個居民點，打算占領達吉斯坦並建成穆斯林國家，其後果可能是整個北高加索地區脫離俄國，已經威脅到俄國領土完整。）。我已經被免職，……我非常感謝總統。他把我這個毛頭小夥子帶

到了『大政治』裡。我過去、現在、將來都站在他一邊，跟他跟到底。」斯傑帕森表情沉重地說完三分鐘的告別詞之後，立即離開會議大廳和白宮，告別了兩個半月的總理生涯，驅車前往郊區總理官邸。中午，葉利欽發表告全國人民電視講話，宣佈已經下令12月19日如期進行國家杜馬大選；原任聯邦安全局局長和國家安全會議秘書普京為理想的總統接班人；解除斯傑帕森總理職務、任命普京為第一副總理和代理總理。葉利欽說普京有能力依靠各界廣泛的政治力量並確保繼續改革事業。下午三時，普京主持政府會議，表示不會匆忙做出內閣成員變動的決定，特別表示經濟部門不會進行人事調整，將繼續執行已定的經濟政策。受任之後，普京連續接見記者表明執政方針為一句話：「讓老百姓日子好過一點。」當前任務是保持政治穩定和連續性，保證如期進行合法大選。與此同時，總統新聞發言人說，普京是新一代政治家；總理人事更動是形勢需要改變內閣人員結構；不會宣佈緊急狀態。

弗拉基米爾‧普京現年四十七歲，1975年畢業於列寧格勒大學法律系後即在克格勃國外情報局供職，講一口流利的德語，長期駐任東德。回國後以中校軍銜退役，任列寧格勒大學外事副校長。後得民主派人士索布恰克市長提攜，1991至1994年出任彼得堡市政府外事委員會主席，1994至1996年出任第一副市長。1996年8月由丘拜斯調往莫斯科，在總統府任職，1998年7月出任聯邦安全局局長，1999年3月兼任國安會秘書。他的宦海生涯同列寧格勒民主派人士索布恰克、丘拜斯、斯傑帕森（兩人為密友）聯繫密切。軍銜為預備役上校（斯傑帕森為上將）。喜歡運動，每天早上用四十五分鐘進行跑步和做操。

葉利欽的決定宣佈後，在俄國引起各種不同的強烈反響。

正在彼得堡休假的國家杜馬主席立即返回莫斯科並發表談話說，總統使用了憲法權利。不過這種權利已經成了隨心所欲。總統一向是在星期一做出人事更動。這次更換總理，沒有同議會和任何人協商。杜馬會通過普京任職，但他的政治生涯也可能就此結束。以往的經驗是，只要總統指定某人做接班人，某人很快就會被解職。杜馬一些議員黨團負責人開會時表示，一致譴責撤去斯傑帕森總理職務的決定；同時一致表示可能通過普京出任總理的議案。俄共領袖久加諾夫表示，普京與斯傑帕森沒有什麼原則上的區別；只要克里姆林宮裡坐著一個無力管好自己的人，國家就會一直發高燒。現政權有兩項宗旨：保住飯碗和推卸責任。國家杜馬副主席、盧日科夫「祖國」運動領導人之一說：「國家高級領導層這種人事胡來是不能容忍的。」「蘋果派」負責人說，這跟蘇共時期一樣，只不過當年是用槍斃，現在是用解職的辦法而已。農業黨領袖說葉利欽的目的是解散杜馬。列別德說，如果下屬一個接一個都不好，那麼他們的頭就不好，這是實踐檢驗了的。前總理基里延科認為沒有道理免去斯傑帕森的職務，宣佈徵集簽名，要求舉行全民公決，修憲和限制總統任意免除總理職務的權利。他說，現在每個黨派都可以請一位前任總理出來擔任領袖。言下之意，被免職的總理太多了。日林諾夫斯基的自民黨表示全力支持葉利欽的決定。部分州長認為總統有權撤換總理，表示支持普京。俄電視台在對路上行人就總理免職一事進行即興採訪時，大家不理解總統此舉。一位老太太甚至老淚縱橫，歎息俄國國家多蹇。盧布匯率反應敏感，立即大幅度下跌。次日才緩過氣來，盧布略有回升。

關於斯傑帕森被免職的原因，說法不一。令眾人感到疑惑不解的是，斯傑帕森工作成績顯著；對葉利欽忠心耿耿；最近在

處理外債（同國際貨幣基金組織、巴黎俱樂部的成功談判）、出訪美國獲得好評；經濟出現增長。在這種情況下，突然免去他的職務，叫人吃驚。上周已經出現一些他可能出事的徵兆。莫斯科《生意人日報》在8月7日說，總統對他未能阻止一些州長同盧日科夫結合表示不滿。他表示自己獨立於黨派之外。他在美國受到熱情接待，也使總統不快。他近來的一些言論十分「出格」。在美國時曾說美國人可以看見俄領導人並不是都坐輪椅的。在任命他出任總理過程中，他同總統府官員就第一副總理人選問題已經發生過衝突。他不贊成武力解決北高加索問題。堅持自己觀點。傳說上周他曾向葉利欽提出辭職，未獲批准。又傳說他不願對反葉利欽勢力施加壓力。另外還有說法認為總統想借此造成解散國家杜馬的理由。在換上普京問題上，此間紛紛認為，葉利欽選定接班人以後，要加強政府對大選局勢的控制，給接班人爭取民心安排充足的時間。

到國家杜馬大選還有四個多月；到2000年總統大選還有一年時間。普京已正式宣佈明年一定參加競選總統（前幾任總理沒有一人敢於如此）。目前俄國大選的鑼鼓越來越密。各派政治勢力的鬥爭越演越烈。主要競爭對手為中左派與右派（民主派）。大形勢對葉利欽派不利。以盧日科夫為首的中左派很可能取勝。普京沒有參加任何黨派，因此，缺乏強有力的政黨支持，要取勝並不容易。俄國各界人士普遍認為總統和政府必然加強對局勢的控制。啟用克格勃幹部出身的普京很說明問題。

五國演義抗單極霸權

1999/08/28

1999年8月的中亞酷暑，烈日當空。吉爾吉斯首都比什凱克，氣溫高達攝氏三十五度。8月25日，「上海五國首腦」不辭辛勞，會集在這個中亞國家的首都。各國首腦專機降落時，吉爾吉斯總統阿卡耶夫抖擻精神，率領文武大員在機場迎候前來參加五國峰會的各國貴賓。吉爾吉斯姑娘打扮的花枝招展，手捧麵包和鹽，表示對客人的一片摯誠。葉利欽下飛機時，只是稍稍有些搖晃。他的夫人緊緊攙著他走下舷梯。俄國記者報導說，「簡直是把他捧了下來」。可是，在他踏上土地以後，昂首闊步走上紅地毯。難怪記者在問到葉利欽對會晤是否滿意時，總統新聞秘書亞庫申老實地說：「總統首先對自己能來這件事實本身感到滿意。」的確，會晤前夕，宗教極端勢力的武裝分子劫持了吉爾吉斯內務部隊總司令，各國首腦的安全就成了眾人關注的大問題。俄國新聞界透露，葉利欽原打算派外長前來參加，是江澤民說服他一定要來，因為此次會晤非同小可。

去年五國峰會以來，國際間最重要的事件就是美國一意孤行，置聯合國安理會於不顧，發動科索沃戰事，充分表現出美國

扮演世界霸頭的強烈願望。北約違反當年的諾言，一再東進，侵犯了歷來是俄國的傳統勢力範圍，使俄國增加了不安全感。美國轟炸中國駐南斯拉夫大使館，侵犯了中國主權，使中美關係降到了最低點。美日在東亞地區策劃新的「防衛」體系，日本的「周邊事態法」，李登輝的「國與國之間的關係」的兩國論，美國的反華浪潮，使中國感到東邊受到了包圍，大有回到冷戰時期的苗頭。中俄之間戰略夥伴關係的重要性超過了中美和俄美之間夥伴關係的重要性。這樣中俄就自然而然走到一起來了。中亞三國夾在中俄之間，國力和軍力都比較弱。吉爾吉斯沒有空軍，塔吉克靠俄國幫助守衛邊境。三國最頭痛的是分裂主義勢力和宗教極端勢力的武裝分子。中國的新疆和西藏、俄國的車臣都有類似的問題。這又是五國首腦會議的主題之一。

　　1998年舉行五國峰會時，葉利欽沒有參加，只派了外長赴會，他本人卻參加了別的活動。中亞三國失去對俄國的信心，轉而把目光轉向了中國。像俄國評論界所說，是把「賭注」下到了比較可靠、比較穩定的中國身上。1996年在上海簽署聯合聲明時，中亞三國把俄看作靠山。此後俄國力量日弱，在中亞的軍力日益減少，像吉爾吉斯曾急於叫俄國撤軍，而真正能在中亞抵制宗教極端勢力武裝分子的只有俄國軍隊。消息靈通人士又傳出葉利欽總統給俄國獨聯體事務部長的指示是今後同中亞的關係要建在「實用主義的基礎」上。與此同時，美國聯合土耳其擴大對中亞影響，參加上海會晤的三國也要平衡一下。三國提出與中國合作，重建貫穿歐亞大陸、繞過俄國的絲綢之路，中亞三國可以引進中國強大的經濟實力，擺脫對俄國的經濟依靠，提高中亞地區的相互信任和安全水準。另外，葉利欽這次前往參加五國首腦會晤，也是為了加強俄國在中亞地區的影響。總之，這一次的五國

首腦會晤含有豐富的內容。新的國際態勢給會晤增添了許多新色彩。

　　江澤民和葉利欽這一次有許多話要敘談。葉利欽特別重視這次會晤，這可能是他與江澤民的最後一次會面。原定今年11月在中國舉行的中俄「不打領帶的」即非正式會晤，是否能如期舉行已經引起此地媒體的猜測。誰也無法預計11月的情況。葉利欽表現出了迫切要與江澤民會談的心情。剛下飛機，他就打破原定的安排，高舉雙手，召呼機場上的記者們走近他，以便訴說心中的話。記者們為了安慰總統，不得不衝破安全人員的強力阻繞，走到跟前。吉爾吉斯的特別情況迫使安全人員像驅散非法集會那樣使出大勁。葉利欽只是為了說出一件事：「在五國首腦會晤之前，我要會見我的朋友、人民中國的主席江澤民。我想要你們知道這件事。」可以說，克林頓起了推動作用。葉利欽在峰會的長篇講話中曾拋開講稿，專門談及中俄邊境問題。他說：「正如我們在上海談定的那樣，我們把邊界向後拉，把軍隊也向後撤了。至於說撤了多少公里，咱們知道。別人嘛，就不一定知道了。」再次表現出他喜歡刺激一下美國對手的風格。

　　峰會期間，莫斯科的《消息報》刊出兩幅歷史照片。一幅是當年赫魯雪夫在聯合國大會上揮老拳，題圖是「一個克里姆林宮領導人威脅說要埋葬美國」。另一幅是葉利欽競選總統時做遊戲的照片。他蒙著眼睛手舉大棒，題圖是「葉利欽總統能嚇倒任何人」。這一次葉利欽心情很好。他又像一頭好鬥的公雞，在比什凱克的機場上說：「我身體很好，可以打仗，特別是同西方人。」這話引起一陣轟動。俄外長急忙出來澄清，說總統的意思是指鬥智，是指要為未來的世界秩序鬥一鬥，為多極世界鬥，沒有人打算亂扔炸彈。消息靈通人士說，總統閣僚們並不希望他把

這些話公開說出來，埋怨外交部私下向總統灌輸的反西方思想過多了。甚至連他的講話稿也充滿了前總理普里馬科夫式的強硬詞句。俄代表團有人透露，這次葉利欽主要是來同江澤民會談的。據說雙方在私下會談時商定，一旦美國破壞1972年導彈防禦系統協定的話，兩國將共同抵抗美國、南韓和日本。中俄美三角關係目前的特點是中俄關係大大近於中美和俄美關係。中俄之間的戰略夥伴關係比中美或俄美戰略夥伴關係更有實質內容。中俄在建立多極世界問題上有著共同語言。葉利欽在講話中表示堅決反對「某些國家」要建立自己覺得舒服的世界秩序。

五國共同關心的問題，除多極世界外，還有地區安全、民族分裂勢力、宗教極端勢力的武裝分子襲擊領土、毒品氾濫、國際恐怖活動、跨國犯罪活動這些十分現實十分緊迫的問題。與會國對這些問題表示了共同的看法。由於五國比較順利解決了領土和邊界劃分問題，對中亞地區的和平穩定起了積極作用，其影響遠遠超出本地區。

俄國媒體這次有關五國首腦會晤的報導超過以往。報刊的頭版標題，十分醒目。譬如：《歐亞一體思想在比什凱克大獲全勝》，副題是：《上海五國聲明主張多極世界》；《西方接到了最後一次中國警告》，副題為《俄國宣佈違反人權是國家內政：叫他們嚐嚐厲害》；《葉利欽準備同「西方人」幹仗，終於等到機會了》，副題為《莫斯科的亞洲盟國押注北京牌》；《鄰居珍惜邊境安寧》，副題為《這一次葉利欽不放過五國峰會》；《葉利欽和江澤民心心相印》等等。

《莫斯科晚報》報導，中俄首腦在出席峰會的同時，俄國負責軍火工業的副總理克列班諾夫在北京商談合作事宜，「包括向中國出售蘇三十型戰機」。稍前，中國軍方的裝備部高官曾到莫

斯科商談購買先進武器。

　　但是，俄國媒體也批評這次五國峰會「火藥味太濃」，還奉勸政府不要急於開闢「第二戰場」，不要忘記俄國目前同國際貨幣基金組織關係不穩定，西方報刊時時揭露有些貸款去向不明。俄國少了國際貨幣基金組織日子就過不去，而美國是國際貨幣基金組織的最大後台；不要忘記西方在科索沃把俄國當作共同執行維和任務的同盟軍，俄國對待美國該有分寸等等。

　　當然，另一類媒體指稱葉利欽在五國峰會上的講話是對國內處境不佳的民主派和改革派形成打擊，大選在即，改革事業能否繼續下去已有疑問。也有評論家指出，五國峰會聯合聲明中有一條說「人權問題不能當作干涉他國內政的藉口」，已即刻引起西方國家的關注，他們認為這是葉利欽在維護人權問題上的倒退。

別列佐夫斯基：
錢權政治的頑主

1999/09/06

　　俄國媒體，無論是報刊還是電視電台，幾乎天天缺不了別列佐夫斯基這個名字。好像俄國的大大小小事件都有他的身影存在。就拿最近一次來說，月初《莫斯科晚報》記者曾向俄國的強力政治家、下一界總統的熱門候選人、「祖國—全俄」聯盟實際領袖、現任莫斯科市長盧日科夫提出一個問題：「依您看，『別列佐夫斯基現象』是怎麼一回事，是否應當認真地把這位寡頭看作我國現實的一種消極現象？」他回答說：「遺憾的是，本世紀俄國歷史被限制在很殘酷的括弧裡。這個括弧的最典型的特點就是尾巴搖狗（意指本末倒置，不是狗搖尾巴）。別列佐夫斯基就是那個拉斯普京。」拉斯普京是俄國19世紀末20世紀初的一位神秘人物。《蘇聯大百科辭典》對他的評價可以說代表了俄國人的傳統看法。「沙皇尼古拉二世及其妻子的寵信。農民出身。被視為『預言家』和『神醫』，對沙皇、皇后及其親信極有影響。干預國家事務。後被保皇派殺害。拉斯普京的擅權說明俄國統治階層的極端腐朽。」至今俄國老百姓對拉斯普京的看法仍然是貶多於褒。盧日科夫說，「遺憾的是，在當今的體制下，偶然的人物

會出現在任何一個關鍵職位上。前政治局組織的體系儘管有許多愚蠢的做法，但是在這方面要可靠的多。多層次的篩選結構，多少是防止偶然人物鑽進上層政權的障礙。別列佐夫斯基就像鼻煙壺裡的小鬼一下子鑽到了最高層。毫無疑問，別列佐夫斯基是一個工於心計（思維反常）的人。他創立的將管理工作私有化的體系，是梅菲斯鐸（歌德《浮士德》的魔鬼）贖買心靈的又一種版本。然而在他的身上可以隱約看到缺陷綜合症。他企圖用壓倒一切心甘情願的人的辦法來彌補這種缺陷。所以說，別列佐夫斯基的問題是那些為了得到眼前好處而願意服從他的人的問題。」從目前政治鬥爭的形勢來看，儘管盧日科夫的比喻雖有輿論導向的色彩，但是也引起不少共鳴。

別列佐夫斯基是改革時勢造就出來的一位「人物」，是政治開放、經濟轉軌的產物，是英雄還是奸雄，有待定論。十多年來，他走完學者之路，成為數學博士和俄國科學院通訊院士。他經商成功，曾被列入世界富豪前二百名。他始終不放棄商界和金融界陣地，從一家汽車經銷公司老闆開始，到後來成為橫跨俄羅斯金融、石油、冶金和民航等行業的鉅子。

1996年，俄國總統大選的時候，別列佐夫斯基向媒體大舉進軍，接連採取收購行動。除了由他長期控制的俄羅斯公共電視台外，又買下了面對青年觀眾的第六電視台。平面媒體方面，他除了已經抓到手的《獨立報》外，很快又購進俄國目前最有影響力、工商界人士每日必讀的全國性大報《生意人日報》集團。其他一些報刊也有他的股份。他一面抓實業，一面抓媒體，都是為了闖入政壇。他志在從政。

別列佐夫斯基的政治生涯並不順遂。1996年葉利欽競選形勢不妙時，他出面聯絡金融界和工商界巨頭，發表支持葉利欽總統

的公開信，深得葉利欽及其幕僚的信任。1998年，他被控違反外匯管理法，指控他貪污俄羅斯航空公司的外匯收入和使用國外銀行帳號，最高檢察院宣佈要將時在法國的別列佐夫斯基捉拿歸案。但很快返國，據說得到可靠的人身安全保證。果然，對他的逮捕令也很快撤銷。

有一段時間，別列佐夫斯基較為低調，喜歡幕後操縱政局。可是一轉眼他卻出任國家安全會議副秘書，不久又升任獨聯體執行秘書。別列佐夫斯基的專機在獨聯體各國首都之間飛來飛去，得到各國首腦的熱情接待，十分風光。後來葉利欽免去別列佐夫斯基的職務，獨聯體各國首腦都表示難以理解，很捨不得他。

別列佐夫斯基和葉利欽總統一家及總統幕僚們的關係也充滿戲劇性。別氏在1996年總統大選中扭轉乾坤，為葉利欽勝選立下汗馬功勞。他就此成了總統女兒塔吉揚娜的親信。後來葉利欽每一次任命總理和內閣成員時，人們都說隱約可見總統身後有別氏的影子。

各媒體還指稱，包括現任總統辦公廳主任沃洛申在內的歷屆辦公廳主任都是別氏的親信密友。

這樣一來，別列佐夫斯基同「總統家族」的關係更加撲朔迷離，真假難辨。不過，也有人認為媒體把別氏炒作得過火，誇大了他的作用。

別列佐夫斯基支持葉利欽，不僅是為了從政打開道路，而且是為了經濟利益。別氏作為俄國私營經濟的代表人物，只有保證葉利欽在台上，才有自身發展的前途。雖說舊的計畫經濟已經走進死胡同，俄羅斯如果再不進行改革，後果不堪設想。但改革又困難重重，甚至困難得讓人們不敢再心存希望。

因此，俄羅斯一直面臨選擇：走回頭路，還是把改革進行到

底？是選擇葉利欽，還是選擇俄共領袖久加諾夫？經濟與政治分不開，別列佐夫斯期間竭力支持葉利欽也屬「孤注一擲」。俄羅斯的左派和保守勢力一向把別列佐夫斯基罵得一無是處，則從另一個側面證明他代表改革勢力。

近來，別列佐夫斯基與「總統家族」的關係出現了明顯的裂痕。自從葉利欽的大女婿奧庫洛夫出任俄羅斯民航總裁以來，嚴厲打擊別列佐夫斯基在民航系統內的勢力，發動了一場大「清洗」。別列佐夫斯基的親信，一個接一個被撤職查辦，特別是分管民航財務的第一副總裁格魯什科夫被撤職，被指控有經濟犯罪行為。

另外一件與別列佐夫斯基有關的事也轟動一時。別氏曾通過他控制的俄羅斯公共電視台讓一批聯邦安全局軍官揭發上級曾經計畫從肉體上消滅別列佐夫斯基的陰謀。聯邦安全局軍官公開揭露消滅政治人物的計畫，是罕見的舉動。聯邦安全局局長立即發表聲明否認此事。據媒體說，這些軍官後來都遭到起訴。

別列佐夫斯基作為出身學術界的政治家，具有相當的影響力，已是不爭事實。高加索地區目前出現武力對抗的嚴重局勢，各方領袖都表示支持別列佐夫斯基擔當調停人，信任他解決難局的能力。然而，對於眾多出身黨派官僚的掌權派來說，別列佐夫斯基是不可容忍的政壇「黑馬」。

9月9日，《莫斯科晚報》發表政治學家、曾任蘇共總書記助理的布爾拉茨基和心理學家維諾格拉多夫的文章，稱別列佐夫斯基是「一名俄羅斯愛國主義者，也是以色列生意人和美國勢力的代理人」。

布爾拉茨基和維諾格拉多夫的文章還透露前總理切爾諾梅爾金曾談到自己的密友別列佐夫斯基和另一名金融和媒體猶太裔巨

頭古辛斯基互相攻擊，形容「兩個猶太人吵架，全國都發抖」。這篇文章的結論是，上帝想懲罰一個人，就會奪去他的理智。「別列佐夫斯目前正向不妙的結局滑去」。

但對是素有「不倒翁」之稱的別列佐夫斯仍然抖擻上陣，宣佈獨立競選下議院議員（國家杜馬代表）。他在闡述競選綱領時說，在市場經濟的條件下管理國家，資本起著主導作用，因為資本是一個國家潛力的集中體現。

他認為，在改革時期，俄羅斯工商界人士理應掌權，因為只有他們瞭解國家發展需要什麼樣的法律。

別列佐夫斯基開創了俄國當代政治與金錢勾結的先河。

Headline 15 俄國面臨恐怖主義威脅

　　9月13日是俄國葉利欽總統宣佈的全國致哀日。就在這一天，凌晨5點左右，俄國首都莫斯科又發生一起嚴重的爆炸事件。這是不到兩周之間發生的第三起恐怖主義事件。

　　莫斯科連續三次被炸。8月31日晚八時左右，在離克里姆林宮五十米處的地下商城第三層，即最下一層，發生爆炸事件，四十多人受傷，一人死亡。這裡有一家老虎機遊戲廳和幾家速食店，是遊人相對集中的地方。目擊者說，全過程就像恐怖片一樣，突然一聲爆炸，大廳佈滿硝煙，大量碎玻璃雷雨般向人們壓下來，許多人大聲喊叫著撲向地面，另外一群人奔向自動扶梯，一片混亂。事後調查發現是一顆裝有兩百克三硝基甲苯（炸藥）的定時炸彈爆炸所致。

　　9月9日深夜11點58分，一聲巨響，莫斯科東南區的「印刷職工」社區，一幢九層大板結構居民樓中間第四和第五兩個門洞被炸毀。這裡的住戶大部分是莫斯科共青團員汽車製造廠的職工。九十多人被炸死。鄰近的居民樓也受到不同程度的損壞，也有一些人受傷。硝煙與呼叫聲混成一片，情景極其淒慘。許多居民自

動跑來搶救傷患。大量消防隊員和急救隊員在爆炸發生後四分鐘即開始到達現場進行搶救。初步調查發現恐怖主義分子使用的炸藥是六素精（黑索金）相當於四百公斤的三硝基甲苯，殺傷力極強。

9月13日凌晨被炸的是一幢九層磚樓，共六十四套公寓，全部被毀。已發現一百多具屍體。爆炸發生後，市長盧日科夫、內務部長、聯邦安全局長立即趕赴現場查看。初步估計恐怖主義分子使用的炸藥相當於三百公斤三硝基甲苯。

俄國當局對這些事件的嚴重性認識有一個過程。第一次發生後說可能是「流氓行動造成傷殘」；第二次發生後說可能是「煤氣爆炸或恐怖主義行動」；第三次發生後各執法機關和政府一致認為是恐怖行動。

爆炸發生後，俄國聯邦政府和莫斯科市政府採取緊急措施。俄國聯邦緊急情況部救護部隊、市消防隊、醫療救護站在現場處理救護事務。上千人在同一樓周圍進行搶救。受害人員已經分別領到市政府提供的免費住房，政府將向受害人員提供經濟援助，包括生活費、安家費、安葬費。內務機關已加強保衛居民樓，增加設崗，嚴查身分證，動員居民參加值班，莫斯科街頭已經出現大量員警和軍隊，總之，全市處於嚴陣以待的局面。各要害機關單位、公用事業廠站、水電、通訊、郵電部門，都加強設防。內務部武裝力量已宣佈處於高度戒備狀態，十二小時值班。全國各大城市都加強了戒備。作案人員的繪像已經在各媒體公佈並發現一定線索。

13日清晨，葉利欽總統得知發生居民樓被炸之後，立即決定在上午10點半召開緊急會議。參加會議的有第一副總理阿克年肖科、總統府首腦沃洛申、內務部長魯沙伊洛、聯邦安全局長派特

魯舍夫、莫斯科市長盧日科夫。葉利欽在會上嚴厲譴責恐怖主義活動。他說這是恐嚇俄國政府和俄國人民，是對全國人民的挑戰；殺害睡夢中的婦女兒童是恐怖主義分子卑鄙行徑；恐怖主義分子已經向全國人民宣戰。他同時宣佈全力支持莫斯科市長盧日科夫的一切反恐怖主義行動，要求在一周夜之內清查全部三萬多幢居民樓的地下室和無人居住的閣樓，加強對居民樓的警戒，並要求全國重點保護核電站、戰略要點、石油庫和煉油廠、輸油管、各機場、車站、碼頭。下午2點，葉利欽發表電視講話，呼籲全國聯合起來同恐怖主義鬥爭。正在新西蘭參加亞太經合會議的俄總理普京應葉利欽的召喚，立即中斷活動返回莫斯科。他在同克林頓總統的會談中表示，我們的共同敵人是國際恐怖主義。近來車臣和達吉斯坦的事件同著名的國際恐怖主義分子賓拉登的人有關係。他發表聲明說，俄國將與美國合作盡一切力量同國際恐怖主義作鬥爭。克林頓也表示美國將在同國際恐怖主義鬥爭的所有問題上支持俄國。俄國全國上下，從總統到普通老百姓，開始認識到同國際恐怖主義作鬥爭的重要性。

莫斯科三次爆炸事件和9月4日達吉斯坦的布伊納克斯克的民宅爆炸事件（二十二人被炸死，八十人受傷）說明，俄國已受到國際恐怖主義活動的攻擊，成了國際恐怖主義活動目標。俄國《生意人日報》報導說，國際恐怖主義分子賓拉登的武裝分子正在北高加索地區（屬俄國）和中亞活動。目前在吉爾吉斯的宗教極端主義分子也是他的人員。俄國獨立電視台不久前播送的材料中，提到一名中國新疆維爾族分裂主義分子。他是從新疆出來到巴基斯坦讀書，後來參加了武裝分子隊伍。為了證實他是中國來的，記者請他說了幾句中國話。帶有很重的維族口音。他們在俄國的車臣共和國恐怖主義武裝分子訓練基地接受各種破壞活動培

訓。賓拉登在北高加索地區的代理人是哈塔卜。他向哈塔卜提供大量財力支援，目的是控制環繞裡海的各國大片地區。由於中亞地區和北高加索地區經濟崩潰，失業嚴重，生活困難，不少人願意參加他的隊伍。

莫斯科的爆炸事件促進了各派政治力量暫時放棄歧見，聯合起來同恐怖主義鬥爭。國際恐怖主義活動迫使政界領袖人物坐到一起來商討對策。不久前還激烈攻擊葉利欽的盧日科夫應召到克里姆林宮參加葉利欽主持的會議；葉利欽也鄭重表示全力支持盧日科夫一切反恐怖主義措施。他在電視講話中說：我們理解現在莫斯科市政府和盧日科夫多麼困難。我一定向他提供一切必要的幫助和在這些艱難的日子裡支持他。據說盧日科夫深受感動。國家杜馬議會各派黨團負責人都表示支援政府反恐怖主義措施，並表示盡快討論通過《緊急情況法》，以便必要時宣佈全國處於緊急狀態。一直反對政府的亞夫林斯基和不久前解職的前總理斯傑帕申表示支持「當局針對恐怖主義分子的動作和莫斯科的一系列緊急措施」。各派一致表示支援在與車臣接壤地區實行緊急狀態，但也一致反對在全國實行緊急狀態，總理普京也表示同樣觀點。反對派擔心宣佈全國緊急狀態會取消12月的大選。有消息說，葉利欽將利用這次機會呼籲各派政治力量在共同的危險之前停止內訌。俄共一方面支持反對恐怖主義活動，一方面要求葉利欽下台，認為是他導致目前的情況。俄共曾因葉利欽發動打擊車臣分裂主義分子的武裝行動而彈劾他。

莫斯科發生爆炸以後，股票價格急劇下降，平均下降百分五至七，俄羅斯民航股票下降15％，下降最多的達24％（一家地方石油公司）。外國投資者可能把俄國從發展中國家轉列為國內戰爭國家，從而短期內不會向俄國投資。俄國經濟正在興起的復

甦，可能因宣佈緊急狀態、國際貨幣基金組織延期貸款、官員貪污、洗錢醜聞而停止。

Headline 16 莫斯科的日本花園風情

1999/09/20

　　在莫斯科這樣一個紅塵滾滾的名利場上，卻有那麼一片淨土，一片綠洲。莫斯科的老百姓為了躲開迷漫的硝煙渡過一段清淨的時間，往往喜歡到市里這片綠洲來。這片綠洲就是位於市內俄羅斯科學院植物園裡的日本花園。

　　日本花園所在的科學院植物園始建於1945年4月，即二次世界大戰即將結束的前夕，占地三百六十公頃，約相當於五千四百市畝。園內種著一萬二千多種世界各大洲的植物，其中有不少是已經列入紅皮書的珍稀品種。除了俄國特產的寒帶植物，還有很多亞熱帶和熱帶植物。這裡有植物展園，有珍品圃，有花卉館，有白樺園，有橡木園，還有觀賞池塘。就像遼闊的俄國一樣，科學院植物園氣勢宏偉，可算是世界上不多的大都會市內植物園。這裡夏季，綠茵喜人；秋季，五彩繽紛；冬季，琉璃晶瑩；春季，雪融草生。

　　當遊人走到遠離塵囂的園林深處，一座幽靜的花園就展現在眼前。它那富有異國情調的櫻花，日本風格的石塔，竹筒裡潺潺的流水，樸素的小木板橋，別是一片天地。指路石燈更是給迷

途遊人指向聖潔的彼岸。日本花園種有一百多種花草，其中有不少來自日本的北海道，如櫻花，榆樹，日本映山紅。這座園子的四季又別於大植物園。冬天遊人稀少，樹枝孤零，雪地皚皚，石塔石燈頂著雪帽，嚴如冷俊的美人兒。春天始於連翹開出豔黃的花朵；4月底5月初，櫻花開放，像在日本本土一樣，也只開三四天。接著，杏花映山紅爭妍鬥麗。夏天園裡的紫色的鳶尾花引出銀色的薰衣草花和粉紅的繡線菊；金色的千島群島茶花，一直開到深秋。秋天又是一片景象：紅葉悄悄飄落在綠茵上，正木樹上升起一個個粉色小方盒，彷彿百花再次給園子染上了春色。

這座日本花園建於1983到1987年間，由日本聯合園藝公司設計，由1970年世博會紀念聯合會、日本駐俄大使館、俄羅斯科學院主席團出資贊助，許多日本和俄國單位參加，共同創造了莫斯科這一美景。俄國研究日本文化的專家和一大批日本文化的愛好者常常借這塊勝地舉行各種介紹日本文化的活動。莫斯科的日本茶道學校週末時常在這裡舉行茶道藝術表演。

今秋的一個週末，這裡舉行了四場茶道表演，每場四十五分鐘。下午兩點的一場由一家私立學校特約，請一位年僅九歲的男孩擔任茶道藝術的主演。十名五年級男女小學生（十一歲）恭坐兩旁觀看。先由日本茶道先生用日語扼要介紹茶道的歷史和要義，一位俄國少女任譯員。然後介紹主演男孩大衛，說他年紀雖小，卻已深得茶道三昧。接著大衛跪在蹋蹋米上行禮如儀，動手做茶。先生對小學生們說，在做茶過程中要斷絕雜念，一心放在茶道之中。這時，三位茶道學員將甜糕分送各人。茶做好了，仍由這三位茶道學員將茶舉碗齊眉，敬送到每人面前。少年們個個表情莊重，細細品茶。這時先生先從室內掛著的字匾上的「清寂」二字說起。他說，「清」表示純潔、清淨，「寂」表示

祥和、寧靜。他又拿出兩塊字匾，一塊上寫著「和」字，另一塊上寫著「敬」字。他說，「和」表示和諧、和睦，「敬」表示尊重、敬愛。合起來是「和敬清寂」。這四個字就是日本裡千家今日庵茶道學派的人生哲學。接著他又詳細闡述了一番。他沒有說教，沒有進行宣傳，沒有「聯繫實際」，只是從日本文化的角度娓娓道來，在這些年輕的俄羅斯心靈裡播下高尚的亞洲文化的種子。茶道先生問俄國少年和小姑娘，今天參加茶道活動最大的收穫是什麼。他們說，是和諧，是人同大自然的和諧，是同周圍人的和諧。和諧了就不會打仗，就不會有爆炸。日本文化的空靈美潛移默化，自然而然地深入他們的心靈。

在莫斯科傳授日本茶道的學校是裡千家今日庵，西川勝先生任教授，利休居士十五世鵬雲齋宗室簽發畢業證書。茶道學校學員不少是鍾情日本熱愛日本文化的俄國人，特別是莫斯科大學亞非學院日本語專業的師生。他們超越了小市民對日本電器的崇拜，進入了日本文化的另一個境界。應該說這是日本文化的魅力，是亞洲文化對人類心靈的供獻。

Headline 17 賴莎夫人最恨背叛

1999/09/20

　　俄國20世紀最光輝的第一夫人賴莎‧戈爾巴喬娃走完了她並不長久的人生之途。今年7月她生病以後，引起了全球的關注。7月19日，她忽然覺得特別體乏，四肢無力，體溫上升。她要求俄羅斯醫學科學院血液病研究中心的沃羅比約夫院士（她家的密友）給她檢查身體。21日，醫生做出的診斷是「急性白血病」，唯一的解救辦法是進行骨髓移植術。22日，戈巴契夫向德國總理施略德和美國總統克林頓發出呼籲，請求提供醫療幫助。兩國領導人立即表示原意提供最好的醫療條件。最後由沃羅比約夫院士決定送賴莎到德國治療。7月25日開始用化療，並做術前準備。她的妹妹自願提供骨髓。9月12日她的病情急劇惡化，20日不治而逝。一個傑出的俄國女性離開了這個恩恩怨怨的世界。

　　賴莎夫人是一位真正的改革家。她對俄國改革事業做出的供獻不亞於戈巴契夫對蘇聯神話的摧毀作用。蘇聯社會七十年的歷史上，她是第一位使廣大蘇聯婦女可以引為自豪的黨和國家領導人夫人的形象。1958年尼克森總統訪問蘇聯，在莫斯科國際旅行社展出了美蘇第一夫人會見的照片。苗條的尼克森夫人與肥壯

的勃列日涅夫夫人和波德戈爾內（最高蘇維埃主席）夫人站在一起，曾引起老百姓吃吃暗笑。賴莎首先從外表上一改第一夫人的形象。她的風度，她的智慧，引得一片好評。她到義大利西西里訪問時，當地居民高歌《聖母瑪麗婭》來歡迎她。只有那些蘇聯模式的官員夫人們既羨慕又妒忌，對她評頭品足。

賴莎夫人始終不愈地支持戈巴契夫的改革，打破了史達林規定的不許領導人夫人參加政治活動不許在公眾面前拋頭露面的框框，衝破了蘇聯式的被媒體稱作「鋼筋水泥式的灰色的」框框，爭得了公開參加社會活動的權利。戈巴契夫夫婦為了推行改革，共同努力樹立蘇聯領導人的新形象，雙雙活躍在國內外的政壇上。這在蘇聯是史無前例的。由她提出創建的文化基金會和血液病研究基金會，至今受到各界人士的稱讚。即使在戈巴契夫失去職位之後，她的慈善活動和人文主義活動沒有停止過。他們夫婦仍然受到許多國家人民的歡迎。這說明公眾對他們的欽佩不在於他們所占的職位，而是他們的人品。賴莎是一個知識分子，畢業於莫斯科大學哲學系，執了幾十年的教鞭，除有博士學位以外，還有學術著作。這些著作都是在她做第一夫人之前的成果，並不像有些人以官銜來保自己的著作出版。可以說，賴莎搞了一場小小的革命。她研究的題目是社會學，學術專著《集體農莊莊員的日常生活。社會學論稿》出版於1969年。因此熟悉民間的真實情況真實疾苦，這與日後戈巴契夫的新思維和改革是分不開的。當年記者曾問到戈巴契夫，他是否同夫人討論政治問題時，回答說：「我同她討論一切問題。」正如戴卓爾夫人在唁電中所說：「賴莎‧戈爾巴喬娃是一位素養極高、口才好、富有魅力的女性。她和她的丈夫是形影不離的一對。賴莎始終不渝的支援，在極大程度上促進了戈巴契夫總統的政治成就和他在蘇聯進行的偉

大改革。」四十六年相濡以沫，堪稱世人楷模。

　　賴莎夫人生病和去世震動了俄國震動了全球。在她生病期間，戈氏夫婦天天收到大量慰問函電，祝福她早日康復。許多老百姓發來的慰問信使戈巴契夫感動得流淚。他沒想到老百姓竟然這樣關心他們一家的命運。兩個月來全國關注她的病情。她去世後，各國首腦紛紛向戈巴契夫發來唁電。葉利欽夫婦在唁電中說：「大家失去了一位傑出的人。」德國前總理科爾表示德國人民深深感謝她為德國人民所做的一切。俄國各界人士對她的去世表示深切的哀悼。俄國著名演藝大師烏里揚諾夫說：「蘇聯時期（領導幹部）害怕向公眾介紹自己的妻子。賴莎‧馬克西莫芙娜打破了這些偏見。這是一對政治上的羅密歐與茱麗葉。」22日，莫斯科公眾在俄羅斯文化基金會舉行賴莎夫人遺體告別儀式。成千上萬的人，特別是普通老百姓，排著數百米的長龍來為了最後看她一眼，為了向戈巴契夫一家表示哀悼和慰問。普京總理親自前來致哀。葉利欽總統夫人納茵娜代表全家向遺體告別。聯邦院議長斯特羅耶夫和國家杜馬議長謝列茲尼奧夫代表國會表示哀悼。俄國政府決定將她安葬在莫斯科新聖母名人公墓。

　　賴莎夫人生前說，她一生受到最大的打擊就是1991年軍事政變。她最難理解的是那些與他們夫婦一起推行改革的人中間，有不少人背叛了改革事業。至今不少前蘇共高級官員及其夫人們不能原諒他們，因為這場改革使他們失去了特權。對賴莎夫人的評價不一，反映了對蘇聯改革的評價。但是，他們扭轉乾坤的勇氣是抹煞不了的。

Headline 18 「葉利欽門」：洗黑錢撲朔迷離

1999/09/26

　　8月下旬以來，《紐約時報》、《華爾街日報》、《今日美國》等美國媒體大量公佈有關俄國黑社會在西方銀行洗錢的材料。英國和美國的執法機關收走了紐約銀行的部分文件。這批文件說明美籍俄人彼得・柏林在免稅區註冊的公司「別涅克斯環球公司」，從去年10月至今年3月（即俄國金融危機之後的半年內）經手了四十二億美元。其中一部分錢落入了俄國人馬吉列維奇的手上。美國報刊認為馬吉列維奇是俄國黑幫首領。第二家涉嫌的美國銀行是「共和國民銀行」。媒體說，這兩家銀行「洗了」一百五十億美元俄國黑錢，其中一百億是國際貨幣基金組織借給俄國的貸款。以上情況是否屬實，至今未見公佈證據。美國和俄國安全部門正在調查這個案子。

　　然而這件醜聞已經在俄美兩國乃至全球掀起了軒然大波，搞得俄美兩國總統不得安寧。他們的反對派揪著這件醜聞不放手。主要的問題是：俄國高層領導貪污受賄，俄國濫用國際基金會的貸款，俄國高層與黑社會聯繫密切，克林頓政府推行錯誤的對俄政策和縱容俄國黑社會，已經出現了將這些事件連在一起稱作

「葉利欽門」的說法。

　　俄國高層領導受賄的醜聞與洗錢醜聞交織在一起，錯綜複雜。瑞士前檢察長龐迪與停職受審的俄國總檢察長斯庫拉托夫合作從俄國民航前領導人貪污受賄一案查起，查到俄總統府總務管理局局長包羅金和總統家屬是否接受一家建築公司賄賂的問題。整個過程撲朔迷離，加上俄國目前競選的激烈鬥爭，更是難辯真偽。由於案件正在查證之中，沒有公佈任何證據。《莫斯科晚報》近日又傳出葉利欽總統女婿列昂尼德·吉亞琴科所持紐約銀行帳號上有數百萬美元。該報查出他從事五金出口生意。義大利《晚郵報》報公佈俄國總統幕僚受賄的材料後，莫斯科市長盧日科夫對克里姆林宮長時間沒有反應表示不滿，於是在出訪中宣佈，如果總統不訴諸法庭以捍衛自己的名譽，如果法院沒有證明這些受賄人是無辜的，他就相信西方媒體的指控。有趣的是，盧日科夫本人於日前也受到德國《圖片報》的揭發，說他花了十五萬馬克購買了一匹名馬和兩匹小馬給自己的孩子。盧日科夫的夫人葉列娜是俄國馬術運動協會的主席。他已宣佈要提出控告有關媒體，並要求賠償十五萬馬克的名譽損失費。俄國總統府行政首長沃洛申於9月10日致函上述義大利報紙，除否認該報的指控外，要求澄清真相，否則將訴諸法庭並要其承擔一切後果。同樣的信件也發給了《紐約時報》、《華爾街日報》、《今日美國報》和《新聞週刊》。信件全部通過俄國駐這些國家的大使館轉交。這件醜聞的新消息不斷出現，至今未能水落石出。

　　關於俄國濫用國際貨幣基金組織貸款的問題，也引起了十級颱風，逼得國際貨幣基金組織派人前來俄國調查貸款使用情況。西方媒體稱這批貸款有可能落入俄國黑社會之手，但至今未見證據。基金總裁康德蘇已經表示，國際貨幣基金組織提供給俄國的

貸款一向都有監督，沒有問題。俄國最擔心的是美國有一派人堅決要求停止給俄國貸款。康德蘇表示沒有理由拖延執行已經決定給俄國的貸款。對俄國來說，這個問題事關重大，因為俄國政府已經將這筆貸款列入1999年國家預算的收入部分。如果這筆貸款受挫，那麼還將影響俄國其他債務的豁免和延期清償問題。日前在華府召開的七大工業國財長會議要求俄國政府加強對資本流向的監督，特別是資本外流的問題。據說十年經濟改革期間，約有一千四百億美元流到國外。另外，要求每個季度都要對俄國中央銀行進行審計。七國同時表示繼續支持俄國的民主改革。在華府召開的國際貨幣基金組織理事會和世界銀行會議討論了繼續執行向俄國提供貸款的計畫。

外國媒體對俄國高層同黑社會的聯繫問題，至今談論很多，到底有多少實據，仍然難說。耐人尋味的是，俄國的《反貪法》已經五次由國家杜馬通過，但是每次都被總統及其周圍人員否決。因此，俄國至今沒有一部反貪法。美國指望俄國大選之後在這方面能有所進展。

所謂「葉利欽門」事件在俄美兩國各自國內和兩國關係都引起強烈反響。共和黨人、眾議院銀行活動和金融服務委員會主席詹姆士・林奇在特別聽證會上主持開會時用俄文說：「我們希望俄國貪污受賄的政治家和生意人新階級從俄國偷來的錢回到俄國以造福俄國人民。」眾議院邀請的俄國議員亞歷山大・庫裡科夫（共產黨議員）到達華府以後說，他指望能從美國國會得到證實洗錢罪名的全部文件。「如果沒有這些證據，那麼我們將有權說，俄國國家利益為了一定的政治目的而有意遭到損害。」美國財長薩默斯代表美國行政當局參加聽證會。共和黨指責克林頓政府「丟了俄國」，指責他實行了錯誤的對俄政策。美國主要制訂

對俄政策的官員，如奧布賴特、泰博特、戈爾、科恩，紛紛上陣捍衛克林頓政府的對俄政策，說一個穩定的、民主的、諸事順利的、裁軍的俄國符合美國根本的民族利益。他還說，華府向俄國提供的貸款都是專項的，而國際貨幣基金組織最近一批貸款是清償俄國欠下基金組織的款項的。當然，他同意今後應強化監督對俄貸款。

俄美兩國政府被「洗錢」問題弄得焦頭爛額，不得不重視之。兩國總統通過熱線電話商討對策。泰博特前來莫斯科瞭解實情。普京總理在澳大利亞同與會的克林頓總統商討涉及俄美基礎關係的問題。兩國安全部門和執法機關決定攜手查清洗錢問題。

洗錢問題搞得如此烏煙瘴氣，俄國評論界認為是美國選戰的後果。共和黨為了進入白宮，千方百計打擊克林頓政府，俄國則是「殃及池魚」。然而《消息報》的評論員認為俄國人自己有錯。是俄國政府未能制止幾百億的美元流失國外，是俄國的政治是骯髒的，生意是骯髒的。我們俄國人自己從本國運出上千億的美元。由於俄國稅收不合理，一些俄國公司利用別涅克斯公司進行進出口貿易結算，據俄國方面說，這間公司的財務活動是合法的。問題在於俄國政府應當改進稅收，才能改變這種狀況。俄國副財長庫德林說：「國際貨幣基金組織的貸款從來沒有亂用過。這是徹頭徹腦的胡說八道。我覺得正在推行一場激化投資商同俄國之間關係的一場運動。」俄國政界認為這樁洗錢公案是要造成「俄國全是土匪和小偷」的形象，不能同俄國合作；同時，也是為了阻止俄國加入世貿組織。總之，是一場在國際上破壞俄國形象的運動。俄國也在競選大戰之中，反對派也正在利用洗錢問題攻擊葉利欽和現政府。因此，這件醜聞中有多少是事實，有多少是「胡說」，尚需拭目以待。

1999/11/11

　　自9月23日俄聯邦軍隊向車臣共和國國際恐怖主義分子基地發動空中轟炸以來，武裝分子節節敗退。聯邦軍隊和武裝分子都說目前已經進入第二個階段。當前的戰場形勢是，聯邦軍隊進入車臣共和國，已經兵臨城下，離車臣首都格羅茲內只有八公里。聯邦軍隊的偵察小分隊已經在格羅茲內近郊活動。與此同時，聯邦軍隊還控制了格羅茲內的制高點——焦爾峰，肉眼已可看見格羅茲內的機場。正在形成對格羅茲內的包圍圈。軍隊首長說，近日內將占領位於首都附近的第二大城市古特爾梅斯市。武裝分子並不打算束手待斃，已經將兵力調集到首都並在格羅茲內週邊針對聯邦軍隊的攻勢構成三道防線。另外，已將格羅茲內市區劃分成四個防區，分別由野戰司令負責。車臣總統馬斯哈多夫任命野戰司令巴薩耶夫（東方戰區司令）指揮東市防區，西南防區由格拉耶夫司令負責，中市防區由車臣共和國國防部長漢比耶夫親自掛帥（他是馬斯哈多夫國民近衛軍的創建人），老工業防區由野戰司令巴庫耶夫（聯邦反有組織犯罪活動總局乾脆稱他是「土匪」）。馬斯哈多夫還從民兵中組織一個「特別行動獨立旅」作

為他本人的機動後備隊,由車臣副總理札卡耶夫指揮。聯邦軍隊的情報說,武裝分子不僅打算用居民組成人牆,而且打算採用「化肥和化學毒品」毒化自來水、麵粉廠和食品廠產品,毒害俄軍士兵。車臣政府說攻打格羅茲內市的行動指日可待,但聯邦軍隊說至今未接到發動攻城戰的命令。不過10月26日夜俄軍轟炸了馬斯哈多夫總統的官邸。27日,聯邦軍隊動用P-70「月亮-M」型戰術火箭轟炸巴薩耶夫在格羅茲內的官邸。三名保安人員被炸死。

多年來車臣問題一直困擾著俄國聯邦政府。前次車臣戰爭(1994至1996年)並沒有解決問題。中央政府和公眾輿論對車臣問題沒有一個明確的共同的態度,時而要戰,時而要和;時而要談,時而要打。現在揭發出來,中央政府撥給車臣政府用來支付養老金和教師薪金的錢不翼而飛。有消息說這些錢都用來維持武裝分子培訓基地和購買武器。車臣問題極其複雜,不僅有歷史上的恩恩怨怨,還有各派政治力量的鬥爭,又摻和經濟上的利害關係。前次俄車戰爭中,俄國有許多人同情車臣方面。今年以來車臣形勢急轉而下。國際恐怖主義、宗教極端主義和民族分裂主義把車臣變成了自己的基地。他們入侵達吉斯坦,在俄國各地大搞恐怖主義活動,造成無辜居民傷亡,引起老百姓公憤。在這種氛圍裡,俄國軍方得到總統和政府的支持,展開了一場大規模的清剿戰爭。與前次車臣戰爭不同,這一次中央政府決心大,部隊士氣高昂,目標明確,媒體支援,西方默許,因此戰事基本順利。再加上普京總理態度強硬,親臨前線督戰,同時加強對難民的安置,各派政治力量在徹底解決車臣問題上達成共識。目前正處於決戰前夕。有消息說俄軍將於10月底發動全面攻勢。這將是一場大惡戰。單是逃離車臣的難民已超過十八萬人。

10月26日，《莫斯科共青團員報》報導說，車臣地區東線部隊司令特羅舍夫中將在回答該報採訪時說，已經決定懸賞一百萬美元捉拿頭號恐怖主義分子巴薩耶夫。他說，「誰把他的頭提來，誰就能領到一百萬美元。不問他是誰——車臣人還是我們的特種兵部隊。」政府新聞局處長柯洛特科夫證實了這項決定，並進一步指出，這筆賞金是由俄國和一些外國工商界人士提供的，沒有動用國家財政。10月21日，俄聯邦政府就車臣形勢發表聲明說，這次採取的打擊恐怖主義的行動，第一階段已經將車臣共和國三分之一的領土從恐怖主義分子手中解放出來；今後仍將繼續採取堅決的強硬的手段對付恐怖主義，直到在車臣共和國全部領土上恢復法治和秩序；徹底消滅車臣領土上的國際恐怖主義和武裝極端主義分子；強調指出鎮壓恐怖主義分子是俄國的內部事務，同時也是承擔對國際社會的義務；總統和政府的強硬路線已經得到絕大多數人的支持；政府願同車臣遵守憲法的力量進行對話，條件是尊重俄國領土完整和主權、譴責任何形式的恐怖主義活動、解除非法武裝、釋放全部人質、將全部恐怖主義分子交給聯邦政府、尊重人權、創造難民返回家園的條件；車臣的政治問題只能通過談判解決；政府對國民的支持表示感謝。

　　隨著時間的轉移，車臣戰爭引起國內外一些新的反應。據《專家》雜誌（週刊）第三十七期報導說，該刊收到國內外二百五十多封來信，大多數表示支持打擊恐怖主義的觀點，但也有十二個人表示反對。他們反對動武，反對挑起民族鬥爭。聯邦下屬的韃靼斯坦共和國要求從前線撤回本地應召士兵。列別德說莫斯科的炸彈是葉利欽放置的。北高加索地區的俄聯邦部分共和國首腦（除馬斯哈多夫外，車臣也是北高加索的一個共和國）日前在葉申杜基（北高加索休養勝地）召開非正式會議討論車臣形

勢。北奧塞梯共和國總統和印古什共和國總統呼籲同馬斯哈多夫對話。馬斯哈多夫曾寫信給與會首腦，要求給他時間處理恐怖主義分子和劫持人質的土匪，使車臣形勢正常化。但是他拒絕同中央政權對話。這樣，聯邦軍隊更有理由打下去。俄輿論界認為對話至少可以創造一種共同消滅恐怖主義分子的背景。

12月24日，莫斯科獨立電視台舉辦了一次觀眾同西方駐俄記者的辯論會。電視台現場直播。大多數觀眾指責西方駐俄記者片面報導車臣事件，故意誇大平民被炸的情況。俄國觀眾說，你們在南斯拉夫炸死的平民還少嗎？俄國媒體也有人說西方媒體搞雙重標準，替武裝恐怖主義分子張目。在普京總理去芬蘭參加高峰會晤時，《消息報》評論員就勸他不必在西方面前辯白，因為俄國沒有錯。比起南斯拉夫事件來說，採取軍事行動的理由更充足。

西方對車臣問題的態度有了重大的改變。從不干預到呼籲對話。美國國務卿奧布賴特於12月26日發表聲明，呼籲俄國政府開始同車臣方面對話並蒂和。由於俄方在車臣採取軍事行動，在北高加索地區集中了大量武裝力量，已經引起歐盟的不安。日前在赫爾辛基召開的歐盟與俄國高峰會談中，歐盟方面的代表芬蘭總理里波寧呼籲俄方不要在北高加索地區派駐「數量不相稱的大批軍事力量」，「立即」開始對話，「我們不認為用軍事手段解決實質上是政治性問題的做法是有效的」。歐盟秘書長索拉納稱「必須降級軍事行動和開始政治對話」。歐盟主要擔心的是俄國在該地區的軍事力量增加。

10月20日《消息報》的資料說，據1989年的人口統計，車臣地區人口為一百二十七萬人，共有一百多個民族，一半以上為車臣人，俄羅斯人占25％，印古什人占12.9％，烏克蘭人占1.5％。

1991至1999年間，二萬一千名俄羅斯人在車臣被殺；土匪從俄羅斯人手中奪走了十萬套公寓和住房；四萬六千人被當作奴隸驅使；二十二萬俄羅斯人被迫逃離家園。目前車臣居民只有二十萬人。

車臣戰事隨著時間的轉移不斷出現新的因素。在莫斯科市區和郊區定居的車臣人於11月6日在「禮花酒店」召開了一次車臣人大會。會上選出了參加於12日在莫斯科召開的全俄車臣僑民（指在車臣共和國境外定居的車臣人）大會的代表。這次大會將成立車臣各族人民聯盟。大會表示願意在俄國憲法的範圍內解決車臣問題，同意中央關於消滅恐怖主義分子和匪徒的決定。但在解決辦法方面同中央政府意見不一。他們反對大規模的軍事行動和轟炸。另外認為中央政府對難民安排不力。俄國中央政府表示要支持車臣人內部的「健康力量」，即願同中央合作的政治力量。不久前流居住在俄國的前車臣議員成立了流亡政府——國務院以同車臣現政府對抗。俄總統又於日前大赦正在因貪污公款罪而服刑的前格羅茲尼市長甘泰咪羅夫。輿論界認為這表明俄中央政府準備讓他出面處理車臣戰後事務。這些人目前都住在車臣境外。住在境外的車臣人要比住在車臣境內的人多。因此，他們的力量不可輕視。總之，中央政府正在為軍事行動後的事務做出安排。

國際上對俄國的壓力不斷加大。美國國務院發言人魯賓於11月9日發表聲明指責俄國政府違反日內瓦公約中有關軍事政治安全方面的義務，「無理使用武力對待平民」，同時呼籲俄國政府同「車臣合法代表」進行對話。他同時宣佈將派代表泰博特前往布魯塞爾和倫敦商談車臣問題。按計畫歐安會首腦會晤將在11月18至19日在土耳其舉行。西方可能聯合向俄國施加壓力。此話一

出，立即引起俄國反對。10日白宮發言人羅哈特出面否定魯賓的講話，說美國政府沒有俄國違反日內瓦公約的證據。「國務院發言人的話被解釋錯了」。同一天，奧布賴特在歐盟會上只泛泛呼籲俄國政府同車臣開始對話，又說必須說明俄國解決人道主義災難問題。北約秘書長羅伯松宣稱「車臣戰爭不應成為停止與俄國進行聯合的對話」。克林頓總統在喬治城大學發表紀念推倒柏林牆十周年講話時表明，美國認為俄國的做法是不正確的，但要理解俄國要解決的問題和承擔下來的遺產。美國更關心的是俄國明年「首次民主移交政權」。車臣領導人正在努力使車臣問題國際化。馬斯哈多夫曾向克林頓和聯合國寫信，要求他們出面「阻止俄國當局搞種族滅絕和保障人權」。白宮發言人說沒有收到這封信。車臣外交部長出訪法國，同法國外交部長會談，已經引起俄國各界的反對。

俄國內部在對待車臣戰爭問題上也出現了一些變化。蘋果派的首領亞夫林斯基於11月9日發表聲明，主張同車臣總統馬斯哈多夫進行對話。他提出來一些條件作為開談的基礎：解放全部人質和停止奴隸買賣、建立最起碼的公民國家基礎、將恐怖主義分子交給聯邦政府、解除非法武裝。此間評論說，亞夫林斯基這樣做是為了表現對西方的支持。也有人說是他的競選花招，因為馬斯哈多夫不可能答應他提出的條件。

車臣形勢的前景看來是無法避免一場惡戰。聯邦軍隊最擔心的是中央重蹈覆轍，突然發出「停」的命令，使前功盡棄，車臣依舊。

Headline **20** 媽媽　祖國　自由

1999/11/15

　　今年年初，俄國影壇出現了幾部值得一看的故事片，不久前在東京電影節獲好評的《媽媽》就是其中一部。這部影片是根據一件實事編寫的。七十年代初蘇聯有一個著名的兒童家庭輕音樂隊《七個謝米昂》（俄國童話人物），由奧維奇金一家七兄弟組成（影片中改為六個），曾經轟動全國，並在克里姆林宮大會堂演出。八十年代初，這個樂隊在母親率領下劫持飛機，要求飛往美國。在處理劫機過程中，特種部隊動用武力，造成大量傷亡。樂隊一家被判長期徒刑。影片《媽媽》只用這件事作為引子，沒有詳細描述事件的過程，主要情節寫媽媽十五年刑滿釋放以後的故事。

　　影片開始，幾幅描繪俄羅斯遼闊大地的畫面，然後切入一個小村莊。木屋傳出純樸的民間音樂。鏡頭搖向西伯利亞的一個小火車站舒亞。一群俄國婦女在站上等待過路的軍車。那是1945年二戰勝利後軍人復員回家的軍列。車上的軍人滿懷勝利的喜悅，興高采烈。其中一名青年軍人拉起了手風琴。這時，車站上的一位姑娘也拉起了自己的手風琴。音樂吸引了兩人，於是眉目傳

情。軍人跳下車來跟著姑娘走了。鏡頭推出片名《媽媽》。

　　媽媽出獄，決定把失散的兒子們都找回身邊。飽經滄桑滿頭銀髮的媽媽首先到精神病人監獄裡尋找長子里昂卡，她還以為這裡像療養院一樣呢。她要求獄長放兒子出來。醫護把坐在輪椅上的里昂卡推出來。他口中念念有辭，只是沒有聲音。他好像認不出母親來了。獄長說，待你兒子痊癒了就能出院。母親求兒子原諒：當年是她叫兒子假扮成精神病人，免得落入監獄的。

　　母親回到家裡，找出當年孩子們演出的黑白劇照。照片活動起來變成了彩色。她的長子里昂卡宣佈「快樂的小家庭」演出開始。後台，音樂會經辦人叫他們的媽媽領取報酬，一共九個盧布（少得可憐）。她非常不滿意。鏡頭又拉回來。她找出當年孩子們的演出服裝，撿出一把搖鈴。媽媽把搖鈴送到監獄裡給長子里昂卡。他心有靈犀一點通：這是媽媽又想把我們召集到一起的信號。

　　另外一個兒子尤里出獄後在烏克蘭頓巴斯的煤礦裡做礦工。礦上發工資，大家爭先恐後去搶，結果拿到手的是一張馬戲票。尤里在馬戲團裡看到斑馬演出，回來後餓得把馬戲團的斑馬偷出來吃了。他接到母親的電話叫他回來。他表示一定要回去看望母親。

　　接著鏡頭裡出現的是弗拉吉沃斯托克。酒吧迪斯可舞廳。燈紅酒綠。小兒子帕威爾在一群賣春女身邊鬼混。他煙癮上來，躲到一邊去吸毒品。接著是他送妓女到潛水艇給水兵。他幹的就是這種拉皮條的生涯。

　　下一個場面是塔吉克共和國邊境哨所。又一個兒子瓦西里是雇傭兵。他到村裡去檢查，發現有新鮮血跡。跟著血跡，他走進一個農家，看到一個受傷的金髮女人躺在床上。她是一個狙擊

手，專門射殺蘇聯士兵。瓦西里找到了她的槍，用槍瞄準金髮女人的頭，準備射擊。最後還是放過了她，只是收走了槍，離開了村子。

她的兒子尼古拉淪落到了凍土地帶泰梅爾。銀幕上傳出熱烈的做愛聲。原來是這裡的男人都死了，五個年輕的女人嫁給一個老頭子。尼古拉的工作就是同這裡的女人做愛，以協助完成傳種的任務。他以此為業，收到的回報是裘皮。一天，駛來一艘輪船。他把裘皮交給船長。船長給他帶來了一封電報，是媽媽召喚他回到身邊。

除了長子里昂卡以外，四兄弟回到了莫斯科，相約在車站見面。久別重逢，像兒時一樣，又親又鬥。老二尼古拉說，我們要體體面面地去見媽媽。他們走到離家不遠的電影院。外面依舊，裡面已經全部倒塌。他們在這裡回憶起當年演出的盛況。回到家以後，他們輕輕推開房門，看見媽媽一個人坐在屋中沉思。媽媽見到兒子們回來，別是一番滋味上心頭。她一個一個地審視他們，老淚縱橫。他們看到兄長坐的輪椅。媽媽說她已經拿到了衛生部的證明，可以把里昂卡接出來。小兒子煙癮發作，心情煩躁。他問媽媽：你知道我過的什麼日子嗎？你為什麼把我叫回來？我不願意呢？他轉過身去，背上紋著兄弟們的畫像。

這裡穿插了劫機事件的過程。媽媽認為她的孩子們的樂隊理應得到更好的待遇，因此決定通過劫機的途徑到國外去。當時蘇聯人是沒有出國自由的。由於他們經常在國內演出，機長對同他們很熟，因此毫無準備。媽媽指揮孩子們劫機。長子里昂卡坐在輪椅上，手持炸彈；她又派一個兒子去擊昏機上安全官員；親自宣佈劫機。機長說要加油，否則飛不到美國去。降落後，特種部隊大動火力，搶入座艙，殺傷了大批無辜乘客。六個孩子中尼基

塔被打死。

　　媽媽叫他們回到身邊，為了要他們去精神病監獄裡把大哥救出來。孩子們私下表示想回去過自己的生活。帕威爾甚至對媽媽說：十五年前你替我們做決定，壓根兒就不問問我們的意見。兄弟們提出是否花點錢去救哥哥？媽媽說，有過教訓。接著描寫了當年（七十年代）他們的父親因為偷東西被判刑。媽媽傾家蕩產把錢交給監獄長，在父親離開監獄時，被獄長開槍射殺，理由是「企圖越獄」。總之，人去財空。媽媽帶著七個孩子過著艱難的日子。後來一個偶然的機會，媽媽發現孩子們有音樂才能，於是將他們培訓成樂隊。這就是小樂隊組成的淵源。

　　兄弟們帶著衛生部的證明去領大哥出獄。監獄長說「你們全家都是一夥土匪」。他們不僅遭到拒絕，還被精神病犯人打得頭破血流。他們只好通過下水道將大哥劫出獄。

　　最後全家在媽媽率領下乘火車回到西伯利亞的小站舒亞。在車上孩子們仍然在問母親：過去你替我們決定一切，今天你又要我們做什麼呢？儘管如此，他們還是隨媽媽回到了他們故鄉。這樣，影片又回到了開始的地方。

　　影片出台以後，引起影壇轟動。原因有三：一是影片的主題，二是影片的情節，三是影片的演員陣容。媽媽的形象在俄國人心中是同祖國同人的命運聯在一起的。影片裡媽媽決定孩子們的命運，就像國家決定一個人的命運一樣。觀眾不會忘記事情發生在前蘇聯，即集權主義國家裡。無論是影片的人物，還是飛機上無辜的乘客，單個人的生命是毫無價值的。現代文明國家在處理劫機事件時的出發原則是首先保住乘客的生命。影片繪出了一個無權、無人性、殘酷的國度。影片是以全家人的笑聲結束的。當時還看不見國家變革的曙光。他們的笑聲表達了一種寬恕，一

種諒解，一種對宿命的服從。母親就是母親，祖國就是祖國，別無選擇。本片在莫斯科「俄羅斯國家音樂廳」首映時，全場起立熱烈鼓掌以示歡迎，同時也為俄羅斯人民獲得自由而歡呼。參加首映式音樂演出的少年爵士樂隊（莫斯科第二十八音樂中學的學生）不用通過劫機來爭取出國演出了。他們獲得了自由出國的權利。影片《媽媽》的可看性非常突出。從場景上來說，觀眾可以看到俄羅斯的大地，從弗拉吉沃斯托克到烏克蘭，從北極圈到首都，從塔吉克哨所到西伯利亞。從情節上來說，酒吧，潛水艇，煤礦，馬戲，劫機，劫獄，吸毒，克里姆林宮大會堂演出，精神病監獄，充滿色彩、恐怖、緊張、抒情，都引人入勝。本片的青年導演葉夫斯吉格涅夫說影片是由俄國家隊擔綱攝製的。媽媽一角由俄國老一代著名大明星莫爾久科娃主演。三名俄國當代傑出的青年影星緬申科夫、馬士科夫、米羅諾夫主演三位兄弟。他們演技已到爐火純青，瀟灑而知分寸，恰到好處。此外，攝製組集中了俄國最佳製片人、攝影師、美工設計師、作曲家。攝製成本雖然只有三百五十萬美元，對好來塢大片來說，不足掛齒。但對俄國來說已經算是大製作了。近兩年來俄國攝製了一批頗有深度頗有看頭的影片。如《西伯利亞理髮師》、《哨所》、《偷兒》、《聾人國度》等等，都是膾炙人口的作品。俄羅斯電影正處在一個復興的前夕。

Headline 21 車臣戰事：俄國的選擇

1999/02/29

隨著車臣首府格羅茲內市區的隆隆炮聲，進行了近半年的車臣戰事已經臨近尾聲。俄國政府軍會在短期內全面控制車臣首府。透過車臣戰事，我們可以看到俄國當代歷史若干值得注意的傾向。

俄國在這次戰事中採取了一貫到底的強硬政策。蘇聯解體以後，葉利欽為了鞏固自身權力，提出俄羅斯聯邦各主體可以盡量「拿主權，能拿多少就拿多少」。一聲令下，各加盟共和國磨掌擦拳，紛紛領取主權。車臣共和國當時的領導人杜達耶夫將軍利用這個時機，把車臣引向分裂主義道路。中央駐軍撤離車臣，同時留下了大量軍火，埋下了禍種。這些武器最終落到了恐怖主義分子和宗教極端分子的手中。與此同時，國際恐怖主義分子大量滲透到車臣，成了培訓武裝分子的基地。杜達耶夫本人實際上失去了對車臣的控制。局勢急劇惡化，造成了第一次車臣戰爭。由於中央政府舉棋不定，國內外許多人反對，停停打打。一些政客和財團為了自身利益，極力維持不戰不和的局面。最後中央政府代表同車臣代表簽署了一份縱容分裂主義的協定。問題並沒有

解決。車臣領導在戰地司令官們的壓力下，將車臣改成一個宗教國家，設立了宗教法庭——十葉法庭。武裝主義分子利用時機，大大擴充武力，不斷搞恐怖活動，劫持人質，殺害人質，包括使用最殘酷的中世紀刑罰。今年夏天，車臣的恐怖活動擴大到俄國其他地區。首都莫斯科普通居民樓連續被炸，大量無辜死傷。車臣恐怖主義分子揚言要在全國發動進攻，造成各地人心惶惶，引起全國民憤。各派政治力量一致支持對車臣採取強硬手段。聯邦軍隊採取了步步為營的戰術，動用尖端武器，將恐怖主義武裝分子圍困起來，以致最後只剩下首府格羅茲內市。車臣武裝力量在市內建成了牢固的防禦體系，但是畢竟大局已定，車臣戰爭的結束，指日可待。這次車臣戰爭後期俄軍和政府採取了一項「以夷制夷」的策略，從牢中放出因侵吞公款而受審的前格羅茲內市長甘泰咪羅夫。由他出面組織與政府合作的民兵隊伍，與聯邦軍隊並肩作戰打擊武裝分子。除此之外，聯邦軍隊還採用動員當地車臣居民自己說服武裝分子撤離駐地或者趕走武裝分子的辦法，和平解放車臣各地區，以減少傷亡，都有實效。車臣第二大城市古德爾麥斯市就是用這種辦法順利解放的。

車臣戰爭為俄國各政治力量各政治思潮造成了一個定位於聯邦利益至上的機遇。除了少數人為了爭取在大選中得到西方支持和選票（莫斯科市長盧日科夫和「蘋果黨」領導人亞夫林斯基）以外，從民主派到共產黨，從總統到老百姓，一致要求消滅武裝恐怖主義分子。這是俄國十年來唯一一次全國上下共識。它的深遠內涵不可輕估。最大的明證就是現任總理普京的信任率日日上升。這次國家杜馬大選投票結果，也說明凡是與普京名字連在一起的候選黨團和人士，得票率相當高。普京明確表示支持的「團結派」竟然能與最大黨團俄共平起平坐；普京間接表示支持的右

派力量聯盟（普京在大選前接見各黨派時，只單獨會見其領導人基里延科，並表示對他提出來的綱領十分感興趣，而其他黨派領導人是合在一起接見的）。由於俄國總統大選只有半年時間，而普京又沒有政治包袱，因而取勝的可能性很大。對俄國來說，普京應是一個相當可取的總統候選人。他沒有蘇共時期黨政官僚的背景；他是隨著俄國民主運動大潮流登上政治舞台的，是民主派把他推到現在的位置上的。車臣戰爭給他提供了一個極好的表演場地。在處理車臣事件中，他表現出的前後一致決不動搖不受外界影響的立場，幹練而又靈活，頂住種種壓力而同恐怖分子作鬥爭，頂住普里馬科夫和盧日科夫要求他出面封殺媒體言論自由，都使他贏分。與其他總統候選人相比，如代表舊勢力的久加諾夫，高齡而有威權作風的普里馬科夫，徒有理論而只能批評別人的亞夫林斯基，紅極一時但已經下落到地方一級領導人的列別德，普京可說是占盡風流，再說這位擁有柔道運動健將的總統候選人更可一掃老人當政的陰影。難怪俄國各地實力派，各州長紛紛表示支持他。因此說車臣戰爭為俄國造就了一位很具實力的新總統候選人是有一定根據的。

車臣戰爭考驗了東西方關係。歐安會首腦土耳其11月18至19日會晤期間，西方各國聯合對俄施加強大壓力，受到俄國總統葉利欽的堅決反攻。他在全體會上發表強硬聲明，說「你們無權教訓我們」。俄國自認是自己老朋友的法國總統希拉克和德國總理施羅德，竟然聯合施壓。葉利欽大為憤怒，拂袖而去。與此同時，車臣領導人正在努力使車臣問題國際化。車臣總統寫信給克林頓和聯合國要求他們出面阻止俄國。車臣「外長」出訪法國等歐盟國家求援。法國和英國官方人士不顧俄國反對，同車臣「外交部」代表會談，引起俄國各界反對，堅決反對外國干涉俄國內

政。相反，中國，中亞各國表示全力支持俄國。上海五國發表聯合聲明譴責分裂主義、宗教極端主義和國際恐怖主義，同西方表現的曖昧態度，形成鮮明對照。俄國認為北約在血洗並強占科索沃之後，無權談什麼公正和人道，談不到什麼同恐怖主義的鬥爭。北約和歐盟試圖干預車臣事件，將車臣問題國際化，遭到俄國極力反對，俄國同西方的關係臨界冷戰的邊緣。導致葉利欽不顧醫生的反對，長途跋涉前往北京，揮起核武器的大棒警告美國。接著俄國總理親臨白楊—M洲際導彈的發射，以顯示俄國對抗美國的能力。熊被惹火了，也會傷人的。幸虧十年冷戰後的世界，理智占著上風。普京在葉利欽講話之後，立即出面穩住美國，俄國同美國領導的關係是良好的。然而，西方的言行已經引起車臣普通居民的反感。他們說，與其來那麼多考察團，空手而來，侈談人道，不如多送來點藥品和食品。

車臣戰爭是對俄國聯邦統一的考驗。俄國是由八十九個主體組成的聯邦國家，其中有二十個由少數民族組成的共和國，其他為州或地區。這二十個共和國享有比州更多的權利，特別是有權退出俄羅斯聯邦。因此，分離主義是俄國最頭痛的問題之一。一些加盟的共和國領導人無異於土皇帝，可以在本共和國內制定與聯邦憲法相抵觸的地方憲法，可以不執行中央的政令，可以扣留應繳入聯邦國庫的稅金，可以封殺中央媒體的傳播。車臣共和國的領導人同個別共和國的領導人保持良好關係，連車臣總統馬斯哈多夫的家屬在戰時可以到鄰近的共和國避難。中央和各共和國之間經常出現磨擦，民族利己主義在經濟低迷時期往往抬頭，給多民族國家造成困難。俄國特別易受其害。俄國中央此次不顧一切，要把車臣問題來個徹底解決就是可以理解的了。評者說，如果這次車臣之戰半途而廢，俄國就可能分裂，就可能失去高加索

這塊戰略要地，國際恐怖主義分子就可能在這個地區站住腳，對鄰近國家無疑是一大威脅。車臣武裝分子的戰地司令巴薩耶夫和外國恐怖主義分子頭目哈塔卜武裝侵犯鄰近的達吉斯坦共和國並宣佈成立伊斯蘭共和國，遭到達吉斯坦政府和居民的反抗，被趕回車臣，足見不得人心。普京總理身臨車臣前線，鼓舞士氣，並一再宣稱不受任何外來干擾誓將車臣之戰打到底，就是因為事關俄國生死存亡。前蘇聯加盟共和國的格魯吉亞和阿塞拜疆一直與俄國有齟齬，有向車臣提供方便的嫌疑。因此，俄國要通過解決車臣問題來鞏固聯邦。

車臣戰爭為俄國提供了一名嶄新的總統候選人。普京被任命為總理時，葉利欽就明確表示普京是理想的下一屆總統。當時曾引起國內很多人的反感。誰能預料這匹黑馬當政幾個月就能獲得最高的支持率，表現出確是一個有競爭力的候選人？車臣問題一直是困擾俄國歷屆政府的難題，看來有希望在普京手中解決。半年後的總統大選看好普京，應當說是車臣戰爭的副產品。

車臣戰事能盡快結束，將是俄國和國際社會的大幸。

Headline 22 葉利欽時代：改革和民主 錯誤和悲劇

2000/01/04

　　正當俄國人民懷著複雜的心情迎接千禧年之際，12月31日中午十二時，葉利欽總統突然向全國發表辭職文告，宣佈辭去總統職務，使全國乃至全世界為之愕然。誰也沒想到，當全世界人民正在歡欣鼓舞忙於準備慶祝活動時，葉利欽會發表這樣的聲明，成了20世紀最後一天的特大新聞。他在文告中說，經過「長期痛苦的思考」，決定在即將逝去的百年最後一天辭職。他說，「我必須這樣做。俄羅斯應當帶著新政治家、新面孔、新的聰明的強有力的精力充沛的人們進入新的一千年。」他說：「在我看到了人們懷著怎樣的希望和信任投票選舉新一代政治家進入國家杜馬，我明白了，我做完了自己一生中最主要的事情。俄羅斯永遠不會回到過去。俄羅斯將永遠向前進。」葉利欽向人民請求原諒，沒能正確地帶領全國人民從一個灰色的停滯的集權的過去，進入一個光明的富強的文明的未來。他說他想一步跨過這個過程，結果發現自己太天真了。葉利欽的悲劇就在於此。

　　葉利欽沒有出席克里姆林宮舉行的喜迎千禧年國宴曾引起外

界注意，媒體說可能他又生病了。據他的新聞秘書說，葉利欽完全獨立做出辭職決定的。他只是在葉利欽發表文告前四小時得知這一消息的。

葉利欽宣佈依照憲法將總統職權移交給總理普京，並在當天中午完成移交手續，同時把象徵全國武裝力量最高統帥的核武箱子交給普京，坐車離開總統府所在地克里姆林宮，完成全部交權過程。葉利欽在位期間不厭其煩地換馬，挑選一個自己合意的接班人，最後選定普京。葉利欽在這個時候辭職，正是為了確保普京能夠接任下屆總統。

現在是普京的最佳狀態，是他最有利的時機。一、支持普京的黨派順利進入國家杜馬，在新一屆國會中將占半數左右，共產黨左右國會的日子已經過去。二、大選投票結果表明俄國民眾在關鍵時刻還是選擇了民主發展的道路。普京作為目前最強有力的民主派青年政治家，處境最有利。三、普京主張用強硬手段徹底解決車臣問題，得到大多數人的共識。車臣恐怖主義分子長期劫持人質，殘酷撕票；去夏以來又在全國大搞爆炸，許多無辜百姓死於非命，家家戶戶不得安寧，車臣武裝恐怖分子失盡人心。在第一次車臣戰爭（1994至1991年）中站在車臣一邊的媒體，這次也大量報導武裝分子的罪行。普京指揮車臣戰事，決定戰略戰術，步步取勝，深得民心，使普京的支持率高達63％。這是當今俄國空前未有的事。但是車臣戰爭有拖下去的跡象，原因是多方面的。長期以來，俄國政府在車臣問題上舉棋不定，和戰不明，客觀上給恐怖主義分子造成喘息的機會。國際恐怖主義分子乘機在車臣培訓了大批來自多個國家的武裝分子，儲備了大批軍火，構築了大批工事，1990年代初俄軍撤離車臣時留下大量裝備，中央政府撥給車臣政府用來恢復第一次車臣戰爭破壞的國民經濟

的款項，被挪用於軍事開支。這一切都加重了難度。目前車臣戰爭到了關鍵時刻，政府軍為了減少傷亡和盡量和平解放城鎮，實行談判加空擊的戰術，推進速度緩慢。戰事如果拖延下去，民眾必將產生厭戰情緒，到時必將導致普京的支持率下降，對普京競選總統非常不利。四、1999年是俄國經濟比較順利的一年。十年來第一次出現正增長。工業產值同前一年相比增長7％，國內生產總值增加2％，預算收入包括稅收超額完成計畫。歷屆政府拖欠的工資和退休金得以在普京任上基本償清，大大有助於普京的形象。1999年能源國際價格上揚近於一倍，給俄國帶來了巨大的計畫外外匯收入，基里延科政府帶來的盧布貶值效應，在這一年充分發揮作用。但是效用期是有限的，時間一長就會失效。五、國際貨幣基金組織在美國壓力下，拖延向俄國發放預定的貸款，迫使俄國支付到期貸款，勢必加重俄國財政的負擔。六、國際能源專家估計，明年3月份，能源的國際價格將大幅度下滑，俄國的外匯收入和財政收入將會大大減少。這些因素可能給普京帶來麻煩。按照俄國憲法，總統提前下台，應在三個月內進行總統大選。餘下的三個月是普京的機會，所以葉利欽急於在目前退出克里姆林宮。七、使普京能在代總統的職位上參加競選，對普京是有利的。

葉利欽辭職在國內引起強烈反響。股市立即上揚兩成。各派政治力量紛紛發表意見。右派力量聯盟競選總部負責人丘拜斯說，葉利欽辭職是一項「令人驚訝地準確、深刻，令人驚訝的勇敢的決定」。他號召全國健康的負責任的政治力量為實現葉利欽發起的前進運動而努力。該聯盟的領導人之一、前第一副總理聶姆佐夫說「葉利欽非常漂亮地掌了權，又非常漂亮地離去。他的辭職將載入教科書，因為發生在千年之末，既及時又出乎意

料。他是當前俄國最強有力的政治家」。別列佐夫斯基說葉利完全是為了俄國利益服務的人。葉利欽的主要經濟謀士、前副總理、現任負責同西方七國聯繫的總統特別代表裡夫希茨說，葉利欽辭職不會影響俄國同西方七大國的關係。俄共領導人久加諾夫認為葉利欽辭職表明他的掌權黨跨台了，這是俄國共產黨人和愛國者十年鬥爭的成果。人民對葉利欽實行了彈劾。他承認葉利欽辭職使部分人「驚慌失措」。葉利欽當前的政敵莫斯科市長盧日科夫說辭職是有道理的，但是遲到了。「身體不好，最好是交出權力。」日林諾夫斯基表示，總統大選應當提前到1月底2月初舉行。「如果退職總統社會福利保障法早就通過，葉利欽早就會辭職。」薩拉托夫州長阿亞茨科夫認為總統辭職嚴格符合憲法。BBC電台報導戈巴契夫的評論說，是葉利欽女兒、別列佐夫斯基和總統府行政首腦沃洛申說服他辭職的。他本人堅持到最後。

國際上對葉利欽辭職的消息十分重視。克林頓總統當天要求與葉利欽通話。他高度評價葉利欽，說葉氏在從冷戰過渡到非意識形態化的平等合作的國際關係過程中起了關鍵作用。克林頓在《時代》週刊發表專文《回憶葉利欽》評論葉利欽辭職。他同葉氏見過十九次。他說葉利欽有權被稱作「俄羅斯民主之父」，是葉利欽把俄國帶向了民主和市場經濟之路。《新聞週刊》報導說葉利欽早在12月24日，即國家杜馬大選後一周，就決定辭職。德國總理施羅德認為葉利欽的名字同俄國開放和改革聯在一起的。英國首相布雷爾認為葉利欽推動改革，使俄國成了西方的夥伴。德國DPA通訊社認為葉利欽因健康情況無力完成改革計畫。他面臨的是共產黨七十年錯誤經濟政策、自己多病和俄國社會的墮性。目前各國都在不斷發表對葉利欽辭職的看法。主要觀點是充分評價葉氏對民主改革的貢獻，指出他的錯誤和建議普京應當執

行的路線。

　　普京就任代理總統以後立即放手工作。首先簽署退職總統社會福利保障法，以保葉利欽一家安全。接著連續召開政府和國家安全會議，會見軍方，除夕前往車臣地區慰問前線官兵。新年後立即著手整頓總統府機構。首先撤去一些葉利欽的助手，其中有葉利欽女兒塔吉揚娜的總統形象顧問，最瞭解克宮內幕的總統府禮賓局局長舍夫琴柯和負責文件的局長謝緬成。外界認為普京正在採取措施保持同葉利欽親近助手的距離。前總統府的官員失去實職以後被任命為普京的顧問。一些關鍵職務，如總統新聞秘書已改由普京的新聞秘書接任。與此同時，普京正在有力而胸有成竹地行施總統權力。這次總統權力的平穩過渡和國家杜馬的大選，都符合憲法。應當說這是葉利欽最大的貢獻。

Headline 23　車臣戰事艱難：世紀之交的悲劇

2000/01/25

　　近行了半年多的車臣戰事看來要告一個段落。車臣戰事集中在兩大戰場：首府格羅茲內和山區。政府軍已經攻進格羅茲內市中心，目前正在進行一場艱苦的巷戰，雙方都利用神槍手消滅對方有生力量。政府軍每進一步都要付出巨大的代價。正如法國軍事史家隆根道爾夫在《Le Tan》報上所說，很像二次大戰時的史達林格勒大會戰。山區是車臣武裝分子主要補給線和逃離車臣的通道，因此雙方爭奪激烈。政府軍採取分區掃蕩的策略。叛軍則鑽進山洞，穿著白色偽裝服，進行游擊戰。目前戰事激烈的程度，從車臣總統馬斯哈多夫受傷（未經證實也未經闢謠）和俄軍少將米哈伊爾‧馬婁菲耶夫陣亡，可見一斑。有消息說，這位將軍負責指揮攻打格羅茲內，是車臣戰區俄軍北方集群的副司令，又是五十八集團軍副司令，在發動一個步兵營出擊時被擊斃。他是政府軍至今陣亡最高的將領。至於雙方傷亡人數，沒有準確可言。這場車臣戰爭，成了複雜的歷史與當代、國內與國際、宗教與政治交織在一起的焦點。

　　車臣人約有七十多萬居住在俄國，國外也散居著不少人，

信奉伊斯蘭教。這個民族有一千二百多年的歷史，歷來在高加索地區以強悍著稱。沙皇通過多年征討，才於1859年將車臣納入版圖。史達林執政時期車臣人被流放到遠東和中亞，使車臣民族心理深受傷害。前蘇聯解體後，葉利欽為了鞏固自己的權力，提出俄羅斯聯邦各參盟主體可以盡量「拿主權，能拿多少就拿多少」。一聲令下，加盟共和國紛紛領取主權。車臣領導人杜達耶夫將軍利用這個時機，要求聯邦軍隊撤出車臣並將軍火留下來。這些武器最終落到了恐怖主義分子的手裡。

與此同時，國際恐怖主義分子滲入車臣，車臣成了培訓武裝分子的基地。局勢急劇惡化，導致第一次車臣戰爭（1994至1996年）。由於中央政府舉棋不定，國內外許多人反對，停停打打。一些政客和財團為了大發戰爭財，極力維持不戰不和的局面。葉利欽不斷改變政策，問題沒有解決。最後中央政府和車臣政府簽訂了一份沒有實效的協定。車臣領導在戰地司令官們的壓力下將車臣變成了一個極端宗教主義分子的國家，馬斯哈多夫下令設立了十葉法庭。車臣政府做了打的準備，採取許多措施，如購置先進的軍火，培訓人員，建築防禦工事，在首府建了三道防線，固若金湯。車臣經濟完全崩潰，靠搶劫人質、買賣奴隸、販賣毒品為生。這幾年不少外國和本國人質被車臣恐怖主義分子殺害。去年夏天他們的恐怖活動擴大到全國。莫斯科普通居民樓連續被炸，大量無辜死傷。頭號恐怖主義分子巴薩耶夫和外國武裝分子頭目哈塔卜發武裝侵犯鄰區達吉斯坦共和國被趕了出去。他們揚言要在全國發動進攻，造成人心惶惶，引起全國民憤。

在這種形勢下，各派政治力量一致支持對車臣採取強硬手段。車臣戰事進行了半年多，聯邦政府動用大量軍隊，耗費大量資金（俄政府說一共用了五十億盧布，約兩億美元；西方媒體說

一個月就要用去五十億盧布），仍然打得很艱難，超出了預計的時間。原因是：車臣打的是有準備之戰；有國際恐怖主義集團的支持；西方國家對俄國政府施壓；山地條件有利車臣恐怖主義武裝分子打游擊戰；政府主觀上希望減少軍民傷亡，採取緩進策略。但是，隨著總統大選移近，所餘時日不多，這幾天加強攻勢，使普京能在大選之前放下這個包袱。

車臣戰爭對世紀之交的國際形勢發生了巨大的影響，主要表現在兩點上。一是將俄國同西方各國的關係幾乎推向了冷戰的邊緣。美國國務院於去年11月9日指責俄國政府違反日內瓦公約，「無理使用武力對待平民」。11月18至19日的歐安會峰會指責俄國，葉利欽在會上怒斥西方「你們無權教訓我們」，會議不歡而散。接著葉利欽在北京揮起核武器，克林頓在美國也以核武器呼應。幸虧冷戰不得人心，雙方都做出了努力以避免事態惡化。普京首先聲明同美國領導人的關係是良好的；美國方面也表示支持俄國同國際恐怖主義的鬥爭，但要求俄國妥善處理戰爭難民和戰地和平居民的安全問題。克林頓公開聲明俄國要為車臣之戰「付出很高的代價」的威脅已經付諸實施。國際貨幣基金組織在美國施壓下中斷對俄貸款。法國、英國官方人士會見車臣代表。歐盟議會在1月24日召開的會上拒絕認證俄國代表團的證書，威脅要將俄國從歐盟議會中開除出去。

歐盟議會主席拉塞爾─莊斯頓勳爵會前親赴車臣地區視察，瞭解到車臣武裝分子販毒、劫持人質、印製偽鈔、販賣人口、中斷兒童教育，他在莫斯科說「馬斯哈多夫的政權是不可接受的」，然而回去以後則同馬斯哈多夫通話，接待他的代表到會，並說記者誤解了他的話。總的來說，西方的目的一是要將車臣問題國際化，二是促進了中俄的聯合。葉利欽不顧醫生反對長途跋

涉前往北京（請注意，這時他已經在考慮辭職的事。中俄聯合是他的政治遺產。），表示同中國聯合對抗美國獨霸世界和建立多極世界的決心。中俄之間的軍事合作已經達到空前的水準。政治方面雙方聲明互相支持各自主權和領土完整。對俄國來說就是車臣問題，對中國來說就是台灣西藏問題。另外車臣戰事也是對獨聯體內部關係的一次測試。中亞各國擔心國際恐怖主義和宗教極端分子的破壞活動，支持俄國；南高加索的格魯吉亞和阿塞拜疆則態度曖昧。

　　俄國政府正在採取解決戰後管理車臣問題的措施。目前採取的「以夷制夷」的策略就是其中之一。前格羅茲內市長甘泰咪羅夫在聯邦支持下建立了車臣民兵部隊，配合政府軍同武裝分子鬥爭並接管收復的地區，日前又被任命為聯邦駐車臣副代表。同時任命與中央合作的車臣人出任行政長官。儘管如此，戰爭結束並不意味問題解決。國會議員、著名電影導演戈沃魯欣（他的兒子在前次車臣戰爭中成了殘廢人）就認為武裝分子是消滅不淨的，還會滲透到車臣來。他主張建一個「免疫區」將車臣圍起來，不讓其滲入俄國。國內要求同馬斯哈多夫對話的聲音也日漸響起來。北奧塞梯共和國總統札索霍夫日前表示北高加索地區的聯邦主體贊成同馬斯哈多夫進行政治對話。武力只能是為政治對話掃清道路的途徑，否則車臣問題是無法徹底解決的。

Headline 24 巴比茨基事件：
反恐與言論自由

2000/02/14

　　美國「自由廣播電台」莫斯科分部的記者安德列·巴比茨基近一個月來成了俄國最熱門的人物。上至代總統普京，下至新聞記者，左至國家杜馬，右至軍隊和情治，從俄國到美國，都在談論這一事件，儘管巴比茨基本人現在何處，是死是活，沒有一點確切消息。無論是他的家人，還是自由廣播電台；無論是軍方將領，還是車臣叛軍，各說各的，沒有巴比茨基本人的任何明確的說法。

　　巴比茨基長期擔任自由廣播電台的記者，一直採訪車臣戰事，上個月16日突然失蹤，至今下落不明，因而引起國內外注意。據傳美國奧卿在訪俄期間曾就此事向俄方表示關注。巴比茨基成了象徵性的人物。原由何在？

　　巴比茨基是俄國公民，任自由廣播電台記者，從第一次車臣戰爭開始，即大量報導車臣事件。他時常待在武裝分子隊伍裡，同許多車臣戰地司令官關係良好，因此有機會從戰線對面，即叛軍陣地發回報道。他的報導同俄國媒體的報導大相徑庭，引起軍方不快，同時也成了西方向俄施壓的根據。此間有消息說，

他報導的政府軍傷亡人數大大有別於官方公佈的數字，事後正是他的數字得到證實。由於他待在叛軍隊伍裡，他有機會拍到許多極有價值的新聞照片，包括行刑的場面。他常常從叛軍立場解釋事件。例如他去年12月24日發表在「自由廣播電台」的報導說：「應當說的是，車臣人割斷俄國士兵的喉管，並不是因為他們是一群虐待狂，或者喜歡特別殘酷地對待士兵。他們只不過是想用這種辦法突出這場戰事，使其更容易看清，更鮮明，以便引起公眾輿論的注意，說明正在進行一場戰爭，一場可怕的殘酷的戰爭。」這種替恐怖分子解脫的觀點自然是俄國老百姓難以接受的，更不用說官方了。但是，俄國公眾輿論卻並不因此而對他的遭遇不聞不問。

本月初開始，俄國媒體天天報導巴比茨基失蹤事件。俄國總統助理亞斯特日姆斯基宣佈說，代總統已親自過問此事並表示由他親自負責處理。他還說，巴比茨基是1月18日被政府軍在關卡逮捕的，理由是從他身上查到了車臣戰地司令官簽發的身分證明和一些資料。另外，他沒有軍事部門發放的戰地採訪證，因而違反了規定。27日向他宣佈他被懷疑參加非法武裝組織。30日，四名戰地司令官向政府軍提出，要求用被俘俄軍人員換取巴比茨基：「我們的朋友、記者巴比茨基同我們並肩保衛車臣人民的利益。」31日，巴比茨基書面表示同意換取政府軍被俘人員。當地檢察院於2月3日宣佈他已經具結保證不出國，並在同一天得到釋放。當天政府軍同叛軍進行了交換。4日，全國各電視台播送了交換實況的錄影。巴比茨基的表情十分憂鬱，一副無可奈何的神情。自由電台莫斯科分部主任舒斯特認為錄影是偽造的。7日，俄國總檢察院宣佈打算通知他前去接受問話。對於這件事，前內務部長、現國家杜馬議員庫立科夫說：「把記者交給土匪，然後

要求他前來接受問話，這是黑色幽默。」8日，巴比茨基的太太在《今日人物》電視節目裡說，她從1月16日以後就失去了同丈夫的聯繫。9日有消息說他安全無恙，正在洽談將他送往歐洲某個國家以保證他的人身安全。同日，右派力量聯盟要求，國家杜馬舉行聽證會，由司法部長恰伊卡解釋巴比茨基事件。基里延科領導的右派聯盟力量認為這是「當局反對人的罪行」。但是這項動議沒有通過。同日晚上，獨立電視台播送了巴比茨基的講話錄影。有人把這盒錄影帶送到了自由電台分部，索要五百美元，最後只拿去了三百美元。電台觀看了錄影分鏡頭，說看得出巴比茨基挨過打，缺少幾顆門牙，左手握著一塊布，蓋著半邊臉。巴比茨基說：「今天是2月6日……但是時間有問題……遺憾的是我不能立即回家。」自由電台認為這一切說明他本人並不想去交換俘虜。11日，有人打電話給自由電台，說可以提供新的錄影，從中可以瞭解到巴比茨基的情況，要價五萬美元。打電話的人沒有出現在約定的地點。至今誰也說不清他的真實情況。只有內務部長魯沙伊洛2月13日晚在電視台肯定說，巴比茨基目前在車臣南部地區，武裝分子正在想辦法把他送到國外去。

巴比茨基事件在俄國國內外引起了強烈反響。有些媒體認為當局忽視人權，因為公民持不同政見而被捕是踐踏人權。聶姆佐夫說當局仍在把人看成是「螺絲釘」。不少人認為用一個公民去換另一批公民本身就是錯誤的。把公民交給土匪更是犯罪。2月9日，聶姆佐夫再次要求內務部長和代理總檢察長說明情況。國家杜馬在討論是否要舉行聽證會時，共產黨議員說數十名俄國公民被俘，只關心一個人的遭遇是不必要的，並要求搞清楚，美國電台有什麼理由可以在俄國電波裡當家作主。日林諾夫斯基說：「巴比茨基是自願這樣做的。他想學尤里烏斯·伏契克（二戰時

期捷克記者），脖子上套著絞索發出新的報導。」杜馬決定不舉行這個問題的聽證會。新聞界頭面人物於2月8日發表聯合聲明說，如果當局採取的行動是對他的報導內容的反應，那麼這就是違反憲法保障的言論自由的原則。同一天莫斯科外國記者聯合會也發表聲明，「最嚴重地抗議俄羅斯聯邦各國家機關反對俄國公民和記者巴比茨基的行動……並要求以代總統普京為代表的俄國領導對巴比茨基的命運負責。」11日，莫斯科新聞界在普希金廣場舉行保衛巴比茨基大會，出席三百人。《消息報》評論員對此指出，新聞界同仁不妨思考一下：美國出資的自由廣播電台在這場炒作過程中起了什麼樣的作用？目的是什麼？與此同時，俄國媒體報導說，傳說阿拉伯和美國的一些銀行已經匯來十五億美元以擴大宣傳叛軍。

國際上對巴比茨基事件表示了關注。2月4日，美國駐俄大使科林斯向俄外交部遞交了國務院要求澄清巴比茨基情況的照會。同一天，奧爾布賴特表示關注。6日，美國正式表示抗議俄國當局用自由廣播電台記者巴比茨基換回被俘人員。美國白宮辦公廳主任波傑斯塔稱俄國領導的作為和聲明「非常不尋常」。歐洲各國對正在就此問題進行磋商以便採取聯合行動。西方對車臣戰事早就有不同看法。這次美國電台記者被扣，自然是很好的口實。在處理這個問題時，總統府急於宣佈由代總統普京親自過問，給他造成了被動的局面。加上俄國媒體的炒作，對普京十分不利。搞不好會造成俄國同西方關係的新問題。西方密切注意俄方的行動，給俄國在歐盟的地位增加了新的變數。西方不少記者只有俄國外交部發給的採訪證，而在車臣地區採訪，屬於戰地採訪，要求持有軍事部門發給的採訪證。巴比茨基沒有這樣的採訪證，形式上已經屬於違反規定。內務部長說，從他的身上搜出有關政府

軍駐地的情報，而他又是戰地司令官的座上客，自然會出現是否向敵軍提供情報的問題。現又有報導說，法國《解放報》駐俄記者阿尼瓦被扣的消息，原因就是沒有戰地採訪證。西方社會對車臣的看法主要根據西方記者的報導。西方強調的問題是人權和言論自由；俄國強調的問題是鎮壓武裝恐怖主義分子。這裡折射出東西方不同的價值觀。

Headline 25 普京：俄國向前還是向後？

2000/03/07

2月25日，普京如期在各大報用整版篇幅公佈了自己的「競選綱領」。他這次獨闢幽徑，用購買報紙廣告版面的辦法，以公開信的形式，陳述了他對俄國形勢和怎麼辦的看法。他「決定不通過中間人，直接向選民簡明扼要地說一說我對我們今天生活的想法和怎樣改善它」。公開信分三部分：「我們的問題」、「我們的首要任務」、「我們的目的」。在「我們的問題」中他說，第一個和最主要的問題是「意志衰弱」，要正視問題，不要回避問題，例如犯罪問題。犯罪現象發展到整個車臣共和國被土匪控制了。第一步就是要解決車臣問題，然後還要採取其他措施。第二個問題是缺乏堅強的公認的規則。他說他指的是法律，憲法紀律和秩序。這個問題是保護公民的家庭安全和財產安全，人身安全和相信遊戲規則不會隨意改動。首先要從國家開始。民主是法律專政，而不是那些按職務應當堅持法律的人的專政。第三個問題是搞不清到底有多少財產和資源。慚愧的是誰也說不清全國有多少企業，有多少人口，現在應當搞清楚，誰在俄國有多少財產。為此，要進行全國大規模的財產登記工作。就像經理接任的

時候，首先要看的是企業會計平衡表。在「我們的首要任務」中，他提出的第一個首要任務是克服自己的貧窮。「我們應當承認，我們是一個窮人的富國。」第二個首要任務是「保護市場不受非法侵犯，既不受官員的侵犯，也不受犯罪分子的侵犯」。第三個首要任務是「為了全國民族崇高的尊嚴，復興公民的個人尊嚴」。第四個首要任務是「從本國的國家利益出發處理對外政策」。公開信的最後一部分是「談我們的共同目的」。他說他的競選口號是「有尊嚴的生活」。

普京的公開信發表以後，俄共領袖久加諾夫隨即發表聲明指責公開信空洞無物。這些口號人人都贊成，問題是如何實現。他認為普京的公開信沒有解決選民的疑問。

2月28日，普京參加他支持的「統一」運動黨成立大會。大會在蘇聯共產黨當年召開全國大會的克里姆林宮大會堂舉行。出席代表一千二百余人，代表三教九流：行政官員、立法官員、杜馬議員、企業經理、少數民族、將軍、青年、哥薩克。有組織、有紀律，此間報界認為「很像州黨委大會」。普京登場時，掌聲如雷。「統一」運動領導人、副總理紹伊古將軍在開幕辭中說：「現在選出的總統不僅是政權首腦，還應當是執政黨的首腦。」黨的綱領可以扼要地表述為「市場和民主與國家特點相結合……愛國主義、強力政權、不抹煞改革、國家調節但不是無所不包的、財產透明性和穩定性、投資環境」。普京應邀在大會上講話。他說，他認為「統一」運動工作靈活，富有建設性；人民要求新品質的生活，要求民族尊嚴和進步；十年來全國分成兩大陣營，互相殘殺，現在要執行聯合的路線；應當向共產黨員學習組織性；什麼人掌權，就會執行什麼樣的政策。大會沒有什麼爭議，一切都是「一致通過」，頗像共產黨員大會。

普京智囊庫揭秘

　　普京面臨一個改革十年但成果不多、民眾失去信仰、問題堆積如山的局面，因此他到處呼籲重建信仰，重整道德，重新喚起公民和國家尊嚴，把這個問題當作自己競選綱領的首要內容。他的競選總部，或者說智囊庫，為他制定政綱的單位，是戰略研究開發中心。中心的兩主席都是出身彼得堡（前稱列寧格勒）的官員格爾曼・格列夫和德米特里・科札克。

　　格列夫是彼得大帝時代（18世紀）遷居俄國的德裔，非常尊重自己日爾曼根。他的母親信奉路德教派。他的夫人是德文教師。1964年生於哈薩克斯坦。1985年考入鄂木斯克大學法律系，畢業後進入列寧格勒大學法律系攻讀副博士學位。這時他結識了普京，師事俄國著名民主運動人士、前彼得堡市長索布恰克教授，成了普京的學友。1997年出任彼得堡市國有資產管理委員會主任。1998年調往莫斯科，現任俄羅斯聯邦國有財產部第一副部長、戰略研究開發中心董事會主席。

　　科札克現任政府辦公廳主任，被視為普京的左右手。他兼任戰略研究開發中心監事會主席。他也是列寧格勒大學法律系畢業生，曾在當地檢察院工作，1990年進入市政府，曾任彼得堡市政府法律委員會主任。1998年辭去副市長職務，轉入一家私人律師公司任總經理。後調至普京身邊工作。

　　1999年12月，普京簽署一項命令，要求制訂俄國2000年至2010年的發展綱要，由科札克負責統籌。為完成這項任務，決定建立戰略研究開發中心。兩周內即從無到有，經費據說是由各大公司「受命出資」，至今錢多得不知如何用。中心在離克林姆林

宮一箭之遙的地方占用一座極其豪華的現代化寫字樓——亞歷山大大廈。中心編制共四十名工作人員，但是有許多編外專家。參加制訂俄國發展戰略的人以著名的市場經濟學家，如亞辛（前經濟部長）、馬烏和伊萬特爾。中心共設七個小組，均由政府骨幹領導。如司法部第一副部長列諾夫任國家體制組長。外交部第一副部長阿夫耶夫任外交政策組長。經濟部副部長斯維納連科任經濟現代化組長。資訊和形象設計由有效政治基金會副主任梅耶爾負責。目前中心的工作熱火朝天。普京要求中心在4月前制訂出政府今後十年的工作綱要，10月前制訂出全面詳盡的綱領。國立經濟大學校長庫茲米諾夫已經提出要點：「俄國需要猛跳一下才能趕上發達國家。只有利用高科技，即本國軍工部門的成就才能做到。另外一類國家資源——『軟技術』，即軟體、教育和系統融合，也要用起來。」中心被稱作是新改革派（有別於蓋達爾一派）的基地。普京的競選總部也設在這裡。總部人員基本上由總統辦公廳官員組成。負責人是總統府辦公廳副主任梅德維傑夫。

普京的彼得堡班底

除了以上兩名左右手外，普京班底的其他人員也基本上由彼得堡的官員組成。

現任副總理伊里亞·克列巴諾夫，分管軍工和對華的經貿工作，1990年代中葉，普京在彼得堡工作時就認識他。他當時任列寧格勒光學機械廠總經理，同普京合作，順利地進行了軍轉民的改造，使其產品銷往歐洲，因而頗得普京青睞。

現任副總理瓦蓮京娜·瑪特維延科在彼得堡擔任分管高校的副市長時，普京任彼得堡大學副校長。因此，瑪特維延科自稱是

「普京班底的人」。

　　現任財政部第一副部長阿列克塞・庫德林，是普京在彼得堡擔任第一副市長時的部下。庫德林當時任市政府經濟和金融委員會主任。他在普京領導下成功地實現了一批地區性經濟項目。1996年普京調他到莫斯科出任總統辦公廳總務局副局長。

　　現任國家安全委員會秘書謝爾蓋・伊萬諾夫、總統辦公廳副主任兼監督總局局長德米特里・謝欽、聯邦安全局局長尼古拉・派特拉舍夫、都是普京在彼得堡安全局工作時的同事。謝欽於1988年到列寧格勒市政府工作，與普京寸步不離，1996年與普京一起調往莫斯科工作，1999年出任普京秘書室主任，接著提升為辦公廳副主任。

　　現任普京競選總部領導人德米特里・梅德維傑夫是普京在彼堡大學（當時稱列寧格勒大學）法律系學習時的學弟。畢業後在列寧格勒大學教了十年書。

　　現任總統辦公廳副主任維克多・伊萬諾夫也出身於彼得堡市政府，有資料說他1994年前在當地克格勃任反走私處處長。現在負責政府人事工作。

　　現任總統府總務局局長弗拉基米爾・科任曾在彼得堡負責外匯監督局工作，當時普京正在市政府負責外經貿工作。

　　現任聯邦安全局第一副局長維克多・切爾克索夫也是列寧格勒大學的畢業生，曾任彼得堡安全局局長。

　　普京班底的特點是：年輕，沒有太多的舊包袱，專業人員為主，沒有前黨政幹部，至今尚未發現與貪污腐敗案件有牽連，辦事幹練，主張改革經濟，沒有表現出明確的意識形態，而這是一個重要的未知數。

普京小傳

　　普京1952年10月7日生於列寧格勒（現已恢復古名聖彼得堡），1975年畢業於列寧格勒大學法律系，分配到克格勃工作。據《生意人日報》本月10日發表的訪問記，普京本人毫無諱言，說他在少年時代就想做一名特工人員。大學四年級（俄國當時綜合性大學是五年制）時，克格勃就邀請他工作，他表示願意。從此他在情治系統工作了十六年，從1985年到1990年柏林牆倒塌。他從未隱瞞這些年的經歷。1990年起他回母校擔任分管外事的校長助理。不久列寧格勒市長、民主派代表人物請他到市政府工作。1991年到1996年6月，擔任市政府對外聯絡委員會主任。其中1994年到1996年出任分管外事的副市長並兼任對外聯絡委員會主任。1991年8月兵變時他退出了情治機關。1996年調往莫斯科任總統府總務局副局長，1997年3月起擔任總統辦公廳副主任兼辦公廳監督局局長，當時辦公廳主任是改革派主將丘拜斯。1998年五至7月任辦公廳第一副主任。7月被任命為聯邦安全局局長，再次回到情治系統。1999年3月起兼任安全委員會秘書。8月10日被任命為總理。12月31日成了代總統。

普京治國之才

　　普京出任總理以後，面臨解決四大問題：

　　一、車臣問題。到目前為止，反國際恐怖主義戰事基本結束，武裝恐怖主義分子基本消滅。

二、國家杜馬大選。大選安全順利進行，附合國際要求，支持普京的「統一運動」成了左右杜馬的大黨。

三、國民經濟。普京吉人天相，國際石油價格大幅度上漲，國內生產總值增加，稅收超額完成任務，國庫收入增加，外匯儲備增加，拖欠的工資和退休金基本還清。

四、競選總統。普京的競選活動不以到處發表演講說服選民，而是以實際工作為主，並且以主張穩重路線的面貌出現，強調國家和人民的尊嚴，國家以經濟手段調節市場經濟，改革稅務，發展小型工商業，改革國有財產的管理，保護本國在國際市場上的利益等等。

四大問題的解決情況表現出普京治國之才。普京的民意支持率居高不下，遙遙領先。為他當選總統鋪平了道路。至於說他年輕，健康，擁有柔道運動健將級別和善於山地滑雪，忠於友誼，開誠佈公，更贏得一些選民。他的一些說法，如「沒有情報人員，什麼事都辦不到」（《生意人日報》今年3月10日第一版），引起很多議論。

俄國目前有不少人擔心他當選後會走回頭路，或者大改變。記者問他：「不知為什麼大家都認為，您當選後會變成另一個人。您真有改變一切撤換全班人馬的願望嗎？」他的回答是：「我不說！」（同上）因此，普京一如既往，要用行動來回答。我們只有從他的行動來評價他了。

Headline 26　俄國進入新時代

2000/03/28

　　3月26日，俄國轉換到夏令時，開始一年中的新時間。這一天恰恰是俄國進行總統大選的日子。偶然的巧合給這次大選添上了一層象徵意義。俄國人民要選擇一個新時代：是繼續沿著改革的道路走下去，還是退回到舊制度。

　　大選前各派政治力量都展開了競選活動。總共有十二人登記為候選人。直到總統選舉法規定已經登記的候選人可以退出競選最後限期前十五分鐘，民主派人士謝瓦斯吉揚諾夫在獨立電視台的《人民之聲》午夜節目裡，當眾宣佈退出競選。因此最後選票上只有十一人。在此之前，俄國政壇怪人日林諾夫斯基第一次登記參選時，因漏報一處不動產——兩居室的小公寓，被中央選舉委員會拒絕登記。這時已經開印選票。選票上只列了十一人，沒有日林諾夫斯基。日林諾夫斯基狀告到最高法院，法院判定日林諾夫斯基沒有違法並責令中央選舉委員會將他列入候選人名單。中央選舉委員會被迫宣佈將已印好的選票作廢，重新印製了列有十二人的選票。謝瓦斯吉揚諾夫宣佈退出競選以後，已經來不及再重印選票，只好臨時就地用筆劃去他的名字。所以最終選票上還是十一人。

26日這一天，全國都懷著緊張的期待心情。為了保證大選順利進行，全國動員了大批軍警。單是莫斯科一地就安排了兩萬八千名。大選進程平安無事，沒有出現什麼緊急事件。只有選委會資訊中心接到安放炸彈的電話。經過軍犬檢查，沒有問題。由於資訊中心設在電視大樓裡，數千人待在大樓裡。為了表示絕對安全，聯邦安全局的公共事務負責人坐鎮大樓。但是，選委會的官員們心情非常緊張。據電視大樓醫務所透露，每當宣佈一次開票結果時，都有大批選舉官排隊領取安神藥。兩大問題使選舉官員們惶惶然：今天的選舉是否有效？是否要舉行第二輪？按俄國總統選舉法規定，只有投票人數超過半數才算有效；如果任何一位候選人沒有取得過半數的選票，應舉行第二輪選舉。俄國領土遼闊，自東邊的堪察加地區到最西部的加里寧格勒相差十一個小時，投票過程相當漫長。俄共在遠東地區和西伯利亞地區有著相當強的影響力，開票和統計票數是按一個地區投完票立即開始的辦法進行。直到午夜1點，投票率才超過50％，選委會宣佈大選有效。一開始普京的選票比例不大，普京得票仍未過半數，只有46％左右，包括中央選舉委員會的成員都說有可能進行第二輪選舉。午夜二時，普京得票超過半數，才算肯定無需進行第二輪選舉。

　　普京本人一早就到投票站投票。當記者問他打算怎樣渡過今天時，他回答說：「我要去鄉下，帶上一把小笤帚去洗澡。」顯得十分輕鬆。午夜12點，普京競選總部聚集了一大批記者，等待普京來舉行記者招待會。直到午夜一點多他才出現在自己的競選總部。他身穿深灰色絨線衣，一副渡週末的樣子。這時他得的票尚未超過半數，但已經表現出勝券在握的樣子。他坦然承認處理車臣戰事的做法對他的當選有利。但是他認為這不是他一個人的功勞。這是全社會各階層各政治力量共同的決策。他向普里馬科

夫、盧日科夫和久加諾夫表示謝意。對進行一輪或兩輪選舉，他表示無所謂。如果第一輪就能取勝，他就會覺得非常幸福。

到發稿時為止，已經統計了全國95.5％的選票，普京獲52.64％的選票，俄共領袖久加諾夫獲29.34％的選票，民主派主要候選人亞夫林斯基獲5.84％選票。全國參加投票的比例近69％，是相當好的數字。中央選舉委員會宣佈普京實際上已經當選。儘管久加諾夫表示只有在俄共自己統計出票數以後才肯承認大選結果。但是大多數俄國人民選擇了普京，選擇了向前走的道路。

國際組織派了一千名觀察員到各投票站觀看投票情況，認為俄國這次大選符合國際民主選舉的要求。中央選舉委員會資訊中心有兩千名記者進行採訪，其中包括三名中國大陸記者。他們隨身帶著中式盒飯，請小吃部女服務員為他們熱飯。在他們用筷子吃米飯時，熟練的技巧引起一陣驚歎，被服務小姐譽為：「技巧運動員」。

普京得勝並不出人意料。主要原因有三：

一、俄國社會大多數人要求變革，要求建立法定的秩序，整頓國家的政治和經濟。普京所作所為和他的競選言論反映了這種凝聚力。

二、普京本人沒有專門進行競選活動。他身為代總統和總理，埋頭於處理國家的日常事務，包括指揮反車臣恐怖主義武裝分子的戰事、整頓財政紀律、清償拖欠的工資和退休金、提高工資和退休金、在國際事務中保護國家尊嚴等等，都頗得民心。

三、俄國進入了新時代，需要新一代的領導人。普京是1990年代成長起來的領導人，受到青年一代的認同。中生代的普京具有個人魅力，是俄國競選舞台上的新面孔，其他候選人都是政壇

上的老面孔。單是他那一手漂亮的摔跤（多次獲得彼得堡市冠軍）和柔道技巧（運動健將）就贏得不少選票。

　　普京出任俄國總統必然會給俄國今後的發展帶來新內容。普京的施政綱領尚未問世，但是從他執政半年多的情況來看，可以指出以下幾個方面：他會走一條穩健務實的中間的改革路線，改革是為了民眾，就要使民眾得到改革的好處。他明確表示放棄俄國改革運動中浪漫派推行的震盪療法。他要整頓政令建立秩序。他提出國家應當保證市場經濟不受侵害，提高國家在發展市場經濟中的作用。他在當選次日即通過外交部長伊萬諾夫的聲明表示俄國的外交政策會發生一些變化。

　　當選後第一天，他並沒有組織什麼慶祝活動，而是投入日常工作。上午準時召開了日常政府辦公會議，包括各副總理和「強力部門」（即國防部、內務部、安全局等），討論日常工作。會後外交部長伊萬諾夫對記者說：俄國的外交政策將會有所變化。

　　第一任俄國民主選舉的總統葉利欽領導俄國走向民主十年，才為這次大選鋪平了道路。按照原來法定的期限，這次大選應在今夏舉行。葉利欽出人意料地於去年除夕宣佈提前辭職，將總統全權移交給普京總理，中央選舉委員會宣佈今年3月26日舉行總統大選。

　　俄國人民再次享受到十年改革的成果，在充分發揚民主競選的基礎上，一人一票，做出了自己的選擇。十年改革並沒有付之東流。各種政治觀點各種政治力量都有機會充分表達自己的意見。這次總統大選表明俄國人民正在建設一個現代涵義上的民主國家。俄國擺脫集權主義制度只有十年的歷史。這十年充滿失敗、困難、不安、焦慮，但這十年對俄國人民來說也是一個民主化的苦難歷程。

27 普京的經濟顧問：激進的自由派學者

2000/04/25

　　俄國當選總統普京定於5月7日正式就職。正當國內外紛紛猜測普京的經濟政策時刻，他於4月中旬突然任命安德列‧伊拉里昂諾夫為總統經濟顧問，引起一片大嘩。這位觀點激進的經濟學者出任傾向於穩健路線的普京的經濟顧問，大出人們意料。此間評論界對這件事極為重視，說是「具有符號性的事件」。

　　伊拉里昂諾夫今年三十八歲。是普京的校友，畢業於列寧格勒大學經濟系。他的同窗阿列克塞‧庫德林現任財政部第一副部長（傳說可能出任普京政府副總理）。1980年代末他進入丘拜斯小圈子，從事當時人們視作冷題的「資本主義國家之間經濟差異」研究。1992年，蓋達爾把他引進政府工作，任命他為政府經濟改革中心第一副主任（當時的主任是他的另一名同窗謝爾蓋‧瓦西里耶夫，曾任財政部副部長和證券管理委員會主任）。契爾諾梅爾金接任總理後，他出任政府分析與規劃小組組長，但於1994年因觀點分歧，被解職。他認為契爾諾梅爾金不搞改革，不搞市場經濟。此後的六年中他埋頭學術研究工作（許多下台官員

都去從商），擔任經濟分析研究所所長，長於雄辯，不斷發表令人愕然的理論。

他認為俄國到今天為止並沒有進行經濟改革。這個觀點引起極大爭論。他在不久前發表的一篇論文中說，從蓋達爾到基里延科，俄國經濟經歷了通貨膨脹、居民儲蓄化為灰燼、失業、貧困化、貪污腐敗、不合理的私有化、生產下降、易貨貿易、赤字、資金外流、盧布貶值、依賴外債度日，這些都是不執行自由經濟政策的後果，都是歷屆政府搞實質上計畫經濟的後果。就拿基里延科宣佈盧布貶值和停止清償外債來說，實質上是共產的做法。當然他認為蓋達爾和丘拜斯為俄國民主化、保障人權、爭取公民自由、建立市場經濟供獻不凡。但是他們的經濟觀點和做法不是自由化的。俄國經濟在他們治理下，沒有提供充分的經濟自由。而他認為，經濟發展同自由化的程度成正比。普京在俄國著名紡織工業中心伊萬諾沃市對紡織女工講話中重複了這個論斷，表明他支持伊拉里昂諾夫的觀點。

伊拉里昂諾夫對當前俄國經濟改革提出了一些具體做法：經濟增長的速度應當按年增長8％到10％的設計（國家發展計畫樂觀估計為5.5％），否則十五年後俄國的經濟綜合力將是中國的十二分之一。其次，全面放開外匯管理，出口商可以自由支配外匯收入而無需像現在這樣法定出售75％。第三，不要再搞國家短期債券（1998年俄國金融危機的根源之一）。伊拉里昂諾夫對亞洲各國經濟發展的路子十分欣賞，特別是中國和韓國。俄國經濟學界對此感到十分惶惑：他怎樣把這兩個亞洲國家對經濟的嚴格控制同他的超級自由派經濟觀點結合起來？

伊拉里昂諾夫對自己被稱些「超級自由派激進經濟家」大不為然。他認為「完全不是那回事」，自己「絕對正常」。他在4

月14日的記者招待會上提出「七大宏觀經濟原則：不偷、不印假鈔（指不搞通貨膨脹）、不向老百姓借錢、不借外債、按期清償外債、不要管制外匯、限制國家對經濟和社會福利的干預」。

伊拉里昂諾夫被任命為總統經濟顧問以後，在俄國引起不同反響。左派認為顧問就是顧問。做決定是總統的事。俄央行行長格拉先科不同意他放鬆外匯管理和其他過於自由的做法。自由派、經濟改革派、民主派對這項任命表現出歡欣鼓舞。他們說：「社會和國家真困難的時候就會召民主派來解決。」俄國政界認為隨他之後，普京會起用一批自由派經濟家。西方對於他的任命表示歡迎，認為普京有意大力推行經濟改革。但是對他的高見並不完全同意。國際貨幣基金組織二把手斯坦利·菲舍爾就認為俄國在1996年以前搞了經濟改革。另外，他在美英經濟學術界和實業界享有盛譽，有助於普京處好同西方經濟界的關係。這也是他入選的重要原因。

Headline **28** 森喜朗的俄羅斯
情結

2000/05/02

森喜朗出任日本首相伊始，首先出訪俄國，令國際政壇為之一驚。日本各任首相傳統上首先訪問美國，以示美日的團結一致。這次森喜朗打破傳統，選擇俄國作為任職後的第一個出訪國家，而且是普京當選俄國總統以後第一位到訪的外國政府首腦，應當說是奪盡頭彩。他對訪俄的說法是：「從地理上和個人觀點來說，俄國是我最親近的國家。我命中註定要實現改善同俄國的關係。我知道俄國人不僅有一個遼闊的國家，還有一顆廣闊熱情的心。因此，我願意同普京進行坦誠的對話。我堅信，我們面前展現了一個新的合作時代。」所謂從地理上來說，不必贅言。個人方面，確有一段佳話可說。

森喜朗的俄羅斯情結源遠流長。父子兩代都是俄國的常客。二戰結束後，森喜朗父親作為戰俘被蘇軍扣在離伊爾庫茨克三十公里的小城舍列霍夫市。西伯利亞的美麗風光和人民的勤勞令他欽佩。他回國後任根上市市長。四十年如一日，堅持日蘇友好，促使根上同舍列霍夫市結為友好城市。十二年前，森市長最後一次到訪，要求身後能有一部分骨灰葬在當地，並給自己選好了一

塊墓地。十年前他仙逝，森喜朗率全家前來安葬父親。森喜朗對舍列霍夫市長阿爾希波娃說：您是我父親的義妹，也就是我的姑媽。他的這位高齡的姑媽至今健在。森喜朗當選首相之後，她接到不少報喜電話。首相母親每年前來掃墓。他本人也曾兩次前來祭奠父靈。因此，首相新聞秘書說：「他不能不愛俄國，因為這種感情是他父親囑咐給他的。」

4月28日至30日，森喜朗應普京代總統之邀，對俄國做了一次非正式訪問。普京在故城聖彼得堡會晤他。森喜朗訪問內容非常豐富，除政治會談外，參觀了冬宮博物館和俄羅斯博物館，參加了世界冰球錦標賽的開幕式，參觀了生產現代通訊器材的日俄合資企業NEC—NEVA，觀看了芭蕾，欣賞了室內樂，觀看了SONY公司總經理排練世界級的聖彼得堡愛樂樂團，會見了彼得堡大學日文專業學生，參觀了市容，在彼得大帝陵前佇立良久。普京同森喜朗歡談成功，建立了良好的個人關係。兩人確定今後以「沃洛佳」（普京的昵稱）和「喜郎」互稱。

俄日兩國首腦會談的主要內容是7月將在關島舉行的八國首腦會議。日方強調這次會議是G8而非七加一，以示對俄國的尊重。森喜朗表示要在會上提出不要誇大車臣問題，把車臣問題定為俄國國內事務；向俄國投資以支持俄國發展市場經濟的問題；協助俄國處理拆下來的核彈頭問題。另外還談到了俄國向亞太地區出口電力、科技合作、和平利用核能等問題。至於說兩國關係中的癥結──北方四島問題，據俄國副外長洛秀科夫說沒有涉及。兩國對這個問題看法相距甚遠：日方要求形式上承認日本對四島的主權；俄方只同意雙方共同開發當地經濟。葉利欽─橋本宣言中定下的2000年簽署和平條約，仍未明確下來。這次森喜朗說2000年簽署和約是一個重要目標，雙方就此進行了建設性的辯

論。看來唯一的出路只能是求同存異。森喜朗表示要擴大加深「葉利欽─橋本計畫」為「普京─森計畫」，以推動兩國合作。普京說，森喜朗首選俄國是個好兆頭，雙方建立了良好的個人關係，為此向森首相表示謝意，同時希望八國會議能通過比較公正的決議。他說俄國將在G8會議上提出資訊科技、同犯罪鬥爭、發展世界經濟、世界安全等方面的合作問題。俄方宣佈普京將在8月出訪日本。

近十年來，從橋本開始，到小淵，到森喜朗，歷屆內閣都表示出對俄友好態度。近來更為突出。在西方一片壓俄聲中，日本常唱出不和音。例如車臣問題，日本認為是俄國國內問題，支持俄國政府的措施，別國不應干預；聯合國人權委員會譴責俄國案，日本投了棄權票，表示不贊成；正當美國利用國際貨幣基金組織向俄施壓的時候，日本是唯一向俄國提供優惠貸款的國家；這次森喜朗又帶來了六億二千六百萬美元的優惠貸款。總之，日俄之間雖說沒有宣佈「戰略夥伴關係」，卻是在這方面做著務實的工作。

普京首先出訪英國和首先接待日本，說明俄國的外交政策正在進行一些調整。應該說是朝著對俄國更有利的方向發展。葉利欽的傳統夥伴德法美因科索沃事件，都落在了後面。儘管美國正在亡羊補牢，克林頓定於6月4日至5日訪俄，已經失去風騷。普京左有托尼·布雷爾，右有森喜朗，在八國會議上將處於有利地位。

Headline **29** 普京任重道遠：愛護俄羅斯

2000/05/08

　　5月7日，莫斯科天氣晴朗為主，不時也飄來厚重的白雲。白雲上偶爾也抹上幾朵烏雲。春寒料峭，氣溫偏低。克里姆林宮卻是熱氣騰騰，一場充滿對俄國復興期望的隆重儀式，俄國當選總統普京的就職典禮在此舉行。上午11時45分，參加盛典的一千五百多名客人已經進入克里姆林宮（實際是一座大型城堡，古時候相當一座城池）內的大克里姆林宮安德列殿。其中有第一任俄國民選總統葉利欽夫婦，前蘇聯總統戈巴契夫，聯邦國會全體議員，憲法法院大法官，政府成員，社會名流，各主要外交使團首腦。特邀人士中有普京的中學女老師、第一任柔道教練和已故大學恩師民主運動大將索布恰克的夫人，也有前蘇聯克格勃主席克留奇科夫。儀仗隊身著含有1812年俄軍制服特色的軍禮服保護國旗、總統旗、特別裝幀本憲法（專供總統宣誓就職用）、總統標誌（含有專門授給任職總統的一級國家功勳勳章）胸飾長鏈登上主席台。主席台上站著俄國第一任總統葉利欽。他入場時受到熱烈的鼓掌歡迎。聯邦國會兩院議長、憲法法院院長和中央選舉委員會主席。普京在儀仗車隊從住地駛往克里姆林宮。克宮衛

戍司令在門口迎接。普京踏著紅地毯走過漫長的台階，在一片歡迎號聲中進入會場。中選會主席宣佈大選結果，正式宣佈普京當選。然後由憲法法院院長主持普京宣誓儀式。普京宣誓時，電視鏡頭巧妙而富有涵義地顯示出普京和站在他背後的葉利欽。宣誓結束，院長宣佈俄國總統普京正式就職並取得全權。這時總統旗升起，禮炮鳴三十響。

接著葉利欽致辭。他說：「您的目標是實現俄國人民的期望。您要愛護俄國。」「俄國政權首次沒有通過政變、武裝叛亂、革命，而是和平地、尊重地、體面地移交政權。」「我們要建設一個新俄國，為此，需要新一代政治家。他們會容易一些，因為他們不像我們那樣受舊習慣束縛。」普京致辭說，他將把「愛護俄國作為我的首要的總統職責」。「俄國歷史上最高政權首次用最民主的辦法，按照人民的意願，進行移交。說明俄國正在成為一個真正現代的民主的國家。我可能難免出錯誤，但我保證開誠佈公地、誠實地工作。我們有一個共同的祖國，一個共同的人民；我們有一個共同的未來。」

接著葉利欽與普京共同出席閱兵式，由葉利欽將總統近衛團交給普京指揮，象徵普京成為俄國最高統帥。在檢閱之前，克里姆林宮裡的伊萬大帝鐘樓用一組大鐘演奏19世紀俄國古典作曲家格林卡的《光榮頌》（俄國國歌）。典禮部分到此結束。全國電視台和電台轉播實況。下午，普京前往克里姆林宮傍的無名戰士墓敬獻花圈。普京夫婦在克宮院內的顯聖大教堂接受俄國東正教大牧首（相當俄國教皇）的祝福。三點，普京主持政府會議，內閣依憲法全體辭職。普京向內閣表示謝意並宣佈四十三歲的第一副總理凱西揚諾夫出任代理總理。據說普京將在10日後向國會提出總理候選人，由議會批准。晚上，克里姆林宮舉行國宴，慶祝

普京就職。普京在祝酒辭中特別向葉利欽和戈巴契夫致謝，強調歷史的延續。普京最後高呼很久沒有人說的「俄國人民萬歲」。宴會後普京和全體文武官員、宗教領袖、老戰士、各界代表觀看慶祝戰勝法西斯五十五周年大型音樂會。

普京的就職典禮只用了不足一小時，主場地為安德列殿，當年是沙皇登基和坐朝的金鑾殿。這座殿堂剛剛修復，金碧輝煌，一派帝王氣象。難怪日林諾夫斯基的副手在談到對就職典禮的印象時說「充分體現帝國風光」。民主派人士切爾尼堅科在回答同一提問時避而不答，只對記者說「晚上有好吃的，一定來呀。」聚集在莫斯科市中心普希金廣場的市民們對記者暢談自己的印象和看法：「就職典禮既隆重又務實。」「歡迎普京就職，希望他愛護俄國。」「不要著急，腳踏實地幹。」「我們為有這樣年富力強的總統感到高興和自豪。」「希望他能帶領大家建立一個有秩序的、民主的、自由的國家。」「我雖然沒選他，但希望他實現自己的諾言。」「不要忘記葉利欽為建立民主俄國的功勞。」

俄國報刊也紛紛發表讀者的意見。瓦吉姆：「既不要走西方的道路，也不要走亞洲道路，要選擇獨立的、歐亞道路。」沃爾德：「普京有機會成為偉大的俄國總統，如果他能保住自己的獨立性和堅強精神。最主要的是他要能幫助人民，真正地解決人民的問題人民的需要。」安德列：「俄國應當走社會民主主義的發展道路。擴大國內生產，發展同第三世界國家的經濟聯繫。我們最主要的敵人是所有的發達國家。」沃沃奇卡：「我們的國家，政治上應當是保守的，經濟上是自由的，兩方面都要鐵一樣地依法辦事。」亞瑟：「應當把我們國家建成一個最大程度自由的國家，對個人對組織都一樣。」塔尼婭：「我很想勸說總統不要把軍隊的習慣和迷誤移到他現在的立場上來，例如，大家都應當思

想一致。」LG：「政治裡應當少一些武裝力量出身的人。武裝力量的高級職務應當由文官擔任。」謝爾達科夫：「辦事的時候，少回頭看蘇聯和安全局。」

普京就職展現了俄國的新時代。當普京踏著堅定的步伐，走過漫長的走廊，安德列殿金門大開，登上主席台的時候，一個新俄形象出現在世界歷史舞台上。就職典禮前後和就職典禮上的講話和活動都充分顯示出普京的新路線。這一新路線體現在重振俄國雄風復興俄國的目標。普京一再強調歷史的延續性。無論是總統儀仗隊禮服顯示當年俄國軍功的特色，還是選擇就職場地（葉利欽選擇了蘇共開大會的克里姆林宮大會堂，普京選擇了金鑾殿），觀看衛國戰爭音樂會，連續參加顯示俄國軍功的二戰重大戰役的紀念活動。上天也好（乘蘇愷27戰機），下海也好（乘潛艇），視察航太工廠導彈基地也好，增加軍工生產也好，都是向世人（特別是北約）提醒俄國潛在的威力。正如普京所說，要建一個讓世人尊重的俄國。

普京特別注重國家的穩定。無論是拒絕再分割已經私有化的國企，還是保護私有財產，推行謹慎的經濟改革政策，盡量少動政府班子，安定民心，平衡外交政策，尊重各教派，把教會同政權分離，都是為了維持國家和社會穩定。普京十分明白，俄國人民經過十年民主化的洗禮，絕大多數要求繼續民主化的進程。他本人也是民主化的產兒。因此，他一再聲明要建成一個民主的強大的發達的推行市場經濟的俄國。這個目標獲得絕大多數人的認同。普京多次說到要振興俄國的民族精神，要求得到全體國民的認同。他在就職演講辭裡不僅感謝投他票的選民，同時也向沒有投他票的選民表示，他要做全民的總統，號召全民團結，以國家利益為重。改革派民主派看重他是俄國民主化運動推上政治舞台

的人物；保守派看重他出身情治機關。這種情況成了他手中的一張王牌，左右逢源。政治上的務實路線也有助於減少議會同總統的對抗，總統和政府的動議基本都能在議會通過。當然，有人擔心議會會不會變成橡皮圖章。

　　普京領導下的俄國可能成為一個強大的、民主的、穩定的、自主的、務實的、自由經濟的國家，能為建立多極世界做出貢獻。俄國民眾把振興國家的厚望寄託在他的身上；擔心的則是他會不會採用舊克格勃的手段和大量使用情治幹部治理國家。嚐到民主自由人權甜頭的俄國人民將會推動歷史前進，協助並督促普京完成他的歷史使命。

Headline 30　俄國：勝利節的思緒

2000/05/15

　　一年一度的蘇聯偉大衛國戰爭勝利節5月9日，今年適逢五十五周年大慶，又恰逢普京總統履新，俄國舉行了盛大的慶祝活動。五一勞動節前就開始了準備工作。5月3日，普京與烏克蘭總統庫奇瑪、白俄羅斯總統魯卡申科，在俄國的別爾戈羅德市一同參加普羅霍夫戰場紀念塔揭幕儀式（1943年7月這裡曾經進行了二次大戰中最大一次坦克大會戰）。三國總統談到三大斯拉夫民族團結聯合打敗法西斯的光榮傳統和相依為命的往事。記者報導說，普京在整個活動中力圖站在中央以顯示大哥的地位。由於俄國同白俄羅斯已經簽約組成聯合國家，白俄羅斯總統呼喚烏克蘭回來。評論特別指出當年三國的前任總統簽署條約各奔東西。現任三國總統走到一起，頗有象徵意義。5月8日，普京就職後的次日，前往庫爾斯克參加庫爾斯克大會戰紀念活動（1943年7至8月，蘇軍在這裡殲滅德軍三十個師，成了二戰的轉捩點）。5月9日上午，紅場舉行閱兵式，由新總統普京檢閱老戰士和三軍。葉利欽站在他身邊。主席台上除了他們兩人外，只有現任國會兩院主席、代總理和國防部長，一改前蘇聯時期總書記左右文武大

員一字兒排開的陣勢。同一天，普京還單獨向無名戰士墓敬獻花圈。當晚克里姆林宮舉行酒會，客人中再次出現戈巴契夫的身影。以戰時歌曲為主的音樂會到午夜才結束。普京與民同樂，堅持到最後。

今年的慶祝活動有自己的特色。主題思想是發揚俄國的軍功，以俄國軍功團結全民。俄國社會多元化以後，各種思潮不可勝數。對國家的政治形勢各有評說，但對俄國人民在衛國戰爭中的軍功看法一致。閱兵式上，俄國軍人將俘獲的德國軍旗扔在主席台下，顯示當年蘇軍的戰績。1945年紅場上的勝利閱兵式就是這樣做的。晚會上的節目全是戰時歌曲和詩歌，歌頌軍功的內容，也有一些抒情東西。普京在競選中一再號召全民重振俄國雄風，正與這次活動吻合。不過普京畢竟是個成熟的政治家，知道分寸。一是沒有炫耀武器，只有方隊參加閱兵式。二是主席台沒有設在傳統的列寧墓上，而是在墓前搭建了一個小型檢閱台。三是主席台上人員相當少。顯得十分樸素。

這次活動另一個特點是強調俄國歷史的連續性。普京邀請了在世的俄國首任總統葉利欽，而且請他站在身邊。同時又邀請了前蘇聯總統戈巴契夫站在觀禮台上。晚上又安排他參加酒會。這種做法，頗像美國總統的民主風格。兩位元卸任總統在俄國民主化的進程中各有貢獻。是他們把俄國推到今天，也把新一代領導人推上了政治舞台。普京在就職演說裡提到尊重歷史的連續性。邀請戈巴契夫參加重大國事活動，打破了舊傳統。赫魯雪夫時期的莫洛托夫、勃列日涅夫時期的赫魯雪夫、葉利欽時期的戈巴契夫，都是反例子。當然，近五十年來俄國社會是在進步之中。莫洛托夫被打成反黨分子；赫魯雪夫只是被迫下台過退休生活；戈巴契夫還可以參加政治活動並參加競選總統。現在卸任總統可以

站在檢閱台上。這在過去是無法想像的。這應當說是社會進步的功勞。

第三個特點是顯示出意識形態的寬容性。這一點可以從5月9日俄國各電視台放映的電影找到印證。這裡既有戰時影片，又有1998年新拍的老戰士故事片；既有歌頌史達林的《攻克柏林》，又有描寫被俘戰士的《一個人的遭遇》；既有敘述戰功的《望穿秋水》，又有抒情的《戰地浪漫曲》；既有俄國影片，又有美國影片《巴頓將軍最後的日子》。有正劇，也有喜劇。總之，觀眾可以各取所需。另外，節日期間對衛國戰爭的反思，也各不相同。許多過去回避的真情可以吐露出來。例如獨立電視台主持人索羅金娜在《勝利，人民的勝利》中，透露出列寧格勒被困斷糧，是時任黨委書記日丹諾夫的責任（此人以鎮壓文藝界不同政見著名）；有人願上戰場是因為那裡有飯吃等等。

近日來戈巴契夫多次出現在正式活動中，已經引起國內外重視。今年5月對他是個好季節。從參加普京就職典禮到參加酒會到登上檢閱台到參加國宴，受到新總統關照。日前他自籌資金建起的戈巴契夫基金大廈揭幕，公開發表自己對普京的獨特看法，都引人注目。他在15日的《當日人物》節目中除表示全力支持普京外，並以現身說法的形式提出希望普京能擺脫舊班子（指葉利欽的），開展反腐，繼續維護民主政治，解決社會問題，俄國就有希望。所謂新史達林新皮諾切特是解決不了問題的。通過恐嚇治理國家是沒有出路的。只有民主才有前途。戈巴契夫基金會的報告認為普京可能推行「有節制的集權主義政權」。他號召民眾要耐心，普京會處理好的。

Headline **31** 跛腳鴨克林頓 訪俄

6月3日至5日，剛剛上任的普京和即將卸任的克林頓在莫斯科進行了一場形式上非常重要實質上沒有進展的峰會。普京知道他要同美國今秋選出的總統共事，是戈爾還是小布希，現在還沒有定論，很可能是小布希。同克林頓的會晤，已經不會有劃時代的意義了，也沒有實際意義。這次峰會的最主要的成果，是雙方表示不希望對抗，願意發展正常的國家關係。普京和克林頓簽署了《關於戰略穩定原則的聯合聲明》、《關於在莫斯科建立導彈發射早期預警和相互通報導彈發射情報聯合中心的備忘錄》、和《關於氣候改變問題的聯合聲明》，達成《關於準備銷毀武器級鈈的聯合聲明》的協議。這些聲明沒有解決美俄兩國關鍵的分歧：美國發展部署全國導彈防禦體系的問題。美國不顧中國、俄國、西歐反對，堅持要搞，並打算退出1972年的反彈道導彈條約。普京施出了以攻為守的絕招，表示俄國願意同美國共同開發。這項反建議使克林頓非常尷尬。克林頓在俄國作了回答。他說，按照俄國的建議，防禦體系要在2010年才能發揮作用；而美國認為2005年就會受到威脅，因此，實際上拒絕了俄方建議。

會談中各持己見；關於戰略穩定原則的聲明多處表示維持1972年條約的精神，然而雙方可以各取所需。俄方的基本立場是：反彈道導彈條約是全球安全的基礎，因此，破壞這項條約將意味著遏制兩個核超級大國軍備競賽和對抗的基礎受到威脅。這項條約還促進了兩國削減核軍備。關於這一點，聲明中說：「他們（指兩國總統）同意反彈道導彈條約為裁減進攻性戰略力量做出實質性貢獻，確認擁護這項條約是戰略穩定的基石。」美方的立場是：堅持必需部署全國導彈防禦體系。這項體系是上述條約禁止的。三十年來國際形勢有了變化，出現了新的威脅。北韓和伊朗有可能製造核武器。「他們同意這種新威脅是戰略形勢和國際安全方面潛在的重大變化。」克林頓在聯合記者招待會上說：「我不想讓我們美國退出反彈道導彈防禦條約，因為這項條約有助於世界事務更為穩定。」不過嘛，他接著又說：「我們都明白，情況會變。會出現不直接關係到美俄的新的威脅。我們應當準備好面臨威脅。應當排除分歧。我相信這一點。」關鍵是美國要搞全國導彈防禦系統，俄國堅決反對。儘管如此，雙方還是盡量表示願意合作；多次互表善意。至少可以說新一輪的對抗尚未開始。

這次峰會普京占盡風流。他是新官，擁有相當的民眾支持。國內反對派勢力削弱。他同英國建立了良好的關係。在反彈道導彈條約問題上他得到了歐洲和中國的支援。同歐盟的關係正在正常化。今年以來俄國經濟有跡象走出谷底，第一季度增長一成。財政收入月月超額完成。外匯儲備月月大幅度增長。俄國竟然在沒有國際貨幣基金組織的貸款情況下，按時償還欠下它的錢。俄國同美國的會談中，普京總統不必像戈巴契夫或者葉利欽那樣伸手要錢。正是在這種有利形勢下普京在同克林頓的會談中可以不亢不卑。

克林頓這次應邀在國家杜馬作演講。總的調子是他總結自己的對俄政策。在五十分鐘的講話中，多次表示他為俄國民主化作出的努力，表示對俄國的友好。他期望俄國成為一個強大的國家，一個能捍衛俄國領土完整的國家。美國為俄國做點什麼的時期已經過去，現在是美國與俄國共同為俄國做點什麼的時代了。對於退出反彈道導彈條約，他說「不會破壞俄國的遏制潛力」。對於車臣問題，他說：「我不同意你們在車臣的做法。但這是一個朋友的不同之見。」克林頓知道杜馬是反美的大本營，但是反映一定的民意。因此，克林頓的講話做到最大限度的友好溫和。然而杜馬議員還是表現出對美不滿。大部分議員拒絕出席。為了不使會場顯得空空蕩蕩，絕大部分座位由俄外交部職員和杜馬服務人員就坐。俄共領袖久加諾夫表示失望。他期待克林頓對俄國現狀做出「誠實的評價」。不過他說俄共支援對話政策。普京支援的統一黨領袖格雷茲洛夫對克林頓承認俄國在國際經濟和建設歐洲大家庭中的作用表示歡迎，但不滿他的高人一等的腔調。日林諾夫斯基則代表了鐵桿反美情結。他說克林頓的演講是「一派胡言亂語」，是教給俄國人怎樣生活；會場坐的人許多是杜馬里「掃地工人」，是奉命鼓掌。《今日報》的評價是克林頓除了在葉利欽家得到一塊胡桃餡餅以外，這次訪問別無所獲。該報刊登的照片題詞是「普京與克林頓白白會見。他們談定的事，半年後將失去意義」。克林頓去杜馬演講，如臨大敵。國會大廈周圍建築物房頂上排滿神槍手。大廈內到處都是安全人員。儘管戒備森嚴，仍然有一位俄國婦女衝著克林頓大叫：「比爾，脫下褲子，叫我們看看你是什麼樣的大亨（BOSS）。」

克林頓訪俄期間十分關心俄國的民主化進程。在同普京的會談中和各種公眾場合都表示希望俄國保住民主化的成果，特別是

人權和言論自由及出版自由。克林頓本人選擇不久前被俄聯邦安全局搜查過的橋媒體集團下屬的莫斯科回聲廣播電台作為同俄國公眾交流並解答提問的場所。國務卿奧爾布萊特親自走訪美國自由廣播電台俄國分部（該台記者巴比茨基被控同車臣武裝恐怖分子合作）。克林頓對俄國公眾說，在會談中普京表示確保民主和言論自由。

克林頓同普京關於導彈防禦體系的會談中，雙方表示要加強戰略穩定和國際安全。俄國左派評論家（《蘇維埃俄羅斯報》6月6日）認為普京在答美國NBC記者採訪時說「如果我們共同努力去消除美國、俄國、我們的盟友、或者整個歐洲面臨的威脅，那麼這種機制是存在的（指克林頓在德國說有可能同其他國家共用全國導彈防禦體系新技術）」，普京「可能沒想到這種辦法會有明顯的反華性質」。《真理報》同一天的評論文章說，如果美俄聯合開發導彈防禦體系，就意味著違反1972年反彈道導彈條約，「我們如何向北京解釋我們的立場改變了？北京是堅決反對改動反彈道導彈條約的。要知道中國是我們的戰略夥伴。」

這次美俄峰會透露出普京的風格。普京最近在同歐洲各國領導人會談中，一再聲稱俄國是歐洲國家。除了他同克林頓直接用英文交談（唯一的俄國國家首腦用外文同外國元首交談）這種象徵性行為以外，他多次說俄國不僅在地理位置上，從文化上也是屬於歐洲一部分的。俄國評論家認為他是一個「暗中的西方派」。從他的所作所為來看，普京正在努力縮小歐洲文明同俄國文明的文化和政治差距。這表明俄國人民正在換代，正在更新觀念。在同美國的關係上，普京只保持公事公辦的態度，絲毫沒有葉利欽式的個人友好因素。同克林頓的交往中，沒有「我的朋友比爾」「我的朋友包利斯」式的個人友好稱呼。此間媒體注意

到這次兩人沒有達到以名字相稱的個人友好成分。在外事方面，普京顯現出巧於工計的特點。不久前他發表關於俄國未嘗不能參加北約的聲明；這次又提出要與美國共同開發並部署導彈防禦系統的反建議，都是採取以攻為守的策略，搞得對手眼花繚亂。普京一旦遇到難題，油然發揮柔道大師的特技，以攻為守，以柔克剛，化險為夷。

　　克林頓這次訪俄，悄然而來，悄然而去。來的時候沒有盛大歡迎場面，去的時候普京已經離開莫斯科飛往義大利作國事訪問。美俄關係正在期待新人時代的開始。

俄國關注朝鮮
半島局勢

2000/06/14

　　朝鮮半島兩國首腦日前舉行的會晤在俄國引起強烈關注。
俄國各媒體迅速做出詳細報導。俄國讀者和聽眾及時得到有關金
大中訪問平壤的消息。俄國民眾知道金正日親自到機場歡迎金大
中，也知道平壤機場上只升起北朝鮮的國旗，而沒有南韓的國
旗，也知道平壤媒體報導說「首都紡織廠工人懷著激動心情聽說
平壤這次歷史性的會晤，更加努力地增加生產紡織品，為爭取祖
國加速統一而鬥爭」。

　　俄國普遍表示歡迎朝鮮半島兩國峰會，認為這是北朝鮮跨
出自我孤立的一大步，是最爆炸性的新聞。因為當年世界上處於
分裂狀態的國家，如越南、德國，都沒有彼此仇恨到如此深的地
步。俄國電子報紙Lenta.ru說，原來不可能的事，突然間變成了
可能的事；原以為他們會永遠生活在敵視狀態中，永遠不會會面
的，現在握手言歡，實在出人意料。這家電子報紙說，「不能不
指出，金大中被展示成一個跑龍套的人物，目的是為了顯示金正
日的偉大：不僅在機場只升北朝鮮國旗，沿途老百姓只高呼金正
日萬歲，電視台不播送機場歡迎場面，官方報刊的主論調仍然是

批評韓國。」

　此間評論界認為雖然雙方只談了二十七分鐘，但是雙方能坐到一起就是史無前例的事實，是劃時代的大事。會談結束時，金大中說他的夢想終於實現了：他踏上了北方土地。對於雙方對會談抱的目的，俄國評論界認為北方要的是經濟合作，南方要的是北方不要搞核武器。莫斯科傳說日美曾壓韓國在會談中提出核武器問題。平壤會提出南方駐有大量美軍問題，從而要從南方得到經濟好處。特別是半年來平壤加強對外活動，同義大利、日本、澳大利亞等國恢復了外交關係，這一切都加大了平壤在會談中的籌碼。

　俄國媒體指出這次峰會還有中俄背景。例如，《今日報》說，美國的國家反導彈系統威脅中俄利益，因此最近以來，中俄加強同北朝鮮的聯繫，多次派代表商談，共同說服北朝鮮不要搞核武器。耐人尋味的是，就在克林頓訪問莫斯科期間，金正日密訪北京，然後俄國宣佈普京總統將在近期內訪問平壤。俄國人認為俄國對北朝鮮「仍保有一定的剩餘威信」，同時又擔心中國獨占風光，因此急忙要出訪平壤。《生意人日報》認為現在俄國要同中國爭一爭對平壤的影響力。普京訪問平壤，如安排在八國會議之前，說明俄國決定在八國峰會上代表平壤說話；如果安排在八國會議之後，則說明俄國有意充當西方大使的角色，而不是平壤的盟國。俄國外交部亞洲一司副司長說，普京訪平壤並不說明俄國斜向北韓，「我們在朝鮮半島一直採取平衡政策」。

Headline 33 普京：五國會議 發展成五國論壇

2000/07/06

　　普京對首次參加「上海五國會議」相當重視，同時寄予相當大的期望。普京上任以來，東奔西跑，展示新的外交政策。這項外交政策不久前曾在國家安全會議上進行討論。它的主導思想就是「強硬地堅持俄國的國家利益」。他出訪歐洲，會見獨聯體國家領導人，接待克林頓總統和森喜朗首相，無不為了樹立俄國在國際社會中的新形象。但是歐美對俄國處理車臣問題的辦法一直持反對態度。美國一直不顧俄國的警告，揚言退出1972年反彈道導彈條約並建立全國導彈防禦系統。車臣戰事最近又有反覆，武裝分子加強了活動。中亞地區面臨嚴重的宗教極端分子的威脅。遠東地區美國宣稱要把台灣列入地區防衛系統，從而加強了對中國的壓力。「上海五國」這次強調指出，這次會晤已經不是當年僅僅為解決五國邊境問題，而是把地區性問題同全球性問題結合在一起進行討論，因此，普京說，這次會晤已經從五國會議發展為「五國論壇」。對於普京這次到達杜桑貝後首先同江澤民進行單獨會見一事，負責外事的俄總統行政副首腦普裡霍吉科說，雙方為普京本月18至19日八國首腦會議之前訪華做準備，這次會晤

可以說是「前奏曲」。

俄國媒體對這次會晤作了相當多的報導。俄羅斯工商諮詢通訊社報導說：「上海五國反對美國違反反彈道導彈條約」。這家通訊社指出，本次會晤是五加一（烏茲別克以觀察員身分參加），討論了許多問題，會後發表的聯合宣言共十頁十九項問題，涉及能源、交通、貿易、共同反對恐怖主義、戰略穩定等。這次會晤的重點是反彈道導彈條約問題。中國表示堅決反對美國退出這項條約；五國聲明一致支持中國反對將台灣納入美國導彈防禦系統的立場。其次，對於反對恐怖主義、宗教極端主義和分裂主義問題，與會國意見一致，「因為各國都有頭痛的問題：俄國是車臣，吉爾吉斯、哈薩克和塔吉克面臨阿富汗塔里班的威脅，中國有新疆維族自治區。」就此，塔斯社特別指出會議決定在吉爾吉斯首都比什刻克建立反恐怖主義中心。《生意人日報》報導江澤民首先到達杜桑貝後同塔吉克總統拉赫曼諾夫討論兩國經濟合作問題外，還討論了兩國合建經過帕米爾高原聯結中國和巴基斯坦的卡拉庫姆戰略公路的問題。此間報導說，普京建議加強與會各國在執法機關和情報安全部門的合作。他認為這種合作含有「特殊意義」。反恐怖中心將交換有關情報。普京還宣佈俄國201師將留駐塔吉克，地位由維和部隊改為俄國作戰單位。《消息報》用的標題是《到杜桑貝去尋求新的世界秩序──普京想建立一種介於德國和中國的東西》。評論員指出這次除了以上的話題外，普京「同樣對中國的經濟成就感到興趣（儘管細節將留在訪問北京時討論）。許多人傾向於認為普京在政治經濟體制方面努力把俄國建成一個介於德國和中國之間的東西。」《消息報》評論普京與會目的時說：「如果在西方沒有友誼，也許在東方找一找？」與此同時，俄羅斯工商諮詢通訊社7月5日從

聖彼得堡報導說，正在此間訪問的中國公安部武警副司令朱成友說：「中國打算借鑒俄國在車臣同分裂主義流派作鬥爭的作戰經驗。」

34 普京訪華：
抗美和實用

2000/07/18

　　俄國對普京訪華抱有很大的期望，希望在同中國的合作中得到政治軍事和經濟上的好處。兩國目前受到美國要退出反彈道導彈條約的挑戰，雙方的戰略夥伴關係顯得特別突出。因此，俄國老外交家、杜馬副議長盧金認為安全、核武器和反彈道導彈條約問題將是主要議題。他說，中國客觀上是俄國的戰略夥伴。另外，這次訪華還有聯合中國共同促進南北韓對話的目的。普京總統在行前向中俄媒體發表的講話中表示要吸取中國經濟改革的經驗。對此，俄國獨立電視台的《總結》節目主持人吉謝廖夫在7月16日的節目中認為國情不同，普京說的要走德國和日本戰後復興的道路是走不通的。中國特色的社會主義立足於農民獨立自主的經濟，國家不承擔農民的社會福利。中國有政治穩定、外國投資和廉價勞動力，這是俄國不具備的，因此走中國道路是不現實的。同一天俄國公共電視台表示應當擴大中俄貿易額。

　　俄國評論界認為中俄之間的關係是政治和經濟實用主義為基礎的。《莫斯科晚報》7月17日的評論文章說，「例如，我們聲明支持中國在台灣問題上的立場，我們隨即用兩條巡洋艦支持

這項聲明。中國人說支持我們的車臣政策，立即要我們幫助發展核武器。」這位評論員說，至於其他形式的合作就顯得十分貧乏。中俄之間的貿易額只有五十億美元，中美之間的貿易額接近一千億美元。俄國各界人士對此耿耿於懷。他說：「中國對俄國武器十分感興趣，但卻不急於使用我國其他方面的技術，明顯地喜歡西方。普京這次訪問北京可能朝好的方面發展。但是，為此我國總統應當表現出一些強硬的態度：你們想買武器——好啊，但是最好能對我國的發電機和核反應爐提供最優惠的待遇。目前只知道兩國首腦將討論建設從伊爾庫茨克到中國的輸油管的專案。」他的這番話相當準確地反映了俄國公眾的意見。

至於說增加兩國貿易額的問題，目前中俄貿易俄國是順差，俄國很少進口中國貨物。占相當數量的民間貿易，不僅給中國貨的形象造成很不利的影響，而且給兩國關係投上陰影。每年兩國外交部門都要為中國民間商人在俄處境進行不愉快的談判，而且往往是不了了之，這是擴大兩國貿易的不利因素。俄國外長說，兩國已經建立了戰略夥伴關係，遠比邊境和移民中的一些小問題要重要的多。不久前成立的俄中經貿合作中心主任表示要處理好這些問題。此外，他還透露將同瀋陽市合作建設地鐵。

西方媒體對普京訪華表示關注。BBC電台俄文節目說，葉利欽時代中俄合作進入實用主義階段。兩大鄰國合作對抗唯一的超級大國美國。普京說俄國既是歐洲國家，又是亞洲國家，歐洲的實用，東方的智慧，對俄國都有用。美國的自由廣播電台（俄文）說，不排除普京會向江澤民提出合作建立抗美星球大戰的計畫，不過只是為了宣傳而已，因為雙方都不想降低同西方的經濟合作程度；雙方都不願建立軍事戰略同盟關係。雙方只是把美國批評一通，僅此而已。《泰晤士報》說普京此行是為了提高自己

的地位和建立抗衡美國反導彈系統的力量。近三個月來西方對普京的政策明顯表示冷淡；法國希拉克總統表示在沖繩沒有時間同俄國總統進行個別會見。該報提醒說，俄國經濟只占全球經濟總額的千分之六。

俄羅斯工商諮詢通訊社報導說，普京在北京的會談中先用俄文，後用德文進行。排除英文，當有象徵涵義。另外普京這次訪華和參加八國首腦會議中，總統辦公廳拒發採訪證給莫斯科權威報紙《生意人日報》（相當於《華爾街日報》）記者，已經引起日本駐俄大使館的困惑。此間人士認為該報是別列佐夫斯基控制的媒體，而他近來表示反對普京的政體改革方案。

普京這次訪華，正處於國內政體改革和稅務改革受阻，車臣戰事拖延，西方冷淡之中。面向東方將對俄國和普京十分有利。

Headline 35 普京會見工商業寡頭

2000/08/01

　　普京走馬上任以來，採用鐵腕手段，大刀闊斧整治國家。經濟改革綱領日漸明朗。政府倡議減輕稅收以鼓勵投資，號召收回流出國外的資金，把國民經濟從「灰色」狀態下解放出來。與此同時，當局動用執法機關對各大企業進行檢查。從全武行到查封個人資產，把獨立媒體大集團「橋梅迪亞」老闆古辛斯基投進拘留所。緊接著派出稅務員警身著迷彩服，全副武裝開始到各大公司進行查稅。國家副總檢察長寫信給國際俄羅斯集團老闆波塔寧，提出只要補給國家一億四千萬美元，即可安全過關。稅務機關指責全國最大的小轎車拉達車生產公司重複利用發動機號生產二十多萬輛轎車以圖逃稅。風聲鶴唳，工商界惶惶不可終日，不知今後如何做生意。俄國各大公司股票市值急劇下跌，外國投資望而怯步。通貨膨脹超過預期。生產增長勢頭下降。這種形勢引起俄國工商界極度不安和關注。對國家政治形勢的穩定，對國民經濟的改革和發展，十分不利。為了減輕壓力，由右派勢力聯盟領導人之一、國家杜馬副議長、前第一副總理聶姆佐夫於7月13日晉見普京總統，提出召開「政府與工商界圓桌會議」進行商談

以尋求出路。他的建議得到普京的支持。普京提出的原則是「同所有寡頭保持同等距離」。聶姆佐夫代表工商界提出「政府官員不要受賄腐敗；工商業界不要贖買官員」。他認為總統和工商界應當簽署某種協議，明確規定雙方責任；或者至少發表一項聲明，闡明雙方關係。

葉利欽時代工商業寡頭對國家政治的影響極大。1996年葉利欽靠別列佐夫斯基在達沃斯國際經濟論壇上說服寡頭們支持，才得以當選。後來「七大銀行家」常常左右政府。這種情況普京是絕對不允許的。但是他同掌握國家經濟命脈的工商業寡頭交往不多，如何處理同他們的關係，如何利用他們為發展國民經濟服務，還缺乏實踐經驗。新政府動用執法機關嚇唬大型工商業，也許能立竿見影，增加一些稅收。但是，並非長久之計。採用圓桌會議形式進行對話，是雙方都可以接受的辦法。會議之前，媒體十分重視，紛紛發表各種言論。工商界對這項活動寄予很大期望，希望搞清新政權對工商界鉅子的態度。但是也感到惴惴不安。就在這次會議之前，普京總統召見一些大公司老闆。在克宮談的很愉快，但是，緊接著執法機關就到這些公司進行檢查。因此，他們的心情是不言而喻的。另外，媒體多方猜測參加會議的名單。但是名單遲遲定不下來，最後在會見前夕才有了定局。

這次總統召見了二十一名工商業鉅子，其中有金融、能源、通訊、鋼鐵、有色金屬、汽車、影視、啤酒等行業頭面人物。政府方面參加的人員，超出原估計的總統和辦公廳主任，還有第一副主任和一位副主任。另外普京邀請了總理、第一副總理兼財長及經濟發展和貿易部長（主持制訂經濟改革綱領）。沒有列入名單的人中，引起注目的有親克里姆林宮的阿勃拉莫維奇、出國的古辛斯基、同克宮搞翻的別列佐夫斯基（以上三人因「政治傾向

太明顯」）、丘拜斯（出國同芬蘭總統會談）。政府方面最關心的問題是工商界按章納稅、收回外流資金、發展國民經濟；工商界最關心的問題是私有化、生產設備老化、執法機關對工商界的打擊。

這次全國關注焦點的會見於7月28日下午5時開始，媒體不斷報導。首先普京以國家元首身分主持會見，而不是以對等身分對話。他在會見開始媒體在場時說：這個國家政權是你們自己通過你們控制的政治組織組成的，因此別怪鏡子歪。接著普京提出三大問題作為開始話題：剛通過的稅務法典（第二部分）、關稅改革和加入世貿組織問題。然後請到會的二十一人每人都發言。會見是關起門來進行的。兩個多小時以後工商鉅子退出會場，大部分表示十分滿意，也有一些人表示悲觀。總統辦公廳的評價是會見「討論了工商界參加鞏固國家、支持社會穩定、保持和增加全民財富的問題；工商界談到生產設備老化、增加投資的問題。總統談到不允許工商界利用執法機關達到競爭目的，必須進一步改革經濟，目的是提高人民生活水準。會上決定建立一個有權威的代表工商界同政府當局協商的常設機構，便於同政府對話」。據報導，普京在會上提出政府不再重審私有化結果，不鼓勵執法機關的不合法行為，但不會限止執法機關的合法行動；要求工商界提出大赦外流資金的辦法，秋天進行討論；要求工商界不要把自己人滲透到政權裡來。他還號召不要再用「重審私有化和執法機關打擊工商界」來蠱惑人心。經濟發展部長格列夫說：政府已經完成減稅立法，該工商界回報了。這是工商界投資到俄國經濟的信號。

代表工商界參加組織這次會見的聶姆佐夫在國際文傳新聞發佈會上說：主要目標達到了：不再重審私有化結果，這有利於俄

國資金留在國內；平等競爭條件；工商界不利用執法機關打倒對方；國家不用執法機關打擊工商界。其他與會人士的評價是：前第一副總理、國際俄羅斯集團老闆（控制世界最大鎳生產基地）波塔寧說工商界願做總統建設國家政權的助手，今天的會見為當局與工商界的合作奠定了基礎。尤科斯集團總裁霍多爾科夫斯基說：工商界十分滿意，支持總統提出優先發展俄國工商業的任務。進出口銀行行長吉謝廖夫說：總統非常坦率，要求與工商界經常協商。

會外人士也對這次會見結果表示關注。莫斯科市長盧日科夫說，總統向寡頭們提出了忠告；會見很有好處，因為寡頭們很不安，很想瞭解自己的前途。總統給了他們一個正確的回答：叫他們別搞個人突出，要與全國同生共息；在文明世界裡政治路線同經濟是分離的。俄國工商寡頭們抱了一大批財產（據報導他們控制了全國一半以上的經濟），試圖影響國家政治決定。這次被迫「守本分」。俄聯邦成員楚瓦什共和國總統費多羅夫認為把工商界分成「可接受的與不可接受的」是不對的，沒有邀請一些著名人士也欠妥。「這對發展經濟是危險的。」對於這次會見他抱悲觀態度，但認為不無好處。俄共領導人久加諾夫說：「早就該把這些大闊老叫到一起，對他們說：交出來應該交出來的東西。」《真理報》的文章說葉利欽時代是工商界寡頭向國家口授條件，因為皇帝老爺太軟弱。現在工商界擔心國家會把他們搞到手的財產收回去。前副總理西蘇耶夫說：「叫寡頭們遠離政權別遠到西伯利亞去（指流放）。現在有很多人有這種印象，好像就是指這個距離。」獨立電視台主持人要「聽其言觀其行」來評價總統在會上的講話。

西方媒體也十分關注這次會見。《金融時報》引用聶姆佐夫的話說，俄國十年資本積累已經結束，開始正常發展工商業。該報認為這次會見前執法機關多次攻擊工商界人士。因此未必會大赦外流資本。《華盛頓郵報》說會見沒有解決不久前對工商界人士追查的問題，沒有澄清克宮與工商界衝突的前景。但雙方會談是很重要的。提到加入世貿組織的問題也很值得重視。《紐約時報》說，會見前不久當局宣佈古辛斯基「無罪銷案」是一個和解姿態。當局同意舉行這次會見是為了「要求工商界寡頭讓步，不要去影響政府和領導人」，而國家「不會耍流氓和吹毛求疵」。

　　聶姆佐夫對這次會見的總結性說法是：寡頭們沒有帶尿布去克宮，也沒有帶尿布走出克宮。這話來自克宮有人說「他們該換換尿布了」，因為前一陣政治鬥爭把他們嚇壞了。無論如何，這次會見是俄國經濟改革中的一件大事，有利於全國穩定和消除顧慮，促進經濟發展。

Headline 36 莫斯科電影節
重振大國雄風

2000/08/08

　　歷史悠久的莫斯科國際電影節，於7月19日至29日舉行。這是第二十二屆。首屆於1935年舉行，列為A級，形式上同坎城、柏林、威尼斯等並列，但實際上權威性相距甚遠。創辦後因受二戰影響，直到1959年才開始正常舉辦，每兩年一次，主題確定為「和平、人道主義、進步」。歷屆電影節上曾出現過一些名片，如1959年獲獎的《一個人的遭遇》（邦達爾丘克），1963年獲獎的《八部半》（費里尼），均屬傳世之作。但受意識形態的影響，有一定的偏向。當時三個主要獎項分別授給蘇聯影片、社會主義國家影片和其他國家影片。獎額同參加者數目相等，人人得獎，皆大歡喜。費里尼大作得獎是當年評委會無視前蘇共中央的壓力獨立決定的，經辦人曾為此受到中央批評。

　　今年的莫斯科國際電影節，很受俄國政府的重視。普京總統把這項活動視作重振俄國大國雄威的一部分。總理出席開幕式並講話；普京親自參加閉幕式，在致詞中擔保國家支持這項活動，按國際常規每年一次，經費列入國家預算單項。他說：「我們這些當總統的除了索鏈以外別無可失。捨不得花錢搞文化，就搞不

好生活。」電影節主席由俄國奧斯卡和坎城電影節獲獎者、著名導演和演員、俄國影協主席尼基塔・米哈爾科夫擔任。評委會主席為傑出的希臘導演特奧・安格洛普洛斯，坎城獲獎者，《霧中景》的導演。評委中有中國導演張元（《過年回家》的導演），被譽為「蓬勃發展的中國電影藝術代表」。最年輕的評委要算伊朗電影大師馬哈馬爾巴夫二十歲的女兒薩米拉導演，也是坎城電影節最年輕的獲獎者（《學校黑板》）。

電影節組委會的選片小組曾經奔赴各國選擇參賽影片和參展影片。由於照顧各地區各國家，參賽影片水準參差不齊，夠得上國際水準的巨片寥寥無幾，引起參加者的不滿。參展影片中有不少在坎城、柏林、威尼斯得獎的影片，大有強賓壓主的氣勢。這次電影節的大獎授給波蘭電影大師克西什托夫・札努西的故事片《生命是性交傳染的絕症》。這個長而繞口的名稱恰恰體現了影片的風格，正是當今歐洲大陸藝術影片具有一定代表性的慢節奏和沉悶感。影片開始，中世紀場景。身著深灰色教袍的天主教聖者伯爾納，阻止教徒們對一名偷馬賊施行私刑，說服眾人把他交給法庭依法懲辦。伯爾納把偷馬賊帶回修道院教他懺悔，以便幫助他死後進入天國。若干時間之後，偷馬賊洗淨罪惡，回到刑場，心甘情願走上絞刑架。正當觀眾為這種沉重灰色的場面而發悶時，鏡頭推出，原來這是片中片。影片的主人公這時才出場。他偶然路過，碰上影片攝製。影片的故事給他留下了深深的印象。主人公想：伯爾納對偷馬賊說了些什麼，使他能這樣安詳地接受死亡？這個問題對主人公來說非常重要。他是一個身患絕症肺癌的醫生。在醫院裡，他給垂死的病人開出嗎啡以解救痛苦，病人卻超量服用以達到自絕的目的。為此他被開除。他聽說在巴黎可以動手術，但需要一萬五千美元。他去找前妻要錢，前妻嚇

壞了，立即掏錢給他。他去了巴黎，經過檢查，已經為時過晚，不能再動手術，於是他回到波蘭，打算繼續行醫，可是已經失去工作。病情加重，住進了自己工作過的醫院。他身上仍有足夠的嗎啡可以自絕。但他在注射嗎啡時，突然意識到不能像偷馬賊那樣死去，因此拔出針頭。他雖然身患絕症，但不應提出自絕，而是要按自然規律辦事，自然死去。這條主線就同聖者伯爾納的故事呼應。醫生說：「通常認為人在死後才腐朽，不過有時活著就開始腐朽了。」這樣，導演札努西的思想：人的衰老是一種病症，從生下時就患上了，必然導致死亡，不過還是要寄希望於永恆的春。義大利血統的波蘭導演札努西，1939年生於華沙，學習物理、哲學和電影藝術，博士。處女作《外省人之死》在威尼斯、曼海姆、莫斯科等電影節獲獎。上個世紀九十年代的作品有《接觸》、《我們上帝的兄弟》等。

俄國參賽的影片是《月光灑滿花園》，情節很簡單。一對年已古稀的夫婦，先生是作家，專寫回憶錄式的作品；太太是教師。孩子們都去了美國。太太在有錢人家裡教課，以補家用。老夫婦倆仍然在尋找人間溫暖，儘管他們明白自己的青春被人造神話奪去了。就在這懷舊之中，太太的中學情人出現。他們在學校演出《望穿秋水》（二戰期間俄國一首著名戰鬥情詩）時有過一吻。現在他成了雜技團的清潔工，一副流浪漢的樣子。五十年前被破壞的幸福回歸，舊情復燃，一發不可收拾。老人們在影片圓舞曲的節奏中訴說：我們有過自己的命運，有過自己的愛，有過自己的憧憬。看著像一部平凡的懷舊片，不失俄國電影充滿人情味的傳統。可是，導演安排了這樣一個場景：老情人跑到一個門洞裡去敘舊情，那裡已經有一對當今世界的主宰青年戀人在接吻。他們說：「老爺子，地方占住啦！」此片獲得銀獎。

國際電影節成功與否的一個默認標準是有哪些世界級明星蒞臨。莫斯科電影節也不例外。因此在籌備期間，組委會多方奔波，大肆渲染，說是至少有五名巨星參加。好來塢巨星塔拉吉諾和尼可・吉德曼都曾表示有意參加，結果都沒有來。只有《侏羅紀公園》的主演山姆尼爾從天而降。不過出足風頭的要算三級片大師金托・勃拉斯。他這次帶來了一部新片《違禁》，自然是一部色情片。此人的作品，自俄國開放以來，成了盜版影帶的首選，因而為此地觀眾所熟悉。俄國觀眾大嘗禁果。本地報刊多篇文章介紹他。記者招待會上他口若懸河。在他的影片開演前介紹他時，他玩起色情動作，滿嘴粗話，不僅翻譯員小姐，連他身邊的脫星，都臉紅如肝。商量結果是只譯他講話的大意。

　　中國電影同莫斯科電影節有著不解之緣。1935年第一屆，中國影片《漁光曲》獲榮譽獎。1961年，中國影片《革命家庭》獲最佳女演員獎。1989年張藝謀出任評委，1991年導演王進獲獎。1999年三部中國影片參加：《成吉斯汗》、《鴉片戰爭》、《荊軻刺秦王》。今年除張元出任評委以外，《月蝕》參賽，《鬼子來了》和《蘇州河》參展，還專門舉辦了《張元三部影片回顧展》，上演了《瘋狂英語》、《媽媽》和《過年回家》。今年中國電影卻從另一個方面引起本地社會公眾的關注。就在電影節幕前夕，組委會收到中國廣電部通過中國駐俄大使館發來的公函，要求撤回《月蝕》和《鬼子來了》。據報導說，中方表示《月蝕》沒有反映出中國電影的水準，因此無資格代表中國電影參賽；《鬼子來了》在中國禁演，「在國外放映也沒有獲得成功」。組委會左右為難感到十分不愉快，不願同中方發生爭吵。最後還是堅持公演這兩部影片。《月蝕》得到觀眾最高評價。至於《鬼子來了》引起媒體評論。《消息報》的文章說，觀眾對此

片十分關注，因為電影節期間不斷傳來各種消息，時而說撤下去了，時而說放映日期有變動。文章還提到這部片子從一開始就遇到不少麻煩。姜文自己說他的遭遇如同希區柯克的影片。對於中方檢查官的「不愛國」的指責覺得「不好理解」，因為日本民族主義者認為姜文搞反日宣傳。文章作者最後說：「我們唯一可以感到安慰的是，我國電影工作者非常熟悉的類似問題已經成為過去。但願如此。」《生意人日報》的評論說，姜文屬於以《北京雜種》導演張元為代表的第六代中國導演。《鬼子來了》也寫抗日戰爭，「一部殘酷的黑白的，沒有一點漂亮東西的影片」。作者設想這部片子出問題的原因可能是影片作者認為「鬼子不僅在敵人陣營裡，也在我們自己家裡，在我們的靈魂裡。」這部片子於電影節最後一天在電影之家公演。座無虛席。俄國觀眾對影片的反應非常強烈。隨著幽默而哄堂大笑，隨著流血而沉默無聲。

2000/08/13

正當普京就任總統百天之時，民意調查顯示支援率不斷上升，已超過七成，以別列佐夫斯基為首的九名俄國社會知名人士，卻於8月9日發表一封《俄國處於十字路口》的公開信，被此間媒體譽為「政治炸彈」。這封信反映了俄國當前社會上的一些情緒和觀點。兩個多月來，別列佐夫斯基公開表示對現政權的失望，首先辭去國家杜馬議員的職務，接著趁普京加強對地方行政長官管理引起不滿的機會，在全國各地同州長們商討對策，宣佈俄國已經沒有反對黨，連一向標榜民主派急先鋒的右派力量聯盟也「出賣了」民主事業，進入政府。加上政府近來對媒體採取的一些政策和措施、對工商界進行嚴查以削弱其政治影響，前情治人員控制國家要害崗位，引起社會上部分人士的憂慮，擔心走回頭路。《消息報》在發表公開信時配了一幅照片。普京正在思考。編者加的圖片說明是：「向右走，向左走……」可以說代表了這種情緒。

在這種政治背景下，別列佐夫斯基宣佈他要建立一個有效的建設性的反對派，以監督現政權的所作所為。《俄國處於十字

路口》號召建立一個公民社會法制社會，它是新反對派的綱領。主要觀點是建立一個自由的、反強權的、建設性的、保證言論自由的社會。簽名人都是俄國名流。阿克祥諾夫原是醫生，其母是著名作家金斯堡。他本人上個世紀六十年代以小說《同行們》蜚聲文壇，後來成了著名的持不同政見的作家，被迫流亡美國，現在美國任大學教授，有大批小說和論文問世。亞科夫列夫是哲學家，外交家，科學院院士，曾任駐加拿大大使，前蘇共中央政治局委員，是戈巴契夫改革的主要戰友和謀士，人權運動鬥士。沙勃杜拉蘇夫曾任葉利欽的總統辦公廳第一副主任，著名的改革派。拉吉斯是經濟學家，主張發展市場經濟，是戈巴契夫時代的著名改革派，現任《新消息報》（從《消息報》分裂出去的激進改革派報紙）時事評論員。柳比莫夫是俄國著名戲劇導演，國際公認戲劇大師，因追求創作自由被剝奪國籍流亡國外，俄國改革開放以後返回祖國。戈沃魯欣是電影大師，他的《不能這樣生活》一片震動前蘇聯社會，不改革不行了，成了當年民眾的口頭禪。小博多羅夫是一家獨立影視公司節目《觀點》的主持人，《高加索俘虜》的主演。《觀點》是十年一貫堅持改革思想的節目，收視率居高不下。緬什科夫是俄國當代影星。別列佐夫斯基說，他曾同普京討論過反對派的問題。他說，普京認為建設性的反對派對政府並不可怕，但仍然主張用強權方法管理國家。他認為普京是改革派，目標正確，但方法錯誤。他的打算是，如果社會反響好，就組成一個同政府對話的政治運動，有了基礎，再發展成政黨。阿克祥諾夫在解釋他們的政治意圖時說：「我們要求在俄國尊重公民的自由、私有制、法律；我們想經常提醒當局應當站在這個立場上。」

公開信發表以後，國家杜馬從左到右各黨派都持否定態度。

共產黨領袖久加諾夫說沒有人願意同他們聯合。親克宮的「人民代表派」領袖拉伊科夫認為別列佐夫斯基的立場是非建設性的。右派力量聯盟領導人之一、杜馬副主席哈卡馬達說新運動「沒有也不可能有歷史前途」。許多州長表示支持普京。《新消息報》根據這些論點說：「俄國目前沒有現實的有效的反對派。」有人指出別列佐夫斯基感到失望的是，他組織了克宮手上的團結黨在大選中進入杜馬並起著舉足輕重的作用；又是他協助普京入主克宮。普京一改葉利欽的作法，盡量遠離工商巨頭，宣稱要同他們保持同等距離，不再親近他們中的某些人。別列佐夫斯基對克宮的影響已經消失。

普京在國內外各種場合一再表明要堅持民主改革的路線。戈巴契夫在會見普京後談到他的印象時說，普京有決心把改革搞下去。他執政時間尚短，不能過早做出結論。然而一個現代的民主社會沒有反對派是不可想像的。

附錄　俄國處於十字路口
——致社會公眾的公開信

值此21世紀到來之際，俄國社會再一次面臨選擇——是生活在強權主義國家還是生活在真正的民主國家之中。這項選擇不像1996年那樣普及，當時要解決的問題是：我們是退回到共產主義烏托邦還是沿著自由改革的道路前進。然而目前面臨的選擇很快就會從根本上影響每一個人的生活，不論其政治觀點，財產狀況，社會地位，年紀或民族屬性。

新總統為了防止國家分裂，力求創建有效的、負責的政權，是完全可以理解的很自然的。這個願望在管理國家的官僚圈子裡

引起傳統的「一意孤行」的反射。近十年來的主要成果，言論自由、自由經商和最主要的成果—自由思維，獨立精神，正遭受到威脅。如果不阻止這種傾向，任何政權的強權本能同社會的民主要求之間的衝突，邏輯上必然導致破壞近年來的成果或者管理癱瘓。必然產生又一代人的悲劇。

出現這種情況的原因潛在於近十年的改革主要關注於經濟，與此同時，道德意識和政治哲學的原則退居次要地位。我們把精力集中到了投資、稅收、股票、股市，忘記了限制濫用政權、各權力系統職能分配、中央和地方職能分配、建立制約和平衡體系、公民社會和聯邦主義這樣一些立憲民權的要素。

我們當中許多人潛意識地或者有意識地以為，只要有自由市場，民主自然會到的。這種觀點立足於經濟基礎和意識形態上層建築的公理。這裡不妨回想一下二十年代可悲的歷史經驗。當時曾經試圖在沒有公民民主權利的條件下發展「新經濟政策」。我們都知道其後果如何。「指揮下的民主」邏輯上必然過渡到新版本的「民主集中制」，進而用發展經濟的需要來解釋加強和擴大政權的意向。走上這條道路，社會必然陷入作用與反作用的絕境。最終必然導致政權選擇承認自己無能或者實行專政。

俄國民主還很年輕，太依屬於不久前的集權制度。當今形勢的特點是作為公民社會基礎的社會體制還很軟弱。我國的知識界傳統上是自由價值的體現，由於近年經濟動盪，已經無力單獨抗拒民主面臨的強權威脅。然而過去的十年裡出現了政治上和經濟上積極的新一代公民——優秀的公眾政治家、獨立的新聞工作者、生意人和普通的獨立自主的年輕人。當今行政與武裝力量部門聯合體的獨裁脈衝首先就是針對他們的。

我們認為，許多俄國公民同意我們這種擔心。我們提議聯合

起來，創建一個新的，以信仰自由、宗教自由、人身自由、法律領先、尊重民族傳統、大眾媒體自由和私有制不可動搖這些思想基礎上的社會政治運動。對我們來說，國家的政治和社會體制是首位的，它決定經濟效率。我們認為確保公民的自由和權利、政權向社會負責是絕對的獨立的價值。分散中央政權，不會妨礙強大的國家，反而是它的支柱，不是有效的市場經濟和自由經商的結果，而是它的必備條件。我們想在俄國建成一個公民社會，以取代今天正在形成的獨裁結構。俄國有史以來，人總是在政權面前唯唯諾諾。近十年的民主改革和資訊革命，把越來越多的公民從無言的旁觀者改造成獨立自主的社會成員。知識界、實業界、自由新聞界和全體政治上積極的人士團結起來是我國前進發展的基本資源。創建一個真正立憲的民權和確保社會公正的條件是俄國繼續改革的主要方向。

阿克祥諾夫・瓦西里

別列佐夫斯基・鮑利斯

小博多羅夫・謝爾蓋

戈沃魯欣・斯坦尼斯拉夫

拉吉斯・奧托

柳比莫夫・尤里

緬什科夫・奧列格

沙勃杜拉蘇洛夫・伊格爾

亞科夫列夫・亞歷山大

核潛艇注滿俄國眼淚

2000/08/16

8月13日，俄國北海艦隊演習已經結束，但是編號為K-141的核潛艇「庫爾斯克號」沒有按時在12日同指揮部進行聯絡。旗艦核動力巡洋艦「彼得大帝號」收到「庫爾斯克號」核潛艇出事故的報告，立即組織力量進行救援，核動力航空母艦「庫茲涅佐夫海軍上將號」加入救援行列。到16日，已經有二十二艘艦艇在出事地點進行援救工作。

事故發生後，無法同該艇進行聯絡，不知道發生了什麼情況，至今只有通過敲擊艦殼同船上人員進行聯絡。已經查清的情況是核潛艇沉於巴倫支海，離北方艦隊基地謝維爾斯克（意為北海市）西北一百五十七公里。目前躺在離海面一百零八公尺的海底上。比較明確的是第一艙和第二艙出事。第一艙為魚雷發射器，第二艙為生活艙，艦長室和演習指揮部人員位於此艙。下班的船員應在這裡休息。艦上共有一百一十七人，編制為一百零五人，其餘為演習指揮部軍官。這艘多用途水下導彈核巡航艦的演習任務是負責追蹤假想敵航空母艦多目標船隊並進行射擊。俄海軍總司令庫羅耶多夫分析出事原因可能是：一、與外國潛艇相

撞，通常在俄海軍演習地區有西方艦艇遊弋；對此，美國立即宣佈當地沒有美國潛艇活動；二、撞上了水下山峰或其他物體。俄國核潛艇專家說，也可能潛艇內發生了爆炸，可能是第一艙裡的蓄電池艙。其他原因可能是反應堆燃料外溢，或者撞上水雷。海軍總司令說爆炸的可能比較大。15日晚海軍總司令說，已經查明船頭部分欄杆撞壞，導彈裝載艙口蓋子丟掉，駕駛台撞彎。

事故出現後，俄海軍司令部決定首先搶救艦上官兵。目前採取的措施是建立聯絡。到發稿時，只有通過聲納得到水下官兵求救信號，說明至少有部分官兵生存。搶救辦法主要三種：一、通過下放管道輸氧、水、食品和燃料。艦上反應堆關上以後，沒電源，一片漆黑。有報導說，北方艦隊司令部為節省蓄電池供即將進入地中海執勤，因此沒有給庫爾斯克號配備蓄電池。這項說法沒有官方確認。據專家計算，船員可平安生存到8月18日，最後日期為25日。二、目前正在將水下救援器對接到船上，以便將船員從潛艇上撤出來。先用「大鐘」救生器對接，沒有成功；接著用更先進的「別斯特爾」（激勵號）有人駕駛水下救援器進行對接。這種救援器可多次使用，一次可撤出五十人，是世界上獨一無二的。由於水面風浪達到四級，水下潛流力大，可見度只有一至二公尺，影響工作，至發稿時尚未對接成功。據俄國海軍和救援專家說，俄國水下救援器占世界領先地位，無論從性能來說，還是從一次可撤出人數來說，都超過西方現有設備。三、如果以上方案無效，下一步將用浮桶將潛艇提升至水下三十至五十公尺，這樣潛水夫即可下去工作，而水下一百公尺潛水夫無法下去。四、下新城專門製造水下救援器的工廠建議，如果不能將整船提升到三十至五十公尺，可以用浮桶只提升船尾，使其豎起，由於船長一百五十四公尺，尾部肯定可以露出水面，排水後再將

其割開。

　　俄國全國上下都全神關注救援工作。普京總統隨時聽取彙報並同美英兩國首腦進行磋商。新聞媒體隨時報告救援進程。艦上官兵家屬已經來到艦隊基地。海軍方面已經安排他們住在醫院，派心理醫生給予幫助。俄國英雄、救援專家、曾任同級潛艇艦長、指揮過太平洋艦隊核潛艇分隊的海軍少將伊里亞‧科茲洛夫說，這種潛艇的裝甲厚度和牢度，可以經得起核爆炸。他認為肯定發生意外事故，艦上官兵無法自行將潛艇浮上水面（通常發生事故的首選）或者利用艇上個人救援設備浮上水面。《消息報》發表一名十六歲讀者的信。用題是《談毫無意義的傲氣》。他說「應當有民族自豪，但不應當有毫無意義的傲氣」。這種觀點有一定代表性。俄海軍有關人士特別向公眾解釋說，俄國救援器是世界上最先進的，一次可救出的人員比西方要多；其次，俄國的救援器是專為俄國潛艇配套設計製造的，對接面制式尺寸吻合，而西方的水下救援器還需要改裝，費時更多。當然，從軍事機密的角度來說，俄國軍方是不願西方插手的。庫爾斯克號是俄國最先進最新的潛艇，投入服役只有五年半時間。

　　同時世界各國對此也非常關注，美國和英國、北約都提出願意增援，如果俄方需要的話。16日，俄海軍副司令前往布魯塞爾同北約進行磋商。英國一架載有英制救援器的俄制魯斯蘭型超重運輸機（載重一百二十噸）從格拉斯哥運達挪威，隨時可投入救援。俄國民眾有人認為應當請西方參加。16日俄方已經在積極同西方商討救援器對接的問題。英國又接連派出兩架大力士運輸機，裝載救援器材飛往挪威。英國使用的救援器LR-5和「螯子號」，美國使用的救援器Mistik和Avalon。LP-5和Mistik已處於高度準備狀態，只要俄方提出，立即可到達事故地點。當天下午雙

方證實俄國已經正式向西方（英國和挪威）提出協助救援的要求。西方報刊普遍認為俄國不情願西方插手救援工作，擔心曝露軍事機密和顯示西方技術超過俄國，說明俄國軍方仍然把西方看成敵人。另一方面，西方指出，俄國軍費緊缺，潛艇官兵出海演習機會少，可能造成技術操作上的問題。

　　俄國人權人士和環保人士對政府表示不滿，認為軍方扣住事故消息兩晝夜，違反了公民隨時應得到救助的權利；到了第三天才開始採取措施；儘管西方一開始就表示願意提供協助，進行近兩晝夜救援後才向西方提出，錯過救人時機。

　　普京就任百日前夕，禍不單行：莫斯科市中心發生爆炸事件，大批傷亡；北海發生潛艇事故，一百多人命在旦夕，普京面臨處理國事能力的考驗。從政治上來說，潛艇事故顯示出俄國軍方仍然按舊模式處理，官方一再聲稱有足夠力量和設備進行救援，立即拒絕國外參加救援，說明思維方式未變。最後還是普京表現出果斷精神，在同克林頓通過電話以後，表示俄國接受來自任何一方的外國援助。從軍事上來說，俄國最強的北海艦隊出事，可能會影響俄國軍事改革的方案，只加強陸基導彈不足，勢必增加海軍經費，對俄國打算派艦隊進駐地中海是一個打擊。

多用途核潛艇K-141「庫爾斯克號」資料

（同級潛艇共建成12條）

排水量：18,000噸

艦長：154公尺

核反應爐：2個

渦輪機：2個，90,000匹馬力

時速：33海浬（60公里）

編制：130人

武器裝備：24枚巡航導彈，可裝載核彈頭，8組魚雷發射器

設計者：彼得堡紅寶石設計院

俄國（包括前蘇聯）核潛艇部分事故記錄

1960年1月13日：K-8潛艇核動力裝置蒸氣發電機漏氣，13人喪生。

1961年7月4日：在英國海岸附近蘇聯第一艘載有彈道火箭的核潛艇出事故，10人喪生。

1966年：離夏威夷群島不遠處核潛艇K-129號沉底，97人喪生。

1967年9月8日：在北極附近K-3「列寧共青團」號核潛艇失火，39人喪生。

1970年4月11至12日：比斯開灣，北方艦隊核潛艇K-8失火，29人喪生。

1973年6月13日，核潛艇K-56與科研船「別爾克院士號」相撞，27人喪生。

1978年8月，一艘載有巡航導彈的蘇聯核潛艇因核反應爐發生事故，在蘇格蘭海岸附近沉沒。

1980年8月，一艘核潛艇失火，9人喪生。

1981年10月21日：核潛艇C-178號在返回弗拉吉沃斯托克途中被一艘冷凍船撞壞。

1983年6月24日：在堪察加半島附近海域，載有巡航導彈的K-429潛艇沉沒，16人喪生：

1984年6月18日：核潛艇K—131失火，13人喪生。

1985年：一艘核潛艇發生爆炸，10人喪生。

1986年：一艘導彈核潛艇在大西洋沉沒，3人喪生。

1989年4月7日：「共青團員」號魚雷核潛艇失火沉沒，42人喪生，27人獲救。

Headline **39** 潛艇事故：
俄國社會在悲痛
與沉思

2000/08/23

　　庫爾斯克號潛艇遇難事件震盪著俄國全社會。莫斯科著名
的列寧格勒大街上，無論是廉價的小拉達車還是豪華的平治，傳
出來的都是有關潛艇的廣播。普京上台以來頭一次遇到如此強大
的震情嚴峻的考驗。俄國各界都在熱烈議論這次悲劇。悲痛和憤
怒，安慰和指責，人情與政治，軍事與經济，國際與國內，交織
在一起。公眾提出一連串的問題：為什麼要拖延公佈發生事故的
消息？為什麼搶救艇上官兵的事進展緩慢？為什麼說有一切最先
進的搶救設備？為什麼遲遲不接受西方提出的協助救援的建議？
事故發生的原因何在？責任在誰？人命第一還是行業榮譽第一？
為什麼全國都在關注搶救工作時，總統卻像沒發生特殊情況一
樣，不聲不響，安然度假？總之，問題困擾著老百姓的頭腦。

　　公眾普遍對官方發佈的消息不滿。《晨報》電子版刊登的讀
者中一個名叫葉夫根尼的青年來電說：「不明白在哪個階段出現
了資訊欺騙，是誰怕把真情告訴老百姓。」伊戈爾說：「不明白
為什麼要掩蓋事故的真實原因。遲早會大白於天下的。悲劇作者

會找到的。」

對於俄方開始階段拒絕美、英、法、挪威等國提供援助的原因，評論員戈爾茨說：「很明顯，（國家）政治和軍事領導拒絕西方援助的主要原因是他們仍然認為西方是自己潛在的敵人。」

出事原因也是公眾關注的問題。官方的說法是同不明物體相撞，同外國潛艇相撞，同二戰時期水雷相撞，同貨船相撞，試發新水雷失敗，水雷在發射艙內爆炸，引起連鎖爆炸。《莫斯科晚報》22日刊登的記者採訪錄中，一個姓米哈列諾克的女中學生說，她的一個同學對她說，同學的父母朋友住在離北海市不遠的北德文斯克市，來電話說是彼得大帝號發水雷擊中庫爾斯克的。獨立電視台當晚的時事節目裡也提到這種說法。

如何評價俄國政府對人命和政治兩者位置的態度，是媒體評論的重點。俄國工商諮詢通訊社分析員的觀點有代表性。他在題為《潛艇安魂曲》一文中說：「俄國人從來沒見過如此的恥辱。一百一十八名俄國公民犧牲了，成了政治的犧牲品。從一開始就可以看出，對將軍們部長們來說，人命是最末位的。如同蘇聯時期一樣，人道主義原則不是主要的，首先考慮的還是政治後果。他們採取一切措施不讓西方搶救隊及時趕到。軍方不讓北約人員進入潛艇。不談該艇的設計失誤，海軍司令不關心是否有足夠的救生設備。一切做法都同前蘇聯時期一樣。不救人命而是盡量掩蓋他們犧牲的事實。」

普京這次成了公眾和各色政治家議論的對象，普遍對他表示不滿，認為他處理不當，顯得被動。8月22日出版的《總結週刊》用的標題是《巴倫支海的悲劇團結了全民族》。編者說全國都在仔細觀看螢幕，唯恐放過沉入海底的潛艇的命運。與此同時當局表現出冷酷和無動於衷。官員們說著應當說的話，心裡想

的卻是事後會出現什麼情況。對俄國總統來說，人是第三位的，首先關心的是保住核反應爐和保住潛艇。這一期刊登的阿夫吉耶科等人的文章《請問一問我們的靈魂》提出許多人共同的指責：「正當庫爾斯克號潛艇官兵的家屬從全國奔向北方艦隊所在地摩爾曼斯克和北海市，指望搶救工作能成功的時候，他們的總統在黑海邊上度假。休息過後，曬得黑黑的普京，含糊其詞地和雜亂無章地談到潛艇的危急處境，但沒有對正在失去指望的水兵家屬說一句安慰的話。」作者透露，普京在向記者談到他同國防部長討論事故時，第一個問題是核動力的情況，第二個問題是救起軍事裝備的機會，然後才問到艦上官兵的情況。「完全是蘇聯式的，像過去一樣盡量掩蓋可以掩蓋的東西」。戈爾茨說：最高統帥的事是做出符合現實而非空想的國家利益的決定；不惜一切代價，借助一切外援或者不借助，搶救陷入困境的公民。巴倫支海事件說明普京沒有能力完成這兩項任務。也有人對普京表現出知過即改的魄力（古辛斯基事件）寄於期望。

潛艇事件給俄國社會敲起了警鐘。海軍因為缺乏經費，雖說有著先進的武器，但是卻無訓練的機會。《莫斯科晚報》的記者米海伊洛夫說，他兩年前曾去參觀過保密海軍基地北海市，親眼見到超現代化的軍艦，但是「許多艦艇成年累月地停在岸邊，很少有出海的機會，因為沒有燃料。水兵只能在陸地上學習掌握作戰技術。」多年來經濟滑坡，軍費壓縮，造成俄國軍隊的困境。彼得大帝號巡洋艦上的青年水兵瓦諾欣答記者問時說，他沒有參加演習。但是他認為北方艦隊司令部應當檢查自己的責任。像庫爾斯克號這樣世上無雙的軍艦怎麼會出這樣的事故。《獨立報》評論員認為這一事件是對國家和海軍威信的一個打擊。俄國的深水潛水夫計畫1996年就中斷了，設備賣給了私人。救生船也被私

人搞到英國去賺錢了。以致於世界最大的潛水艦隊沒有相應的救生系統和設備。軍費開支得不到保證產生的惡果。他提出撤換海軍司令和參謀長不是辦法。他們都是潛艇專家，有著二十五年指揮潛艇艦隊的經驗。問題在於增加軍費才行。另外一位評論員認為庫爾斯克號的悲劇說明軍工改革考慮不周。軍轉民、軍工企業私有化、科研私有化，都是不對的。前總理斯傑帕森說「不能讓軍隊餓肚子，總統和政府應採取堅決措施」。他反對利用潛艇事故撈政治資本。國會聯邦院（上議院）副議長基列耶夫號召國民團結起來，不要搞政治投機。

俄國老百姓並不因為出了事故而否定一切。許多人認為庫爾斯克號潛艇上的官兵都是英雄。他們為了保護核反應爐不外泄放射性物質，首先關上了核反應爐，即自己斷了電斷了生路。瓦諾欣說，他不認為這是可恥的事。他仍然為自己的艦隊感到自豪。不僅他父親曾在北方艦隊服務過；他自己現在北方艦隊，希望他的兒子將來也在北方艦隊服務。

俄國各黨派和政界人士紛紛發表看法。右派力量聯盟領導成員、杜馬副議長聶姆佐夫指責普京沒有中斷休假前去主持救人工作，要求懲辦責任人員。蘋果黨副主席伊萬年科要求議會國家杜馬組織專門委員會調查事故，調查搶救船員的情況。按分鐘查，以便對官方人員所作的全部決定進行評價。事故已經影響政府正常工作，因此必須向社會提供公正、誠實的答案，免得有人認為「軍方為了維護自己的名譽而掩蓋其無能」。他說：「問題不在於總統人在何處，在於他為救人做了什麼。」右派力量聯盟議員尤申科夫任杜馬安全委員會副主席。他對莫斯科回聲電台說：「我們應當從這個悲劇中汲取政治教訓。教訓在於必須建立公民對軍隊的監督，過渡到職業軍隊。應由議會監督軍隊。這次要懲

處軍方高級領導人，因為他們沒有盡力救官兵。」日林諾夫斯基說應當把海軍司令和軍方高級領導送上軍事法庭。他還說要消滅第五縱隊，都是美國中央情報局幹的壞事。久加諾夫在記者招待會上說，這次事故是十年來進行破壞性改革的後果。國防部長現在說沒錢維持軍隊。現在大家要團結在「愛國主義力量周圍」。這位先生忘記蘇共執政期間發生過二十多次潛艇事故，眼下還留有四條核潛艇在海底。

據22日發表的俄國社會輿論調查研究所進行的民意調查顯示，12.6％的人支持普京的作為；20.2％的人傾向於支持；25.6％的人傾向不支持；22.6％的人不支持；19％的人不回答；27.8％的人認為普京辦錯事了。41.1％的人認為拒絕西方是為了不讓北約瞭解軍事機密；48.2％的人不同意領導人拒絕西方的援救；34.9％的人認為海軍司令應當負責；20％的人要求增加軍費。

庫爾斯克號潛艇遇難，給俄國社會猛擊一掌，使廣大民眾更明白只有建立一個開放的、言論自由的、民主化的社會才能做到人的價值高於一切、人權高於一切。俄國社會堅決對復舊，任何舊東西都會立刻被公眾發現的。公眾勇於發表不同觀點，勇於批評總統和軍方，同時又對軍隊處境表示關切。今後估計俄國政府會從事件中汲取教訓，重審政策，重整紀律，增加軍費開支，以保大國威望和地位。目前公眾仍處於情緒激動階段，只有在查清原因之後，痛定思痛，當會做出理智的結論。

Headline 40 國際文傳社：獨立最可貴

2000/09/03

　　戈巴契夫創導的蘇聯社會改革，提出公開性和新思維，給了前蘇聯大眾媒體一個新機會。前蘇聯對新聞特別是通訊社實行絕對控制。官辦的「塔斯社」和由社會團體出面民辦的「新聞社」分享新聞通訊權利。塔斯社創辦於1925年，隸屬蘇聯政府，提供官方的新聞文本，在冷戰期間立下了汗馬功勞。當年一部電視連續劇《塔斯社授權聲明》，正體現了它的威嚴，曾經使世人不寒而慄。新聞社創辦於1961年，正順應解凍之時，因而享有一定尺度的自由。又因為它的主要對象是國外讀者，它發的稿自然要適應外國讀者的口味。新聞社當年聘有五十多個國家的專家協助編輯外文文稿，出版與美國《讀者文摘》爭奪讀者的多文種《旅伴》雜誌。1980年代後期，新聞社發表了許多促進社會改革的文稿和圖書，出版了像意識形態改造急先鋒《莫斯科新聞》週刊這樣的書刊，曾是一代知識分子的心聲。但是，蘇聯式的新聞學和意識形態原則，仍然萬變不離其宗。隨著改革的深化與擴大，公眾要求獨立、公正、客觀報導社會生活，引起一批新聞工作者的反響。

首先在前蘇聯國家廣播委員會對外廣播部的同仁中發酵。1987年開始醞釀獨立報導新聞的想法。那時獨立報導國內外新聞的刊物，如《星火》雜誌和《莫斯科新聞》（均為週刊），向處於資訊一律的國內公眾提供嶄新的視角，促使對外廣播部的一些新聞工作者產生闖一闖的念頭。對外廣播部的人員曾是俄國新聞界擁有更多機會接觸國外資訊和觀點的精英，採訪來的消息往往不同於官方文本，但是沒有發表的機會。大家還記得當年就是這個部的播音員利用廣播的機會發表反對蘇軍侵入阿富汗的觀點。另外，對外部的任務是向國外聽眾提供消息。為了適應國外聽眾的口味，文風比較活潑，觀點比較靈活。在該部工作的記者米哈伊爾・科米薩爾是駐克里姆林宮的記者，同戈巴契夫改革運動的思想家、前蘇共政治局委員亞歷山大・雅科夫列夫和戈氏的得力助手、政治局委員、外長謝瓦爾德納澤十分接近，主動提出願意多報導這些自由派人士的觀點，向外國人介紹改革的進程。前後花了兩年時間，才瓜熟蒂落。

一個偶然的事件引出國際文傳社（Interfax）名稱的產生。當時一位印度駐蘇大使館的外交官對科米薩爾說，很喜歡對外廣播的新內容，但是來不及收聽，建議他提供書面廣播文稿。往往三個小時的談話只用一句話就能表達。就是在這樣的環境下出現了獨立提供新聞的想法。起先設想動用五十名專用信使將文稿送到駐莫斯科的外國使團和外國公司。但是蘇聯式的繁冗程式和高昂的花費令他望而卻步。他偶爾在《科學與生活》雜誌上看到一篇有關傳真機的文章，很有啟發，於是著手打聽什麼地方可以找到圖文傳真機。恰巧他朋友開的私人公司有兩台，於是他拿回家一台進行試驗，效果不錯，1989年兩人決定創辦自己的新聞通訊機構。從國外採購了一百台傳真機，出租給使用者，每天收租金一

美元；月收資訊費十七美元。十名工作人員，三十平米的房間，幾台電腦，幾部傳真機，蘇聯國土上第一家私營通訊社就是這樣起家的。

由於觀點自主，得到社會歡迎，同時自然對官方形成威脅。蘇共莫斯科市委負責官員責問他們為什麼不註冊就營業就發送新聞？要求他們去國家新聞出版委員會註冊。他們知道，肯定通不過。科米薩爾玩了一個花招。他問：打電話要註冊嗎？我們是用電話線傳送文稿的。打電話是不用註冊的。

如何同國家通訊社進行競爭，並不難做到。科米薩爾舉過一個例子作比較。塔斯社報導說，蘇共總書記同美國國務卿進行了會談。國務卿介紹了美國對在東歐部署導彈的人所共知的立場。蘇共總書記再次確認了蘇方的堅決立場。讀者被弄得糊裡糊塗。國際文傳社的報導說：戈巴契夫會見了舒爾茨國務卿。舒爾茨確認美國要在德國與捷克交界處部署二十八枚潘興式導彈。戈巴契夫聲明不接受這樣的立場，作為答覆，蘇聯將在捷克和波蘭部署自己的導彈。對比之下，國際文傳社的文本略勝一籌。

蘇共中央的左派如里加喬夫和克留奇科夫（克格勃主席）並沒有放過國際文傳社。1990年年中開始對他們進行了九次檢查，並把他們趕出了廣播大樓。當時擔任蘇聯科技與工業聯合會主席的沃爾斯基（曾任蘇共中央工業部長，現任俄工商聯主席和中俄21世紀友好發展協會俄方主席）和俄羅斯聯邦共和國最高蘇維埃主席的葉利欽表示支援國際文傳社並提供了政治上的保護和辦公室。各國通訊社也對他們表示支持，立即報導他們被趕出廣播大樓的消息。

蘇聯開放言論以後，西方通訊社加強對蘇聯的報導。國際文傳社除了同本國通訊社進行競爭以外，還要同西方通訊社一比高

下。在這方面，國際文傳社的總經理科米薩爾認為該社有獨到之處。例如同路透社的俄文部相比，國際文傳社在人數、對國情的瞭解、本地人際關係、資訊來源等方面占優勢，至少在俄國和前蘇聯境內各國可同路透社、CNN、BBC在同等條件下競爭。

國際文傳社信奉一系列的職業原則。政治獨立和財政獨立是該社的基石。財政方面，該社是一家新聞從業人員的同仁通訊社，股東由同仁組成。經費靠自己收入解決。至今已有多家大亨表示願意收購，都被他們拒絕。他們向大亨們解釋，搞通訊社賺不了大錢，大亨們會失望的。政治方面，他們堅持不同任何人結幫，又同任何人都在一起。在報導衝突時，盡量報導各方觀點。不出賣提供消息者，寧肯不報，也不能供出消息來源，保護提供人的安全。不報導個人隱私。不報導國家機密。不報導黑材料。這些在俄國十分罕見。

國際文傳社同一百多個國家的媒體、跨國公司、投資基金會、銀行、金融公司合作，有數千家訂戶。它占有俄國各大媒體提供的英文電訊量57％；占CNN引用的俄國媒體量46％（均占首位）。創辦人科米薩爾認為，短短十年中取得如此成就，主要原因是政治和財政獨立、獨家新聞、良好的人際關係。

目前國際文傳社已經發展成一個國際集團——國際文傳資訊服務集團（Interfax Information Services）。莫斯科有八家機構：國際文傳社、金融資訊社、石油資訊社、國際文傳交易（dealing）技術社、國際文傳經濟分析中心、公司和市場新聞社、莫斯科國際文傳社（市內新聞）、歐亞國際文傳社（獨聯體資訊）；在俄國和獨聯體有五家分社；在英國、德國、美國、中國（上海和香港）、匈牙利、波蘭、捷克設有子公司。Reuters、Bloomberg、Bridge、Dow Jones等新聞機構有關俄國、獨聯體國家和波羅地海

國家的消息，特別是政治、工商和金融消息，主要來自國際文傳社。

　　目前國際文傳社正在積極發展網際網路業務，同俄國的證券交易所合作，向財政部、中央銀行、各交易商提供有關證券、股票、指數、各大公司情況、新聞檔案等資訊；手提電話使用者可以得到該社提供的股票價格、交易指數、外匯行情；網上石油交易公司（今年可達二十億美元）；通訊社同商業公司合作擴大並加快交易。與此同時，科米薩爾表示，一旦政府當局向獨立媒體加壓，或企圖控制獨立媒體，他們將進行鬥爭並向世人解釋他們的立場。

2000/09/15

　　十年來俄國最大的國際書展於9月6至11日舉行，盛況空前，參觀人數超過四十萬。共有七十多個國家和兩千多家出版商和發行商參加。開幕式由副總理主持，許多政界要人以讀者身分參觀購書。每天有大量圖書愛好者排成長龍冒雨購票入場。場內人頭攢動。書架前參觀者久久不肯離去。五彩繽紛的展台，使老少讀者流連忘返。這裡既可以看到裝幀精美的俄國本年度剛剛問世的新版百科辭典和有史以來收辭最全的達二十五萬條的新俄文詳解辭典，也有花裡胡哨售價一塊美金的普及版言情小說和推理小說。既有多卷本的俄文版插圖本牛津百科辭典，也有薄薄的兒童小畫書。既有音響童話圖書，也有包含俄國大文豪陀思妥也夫斯基三十卷巨著和有關他的評論、回憶錄等資料在內的一張光碟版專集。有趣的是，俄國總統府特別展出總統向外國元首贈送的國禮書《世紀之交的莫斯科克里姆林宮》，價值一千八百美金，由一位漂亮的專職翻頁小姐克拉娃手戴白手套，翻給讀者欣賞，為書展助興。真可謂琳琅滿目，美不勝收。再次顯示出俄國是一個出版大國讀書大國。俄國出版商協會主席西什京說現在年出三萬

三千種書，印量達五億冊（全國人均三冊多）。

據正式發表的統計數字，俄國1999年一年發行量最大的是一家私營出版社DROFA，以出版教科書和兒童讀物為主，共發行四千零三十六萬五千冊；出版品種最多的是私營Ast Group，共出一千九百一十七種，發行近兩千萬冊。個別暢銷書作者一個人的總發行量已達一千八百萬冊。由於俄國圖書相對比較便宜，普及本的古典小說只需一塊美金，精裝本的名著不超過三塊美金，所以隨著俄國經濟的復甦，圖書需求量隨著上升。市場經濟決定俄國出版情況。前蘇聯也曾是一個圖書超級大國，但是，受了意識形態的束縛出書的片面性很強。許多20世紀的俄國名著、持不同政見作家的作品、流亡海外的白俄人士各類著作，都被列為禁書。八十年代末開禁初期，讀者的需求大大增加，首先是外國暢銷書破門洶湧而入，接著俄國國產暢銷書作者應運而生，中斷了幾十年的言情小說、偵探小說、奇幻小說Fantasy，粉墨登場，把嚴肅圖書擠到了後台。近幾年來大為改觀，一些賺了錢的出版社為了改善形象提高品位，賠本出版學術名著。如以出版名著和高品位圖書為主的瓦格柳斯出版社，就大花本錢出了一部《道德經》。八開本，每頁配有黑白照片，中俄文對照，中文專請書法家用小楷寫出，只印四千冊，已成珍品。這家出版社的名牌《我的20世紀》（專收名人回憶錄，從赫魯雪夫、卡岡諾維奇到色彈碧姬芭鐸）、《當代俄國小說》、《詩人散文集》和《筆記叢書》，上架即被搶購一空。

七十多個參加國中，亞洲地區參加者寥寥無幾。中國大陸租了四個展台，組成聯展。掛的牌子是中國出版協會；展出的品種從《歷代陶瓷欣賞》到《陽痿按摩圖解》都有。但是並沒有代表中國圖書出版的實力，至少莫斯科沒有像上海或者深圳那樣規模

的書城。這些從展台上看不出來。莫斯科的數萬中國商人，包括所謂的華人頭面人物，沒有一個去參觀。北韓多年沒有參加，這次露了面。日本由駐俄大使館文化中心出面設了一個展台。越南則每年參加，儘管讀者或參觀者不多，但受到越南移民的歡迎。像香港、台灣、大馬這樣有出版實力的地區，未見人影。實在令人扼腕。俄國人，特別是學術界，對東方文化一向相當喜愛和重視。聖彼得堡東方學出版社展出了像《抱樸子》、《孟子》、《悟真篇》、《聊齋志異》、《京本通俗小說》的俄文版本。在俄國瞭解香港的文化的人真可說是鳳毛麟角。成龍自然是家喻戶曉。遺憾的是像金大俠這樣當代中國文化不可缺少的組成部分，沒有俄文版本。看來香港文化機關有必要檢討，如何向世界推出香港文化成就的任務。台灣倒是資助俄國學者寫了一部《台灣電影史》，很受歡迎。

莫斯科書展期間舉行了大量專題研討會。《聯邦政府支持書籍出版業的規劃》、《明年哪些書會成為暢銷書》、《俄國鄉村圖書館採編問題》（索羅斯基金會開放社會規劃）、《推理小說是防止殘酷行為的手段》、《俄國圖書市場上的盜版情況》、《本國和國際版權法的使用實踐》、《美國圖書貿易：市場競爭條件下優化圖書貿易的經濟和組織形式問題》、《20世紀俄國兒童書籍的插圖》，總之，洋洋大觀。從中可以窺見市場經濟已經鋪滿俄國圖市場。

此次書展上另一引人注目的活動是安排作者同讀者見面和簽名售書活動。俄國老中青三代著名作者都參加了。俄國劃時代的電影《雁南飛》的編劇、八十八歲高齡的劇作家羅卓夫，當代著名破案小說女作者、退役中校員警瑪麗寧娜，獨立電視台每週諷刺節目《玩偶》的作者申德羅維奇，都坐在小桌前為長龍簽名。

曾經轟動六、七十年代的前蘇聯持不同政見的歷史學家羅伊‧梅德維傑夫這次簽名售書的名稱是《普京之謎》。薄薄的九十六頁，卻論述了普京成功之路。他在書中寫道：「1999年8月、9月，仍至10月，普京在北高加索地區的果斷、堅決、有效決定和行動，吸引了共同注意，確保了俄國大量居民的支持。」他向記者敘述了同普京交往的故事。梅氏曾任戈巴契夫領導的最後一屆蘇共中央委員。他寫過一本《無人瞭解的安德羅波夫》。1999年6月15日，時任聯邦安全局局長的普京舉行紀念安德羅波夫（克格勃主席到總書記）活動。專車把梅氏接進克格勃大樓。普京向安全局的高級將軍介紹梅氏，梅氏覺得十分有趣。因為這些將軍們正是當年監督他一舉一動的人。普京請他做了半小時有關安德羅波夫事蹟的報告，會後又同他單獨交談十五分鐘。此後梅氏開始注意普京宦海生涯。他對普京成功秘訣的說法是「人民的支援和歷史的邏輯導致普京2000年3月26日大選勝利的主要力量」。讀過此書可以得出的結論是普京心中的英雄不是葉利欽，而是克格勃出身的改革家安德羅波夫。如從這個推論出發，那麼普京的路線就可迎刃而解了。

自從葉利欽掌權以後，俄國政府開放言論解除出版管制，完全按照憲法行事，保證人民享有出版自由。俄國湧現出大量私營報刊和私營出版社、圖書發行公司，已經成了這一行業的主流。同時放開外國書刊免稅入境，讀者可以有選擇權。1996年開始實行《國家對俄羅斯聯邦大眾媒體和圖書出版事業的支援法》，規定免除出版和印刷業的營業稅、增值稅、書籍進出口關稅和部分利潤稅。但是俄國圖書出版發行也存在難題。紙張價格上漲、印刷設備陳舊、全國性發行網消失、競爭加劇，這些問題都困擾著俄國出版界。

42 重建大教堂懺悔
革命

　　莫斯科最大的東正教主教堂——救世主耶穌大教堂，沐浴著
似火的驕陽，金光燦爛。邊上的莫斯科河，更為它增添美麗和聖
潔。月前，教堂內近千名高級僧侶和俄國總理、莫斯科市長等世
俗客人，以及露天站立的一萬六千名虔誠信徒一道，傾聽東正教
大牧首（教宗）阿列克西二世為大教堂開光發表的祈禱詞，「開
光儀式定在東正教的基督易容節，不是偶然的。隨著精神基礎的
回歸，我們祖國的生活必將復興」。祈禱文中還專門提到當時庫
爾斯克號核潛艇生死未明的官兵，「為身處水下的人們和他們
的親人祈禱平安」。伴隨著教堂演奏的聖樂，僧侶和信徒或劃十
字，或跪在地上，對救世主表示感謝。

　　參加開光典禮的除俄羅斯東正教全體一百四十七名高級主教
外，還有應邀前來參加盛典的十四個外國東正教代表團，包括亞
洲地區的東京東正教大主教。與這次盛大活動同時，慶祝俄羅斯
東正教最高會議圓滿結束和冊封一千多名新聖徒，其中包括被革
命政府處決的俄國末代沙皇尼古拉二世全家。這次開光典禮也顯
示俄羅斯民族懺悔革命和對復興民族精神的呼喚。政府派出三軍

儀仗隊和軍樂隊、警衛隊一千多人，還安排了民間糾察隊協助保安。

莫斯科救世主大教堂原先由沙皇亞歷山大一世於1812年倡議而建造，為紀念忠於祖國和信仰的官兵和民眾，也為感謝救世主耶穌保佑俄國在第一次衛國戰爭中打敗拿破崙。大教堂始建於1839年，歷時四十四年，於1883年年5月26日建成開光，成為俄國東正教的主教堂。十月革命後，東正教領袖被關進監獄，信徒被當局視為「有問題的人」。1931年，以史達林為首的聯共政治局決定將主教堂炸毀，以徹底擺脫「宗教對人民的愚弄」，同時決定在舊址修建世界上最高的、最大的建築物——蘇維埃宮。當年的12月5日夜間，俄國這一建築精品、民族文化遺產，頃刻間在一聲巨響中化為廢墟。

可是，蘇維埃宮並未建成，只挖了一個大地槽。因為當時歐洲已處於山雨欲來風滿樓，戰爭的氣息已經在歐洲上空飄蕩。蘇聯的財力須用於備戰。史達林更忙於打擊異己，大搞清洗，全國人心惶惶。不久，第二次世界大戰爆發，修建蘇維埃宮的計畫也成了泡影。

1960年，蘇聯當局把蘇維埃宮的大地槽改建成大型露天游泳池。八十年代後期，蘇聯興起戈巴契夫宣導的改革，引起公眾對大教堂命運的反思。民間人權意識發酵，要求蘇共承擔壓制宗教和毀壞各地教堂的責任。1990年，東正教大牧首阿列克西二世曾同莫斯科市長盧日科夫，召集公眾代表商討重建救世主大教堂。這項動議在全國引起熱烈響應。社會各界紛紛表示願意集資重建，作為民族集體自懺的表示。

俄國公眾認為，全社會都有義務協助重建大教堂，因為百姓曾接受炸毀大教堂，也承受民族精神文化受重創的事實。1995年

1月7日東正教耶誕節，大牧首舉行奠基儀式，五年間重新建起宏偉的大教堂，沒有花費國庫一文預算。新建成的救世主耶穌大教堂高一百零三米，主圓頂直徑近三十米，大銅鐘重二十七噸，牆厚三米多，室內壁畫兩萬兩千多平米，可容納一萬人。東正教是基督教1054年分裂為東西兩派時形成的，自稱信奉正統的基督教義和聖經，以拜占庭帝國為基地。目前世界上共有十五個獨立自主的東正教教會。

　　古俄羅斯於十世紀末受洗，成為東正教國家。俄國歷史上曾發生過教會同沙皇爭權的鬥爭。十月革命後，一部分俄國東正教官員和以貴族、軍官為主的信徒亡命國外，成立了國外東正教教會。留在國內的神職人員繼續從事傳教活動。俄羅斯大牧首由留在國內的主教會議選出。當時，很多神職人員遭政府清洗，許多教堂、修道院和土地被沒收。教會文物被收歸國有，或放進博物館，或散失。儘管教徒受到政治歧視，但許多老百姓繼續信教，特別是上了年紀的人，仍然私下要求地下神職人員給下一代施行洗禮。二戰期間，苦難強化了東正教在民間的影響。九十年代，俄國民主化進程加快，社會生活也呈現多元化。國家和政府領導人表示尊重信仰自由，支援教會復興和慈善工作。葉利欽發佈命令歸還充公的教會不動產。俄國東正教會領導人也在國內外政治生活中積極發揮作用，在國家和民族的困難時刻表現出同全民族同舟共濟的立場。當民眾失去政治信心和出現信仰危機時刻，在政治家爭論不休之際，教會出面宣揚和平與寬容，得到全社會的好評。俄國的軍隊、員警、醫院、學校、勞改營和監獄紛紛設立禮拜堂。

　　普京就任總統後，以個人名義前往大牧首處接受祝福並表示要造福國民。俄國教會跟上社會改革的步伐，順從民眾對人權、

自由、多元化的需求，同時也提高了自己在民眾和社會中的地位。社會的政治改革和民主化，為宗教提供了自由活動的機會，得到民眾的認同。

東正教受難聖徒的名單中有二百二十二名中國人。他們是20世紀初義和團事件中被殺害的俄羅斯東正教華人信徒。東正教承認他們為信仰而死，並於1902年列入地方聖徒名單。俄國東正教於17世紀末傳入中國。1712年彼得大帝派東正教使團前來北京，受到康熙皇帝的接待，授予賞五品和七品頂戴。主教團長受賞白銀八百兩，日常費用六百兩。此外清庭還給東正教使團安排住房和年俸，待遇相當豐厚。哪料到沙皇日後會參加八國聯軍，對清庭後代竭盡欺侮之能事。八國聯軍入侵北京時，俄羅斯東正教使團曾躲進雍和宮避難。到1954年為止的二百五十年間，俄國東正教共派遣了二十屆使團常駐北京。使團人員中不少成了著名的漢學家，其中有三人還當上了俄羅斯科學院院士。

東正教使團成員把中華文化介紹到俄國，使得普希金、契訶夫這樣的文學大師都產生親自前往中國探索東方文化的衝動。最大的華俄辭典是由住在北京的東正教使團長英諾肯提乙主編，收進的漢字有一萬六千八百四十五個，相當於《康熙字典》，收辭條十五萬餘，由北館印字房於1909年刊行，兩巨冊，一千二百多面。20世紀四十年代，俄國東正教還在香港和澳門開設禮拜堂。

十月革命後，部分俄國皇族屍骨被運到北京，葬在安定門外的俄國公墓裡。現在俄國駐中國大使館所在地就是當年東正教使團所在的北館。1997年，東正教在俄國駐華大使館建立禮拜十字架，大牧首致電祝賀，並為中俄友好祈禱。

43 俄國諾貝爾文學獎得主的坎坷人生與歷史承認

2000/10/18

　　諾貝爾文學獎頒發的一百年中，文學大國俄國有幸榮獲五名。這五名是：1933年獲獎的伊萬・布寧、1958年獲獎的鮑利斯・帕斯捷爾納克、1965年獲獎的米海伊爾・肖洛霍夫、1970年獲獎的亞歷山大・索爾仁尼琴和1987年獲獎的約瑟夫・勃羅茨基。這五位世界文學巨匠，都有一部艱辛的血淚史。

　　布寧出身名門望族，但家道中落，全靠自學成才。他「魅惑於節律的幻想，獻身於追求的力量」，被大文豪高爾基譽為「當代第一詩人」。他寫詩，寫小說，寫散文，筆耕終生。十七歲即發表詩作。他的作品充滿浪漫情調，讀來令人心醉。布寧追求意象的創造，內涵的錘煉，情緒的昇華，都是為了理解這個大千世界。1920年，他不接受十月革命，流亡法國，但仍奮力寫作，發表大量詩歌和小說。1930年發表長篇小說《阿爾謝尼耶夫一生》，是一首貴族的輓歌。1933年諾貝爾委員會「由於其嚴謹的藝術才能使俄羅斯古典傳統在散文中得到繼承」授予他文學獎。晚年懷念故國情深而痛苦，曾受奉命勸說他回國的蘇聯明星暗示

切莫上當，1953年客死巴黎。

帕斯捷爾納克出身知識分子家庭，莫斯科大學哲學系畢業，詩人、小說家、翻譯家。他的詩歌充滿哲理，手法新穎，顯露出現代派的風格。與德國大詩人里爾克、俄國傑出女詩人茨維塔耶娃為友。十月革命後全家流亡國外，唯他力圖跟上革命步閥，留在國內服務，寫了不少歌頌新政權的詩和小說。但仍然經常受到批判，1933年至1943年，十年沉默，沒有發表作品。1948年開始創作長篇小說《日瓦戈醫生》，1956年寫就。他以自己一生的追求和心路為樣本，痛思一個知識分子從追求革命，到被迫攜帶妻小，從莫斯科逃亡到烏拉爾，又被紅軍綁架，輾轉流沛，最後孤身一人逃回莫斯科，因病倒斃街頭，只留下了他寫給情人的一些詩稿。當時的蘇聯出版機構指責他的小說「仇視社會主義」，拒絕發表。1957年在西方問世後，轟動文壇。蘇聯當局對他組織討伐。1958年10月23日，瑞典科學院宣佈將當年諾貝爾文學獎授予帕斯捷爾納克，以表彰他「在現代抒情詩和俄羅斯偉大敘事詩傳統方面所取得的巨大成果」。帕氏立即致電表示感激：「無比感激。激動。光榮。惶恐。羞愧。」世界各界人士不斷發來賀電，引起前蘇聯當權者極度憤怒。10月28日，蘇聯作家協會做出決議，開除他的會籍。決議給他加了許多帽子，還說「這實際上突出了反動派骯髒的政治遊戲」。政府威脅說要將他驅逐出境。在一片聲討中，帕斯捷爾納克被迫致電瑞典科學院表示自願拒絕領取諾貝爾獎。31日他寫信給蘇共中央和赫魯雪夫，信中說：「我生在祖國，活在祖國，工作在祖國。離開祖國對我來說就等於死亡，因此，我要求不要對我採取極端措施。捫心自問，我曾經為蘇聯文學做過一些事，我還可有益於蘇聯文學。」此後他很少寫作，最後一部詩集《待到天晴時》是他晚年心路的寫照，也是他

寄希望於明天的泣聲。1960年5月他溘然而逝。

在前蘇聯唯一順利領取諾貝爾文學獎的作家是肖洛霍夫。1965年他以「對頓河流域的史詩般描寫，以有力的藝術和真誠的創造性反映了俄羅斯人民的一個歷史階段」獲此殊榮。他出身於一個哥薩克家庭，少年時即參加革命活動，有著豐富的人生經歷。他的作品寫以剽悍著稱的哥薩克人生活為主。他的長篇巨著《靜靜的頓河》寫了十四年，塑造出一個有血有肉的哥薩克戈里高利的形象，革命與反動，愛情與戰鬥，交織在一起，最後以悲劇告終。他的《被開墾的處女地》、《一個人的遭遇》等名作都充滿悲劇氣氛。肖洛霍夫身為蘇共中央委員，得獎就沒有問題，儘管他的作品並不是寫光明的。俄國開禁之後，公佈了許多機密檔案，包括他寫給蘇共中央的信和秘密保存的日記，真實反映了他痛苦的雙重生活和心靈煎熬。

索爾仁尼琴坎坷一生，1945年因批評史達林被判八年徒刑。刑滿後流放中亞。1956年恢復名譽。1962年經赫魯雪夫批准，他的成名作《伊萬‧傑尼索維奇的一天》發表，開創蘇聯文學描寫大牆內生活的先河。1967年他要求「取消對文藝創作的一切公開的和秘密的檢查制度」。1970年「因他在追求俄羅斯文學不可缺少的傳統時所具有的道德力量」被授予諾貝爾文學獎。但未能出國領獎。1973年記述勞改營悲慘生活的《古拉格群島》在巴黎出版，蘇聯當局暴跳如雷，1974年2月12日以叛國罪逮捕他，13日宣佈剝奪國籍並押解出境。索爾仁尼琴輾轉到美國後仍有大批力作問世。1990年蘇聯政府宣佈恢復他的國籍。他於1994年回國定居。不久前普京總統登門拜訪索爾仁尼琴，共商國是。

勃羅茨基是本世紀俄國最後一名獲得諾貝爾文學獎的詩人。十五歲開始寫詩。當年他的朋友們描寫他的形象是「身穿燈心絨

長褲，手提裝滿詩稿的公事包，冬天不戴帽子，任由雪花落在頭上」的頹廢派詩人。1964年被捕，罪名是「社會寄生蟲」。現在公佈了當年法庭審訊記錄。

> 法官：勃羅茨基，你向法庭講明白，為什麼你在前後兩個
> 　　　單位工作的間隔期間為什麼不勞動？
> 勃：我幹工作的。我寫詩。
> 法官：這不妨礙你勞動啊。
> 勃：我勞動來著。我寫詩。

總之，寫詩，進行文藝創作不算工作。可謂欲加之罪何患無辭。結果被判五年勞改。1972年被驅逐出境。1977年入籍美國，任職大學教授。他把詩當作詩人同時代鬥爭的形式，詩人應當是勝利者。他在詩的內涵和格律方面都有創新。1987年因不斷革新詩歌表現手法被授予諾貝爾文學獎。1996年勃羅茨基逝世。

滄桑多變。五位俄國諾貝爾文學獎獲得者，不論是否都保留了俄國籍，最終都得到了俄國官方的承認，都把他們看成是俄國的光榮，是俄國在世界文化發展史上的特殊貢獻。1990年蘇聯政府恢復了索爾仁尼琴等作家的國籍。他們的作品都已經進入了俄國中學的教科書。有趣的是，俄國現任總統，克格勃出身的普京，親自登門拜訪，向愛國者索爾仁尼琴請教國策。

44 普京憑弔巴黎白俄公墓

2000/11/20

　　不久前普京總統訪法期間恰好碰上萬聖節。普京選擇這一天前往巴黎近郊憑弔著名的白俄公墓——聖熱涅夫德布阿公墓。1927年流亡巴黎的俄國貴族梅謝爾斯卡婭公爵夫人倡議購下一幢樓作為白俄的敬老院。大樓附近的公墓開始安葬被迫客死他鄉的白俄。這裡既安葬著俄國皇族和著名的貴族，也安葬著出自俄國名門的法國抵抗運動的俄裔英雄。俄國著名作家布寧、吉皮烏斯、特菲、梅列日科夫斯基在這裡安息。十月革命時期布爾什維克當政時期的議長斯維爾德洛夫的弟弟，大作家高爾基的義子——法國外國軍團的少將彼什科夫也葬在這裡。前蘇聯持不同政見的小說家涅克拉索夫、電影導演塔爾科夫斯基、詩人和劇作家加里奇、叛逃西方的芭蕾大師努里耶夫，都在這裡找到了永恆。

　　法國接待部門詢問普京想憑弔誰的墓時，他說布寧。他在參觀白俄公墓過程中特別向諾獎得主布寧和抵抗運動英雄奧波連斯卡婭敬獻了花圈，特別單獨向布寧敬獻了鮮花。這是唯一的一束鮮花。普京在哥薩克軍團和白俄軍官墓前逗留許久。這裡有十月革命的死敵志願軍總司令鄧尼金分子，有對抗布爾什維克政權的

俄國最高執政官高爾察克分子，有發動反紅色政權暴動的科爾尼洛夫分子。殺死俄國歷史上神秘人物拉斯普京（別列佐夫斯基有當代拉斯普京之稱）的兇手尤蘇波夫公爵吸引普京的注意，在他墓前沉思良久。努里耶夫和俄國著名的女芭蕾大師也是普京致敬的對象。他自己走到克格勃的敵人加里奇墓前。加里奇的墓碑上寫著「為追求真理而被流放」。離開公墓時，普京說我們應當向法國人深鞠一躬，他們向俄國僑民提供了避難所，現在又看護他們的遺骨。

這是布爾什維克革命之後，俄國國家首腦第一次憑弔白俄公墓。普京的這一行動，具有符號意義。一是歷史觀的非意識形態化。普京訪法期間在回答對蘇聯歷史時期的看法時說，十月革命是「在第一次世界大戰中失敗的國家的自然反應。面臨國內的向心力和試圖通過超級集中權力的途徑來重建國家管理。但是，這一嘗試不太有效，因為犯了忽視經濟法則、偏向軍事、壟斷意識形態和閉關自守。」二是以俄羅斯民族為重，號召俄國人民團結起來。他在憑弔白俄公墓時說：「俄國人必需團結在自己祖國的周圍。」「我們都要記住，我們是一個母親的兒女。她名字就是俄羅斯。」這裡要特別指出的是，普京推崇的布寧，在蘇聯時期是被定為反動文人的。他反對十月革命，寫過一部《天地不容的日子》，指責十月革命和列寧。普京超越意識形態，站在紅白兩派之上，體現出一種民族大度。聯想起他不久前拜訪另一名諾獎得主、激烈的反共人士索爾仁尼琴，會見被蘇聯政府流放國外的國際級雕塑家涅伊斯維斯內（現居美國）、持不同政見者猶太人夏蘭斯基（曾任以色列內閣部長），「克格勃軍官會見自己的囚犯」，都是具有符號意義。

訪法期間，普京說願意在自己辦公室裡掛三幅像：普希金、

彼得大帝和戴高樂。這裡既沒有列寧，也沒有葉利欽。這裡有改革，有強國主義。看來普京確實是一個強烈的民族主義者，以建立一個強大的俄國為己任。憑弔白俄公墓是普京向世人宣示個人主體思想、抱負，試圖擺脫克格勃軍官形象的行動。

Headline 45　新舊國歌與政治變調研究

2000/12/25

　　世人都感到奇怪，新俄稱國已經十年，卻無正式的國旗、國徽、國歌。目前使用白藍紅三色旗和雙頭鷹是沙皇俄國的國旗和國徽；代國歌《愛國曲》是俄國大作曲家格林卡的一首樂曲，而且作為國歌時有曲無詞。新俄臨時的國旗、國徽和國歌既沒有寫進憲法，也沒有得到全社會的一致認可。遊行時就可以看到，民主派舉的是三色旗，左派舉的是前蘇聯的錘子鐮刀國旗。

　　普京執政一年之際，突然將國旗、國徽和國歌問題提到日程上來，引起一陣風波。普京在向國家杜馬提出法案之前，特別召開擴大的國務會議，提請討論這項法案。事前已經有消息透露，普京的方案：國旗沿用三色旗；國徽沿用雙頭鷹；國歌則是樂曲沿用前蘇聯國歌，歌詞重寫。普京還附帶建議把紅旗作為俄軍的軍旗。前兩項沒有引起太大的爭議。僅有俄共提出，在反法西斯戰爭中，三色旗被俄奸弗拉索夫中將當作俄羅斯解放軍的軍旗。

　　引發巨大分歧的是國歌。12月4日，普京在白天的國務會議上和在晚間發表的特別電視講話中，向全國人民闡述，俄國歷史上有不少光輝篇章和英雄業績。當前國家的任務是促進全民團

結，不要因為國歌問題造成民族分裂。他稱，他是依照大多數民眾的要求做出這個決定的。普京呼籲持不同意見的人「不要激化事件，不要設立不可逾越的障礙，不要不留有餘地，不要再次分裂社會」。

反對或者支援使用蘇聯國歌的情況相當複雜。《消息報》發表的公眾資訊表明，有八成國民反對；但另一項民意調查卻顯示，支持者達四成九。國家杜馬中全力支援普京方案的有俄共、親政府的團結黨、祖國——全俄運動、信奉民族主義的日林諾夫斯基派、人民代表派、農民黨等，超過三百五十票，而總票數是四百五十票。這些政黨感到歡欣鼓舞，認為是政治上的重大勝利。俄共主席久加諾夫說，前蘇聯國樂曲是「勝利者和創業者的樂曲」。俄國相當一部分當權派和懷舊人員，特別是十年改革中生活每況愈下的人，也懷念舊國歌的樂曲。

但社會上也有相當多的人認為，普京和國家杜馬的決議是「復辟」。反對派中年輕人居多。在普京提交法案前夕，一大批知識界精英和各大文學刊物的主編發表致普京的公開信，表示反對使用蘇聯國歌的樂曲，勸說普京放棄自己的方案。他們特別指出，蘇聯國歌也是蘇共黨歌，「國家首腦應清楚意識到，千百萬同胞（包括投票擁護普京的人）永遠不會尊重踐踏他們信仰的國歌」。

一些知名人士說，蘇聯國歌讓人聯想到「史達林培育我們」和「黨領導我們從勝利走向勝利」等歌詞。右派聯盟和蘋果黨認為俄共在反攻倒算。葉利欽也表示「堅決反對啟用蘇聯國歌。它只會使我回想起批准和加強特權的黨代會」，並認為「總統不應當盲目追隨人們的情緒，而應當去積極影響他們」。諾貝爾獎金得主索爾仁尼琴也多次表達反對立場。

俄國輿論普遍認為，普京為了鞏固權力，用蘇聯國歌的樂曲來換取左派對三色國旗和雙頭鷹國徽的支持，以爭取大多數。也有人認為，普京此舉表明同葉利欽時代徹底決裂。《總結》週刊的文章說：「葉利欽在位十三年，戰鬥的主要成果就是防止共產黨復仇，卻被普京一筆勾銷。」；普京在「激烈改變（葉利欽）路線」。

　　人們想起葉利欽在移交總統職位時曾對普京說「要保護好俄羅斯」；普京卻以繼承前蘇聯國歌作為回答。激進派認為普京要繼承的是「俄羅斯帝國和蘇聯帝國的傳統」。更有人認為，普京這次採取的路線不過表明他只是一個實用主義者。再過幾天克里姆林宮的鐘聲敲響新千年後，立刻會奏國歌。國歌是新是舊？屆時必將引起幾家歡樂幾家愁。

Headline 46 王家衛震撼俄國影壇

2001/03/01

　　「王家衛前來震動俄國！」，「對美食家的熱烈誘惑」，「重新獲得的時代」，「家衛的尺度」，「愛情麵條」──王家衛就是在俄國大眾媒體的這些標題下出現在莫斯科的。各大報紙、各電視台、各廣播電台，在長達一個多月的時間裡，不斷報導王家衛的生平、創作道路、藝術特色，《另類電影》出版了評介王家衛的專刊，王家衛被俄國電影評論界稱作堪與安東尼奧尼、塔拉京諾、拉斯・馮・特里耶爾、戈達爾、伯格曼齊名的當代偉大導演。此間的權威報紙《生意人日報》刊登俄國著名影評家普拉霍夫的文章，稱王家衛是「從我們身邊飛馳而過的火車，而且不是從我們期待的方向過來，現在我們不得不匆匆趕上去」。

　　俄國觀眾這次有賴於莫斯科元月份舉辦的「愛情容貌」影展，不僅一睹《花樣年華》，而且可以親睹王家衛的丰采。在影展期間，王家衛影片受到俄國觀眾歡迎的程度，空前絕後。1月13日開始的兩周影展已經滿足不了觀眾的要求，發行商接著舉行王家衛電影回顧展，公映四部他的片子：《花樣年華》、《重慶

森林》、《墮落天使》和《春光乍洩》。仍然滿足不了要求，不得不在2月底再次重複這次回顧展。一位外國導演的影片，更不用說中文影片，一個多月內重複舉辦回顧展，場場客滿，能得此殊榮，除非藝術超人，是無法想像的。

俄國人說，王家衛的作品是西方人拍不出來的電影。俄國一年一度舉行的《愛情容貌》影展，主題是「男女之間的愛情」。這類影片都有情愛，少不了床戲。單是一些片名就令人看到西方的尺度：《母狗情》（墨西哥）、《愛情，金錢，愛情》（德國）、《色情片》（斯洛文尼亞）。這裡《花樣年華》卻脫穎而出。俄國評論界對這部充滿情愛但又無情愛場面的影片，大為讚歎，說是美國人也好，歐洲人也好，拍不出這樣激情澎湃卻無動作的戲。一位作者說，主人公們相愛如此深，「總該有所行動呵，可就是不採取行動」。令俄國人大惑不解的是一對男女如此相愛，卻沒有接過一次吻。正是這種含蓄，這種情緒，這種深沉，這種靜美，使俄國觀眾拜倒在王家衛電影藝術的腳下。對於王家衛的藝術手法，更是讚不絕口。他用大量不起眼但對戀人卻非常動心的細節，加上東方式的靜態心理，精緻的美工設計，織成一曲情歌，正像一位俄國評論家說的，一杯香醇的美酒。王家衛手中的色彩和音樂，俄國電影界歎為觀止。《專家》週刊的評論說，這是近年來最佳的愛情片。劇情表現出來的情緒，是許多人都體現過。這是一種不可言傳只可會意的情緒。主人公沒有互相訴說愛情。只有煙雲、雨中搖曳的路燈、旗袍上變換的花朵、飄揚的紅色窗簾，傳達出他們的心境。

王家衛的影片在俄國公演以後，引起人們意想不到的共鳴。他影片中六十年代那種幾家人共住一套公寓的大雜院生活方式，使俄國觀眾聯想起自己當年曾經過著同樣的生活。共用一間廚

房，共用一間衛生間，鄰居相互關照，問寒問暖，成了一種生活方式。現在各家獨住一套公寓，老死不相往來。如今俄國觀眾從王家衛的影片中再感受當年大家庭式的溫馨，把香港普通居民的生活拉近了俄國老百姓身邊，難怪場場爆滿。

王家衛一共在莫斯科逗留了兩天，差一點被帶進警察局。1月31日暢遊莫斯科時，王家衛先到莫斯科著名的文化老街阿爾巴特逛古玩店。他在各家古玩鋪裡仔細觀察許多小玩意兒（說不定也許會出現在他未來的影片裡呢），特別是煙灰缸和煙盒。一個有百年歷史的銀煙盒使王家衛愛不釋手，但是價格昂貴，迫使他割愛。他沒有像常人那樣，買一些俄國特產木製套娃娃馬特廖什卡，只是採購了一大包紅魚籽醬和伏特加酒送給親朋好友。接著他轉到莫斯科主要商業街之一的新阿爾巴特大街，在專營音像製品的旋律商店渡過了一個小時，選購了不少音樂光碟：俄國民歌、紅軍歌舞團的部隊歌曲、國際著名歌唱家赫沃羅斯托夫斯基演唱的浪漫曲、俄國樂手演奏的爵士樂。在普希金餐廳用過午飯以後，王家衛漫遊紅場。就在紅場上王家衛被員警攔住檢查證件。這對他來說也是一次新體驗。員警因他未帶護照而不放他，一定要查明身分才行（莫斯科的員警對中國人特別「關照」）。經與俄方發行商聯絡，「驗明正身」，才祝他遊玩快樂。晚間，他在羅蘭影院和電影中心分別會見觀眾，受到熱烈歡迎。最後在奧勃洛莫夫餐廳吃俄國大菜。用餐時，王家衛特別表示對俄國大導演尼基塔・米哈爾科夫根據岡察羅夫古典名著改編的影片《奧勃洛莫夫》十分讚賞。王家衛次日在大劇院觀看了普羅科菲耶夫的現代派歌劇《對三個柳丁之愛》。

王家衛訪俄期間向俄國記者暢談《花樣年華》和電影藝術。1月30日，莫斯科《論據與事實》週刊新聞俱樂部特為王家衛訪

俄舉行新聞發佈會。會上有記者問，他是不是拍了一部愛情巨片？他說，不單單是寫男女之情，而且表達了他對香港的戀情，對自己往日生活的戀情。至於他為什麼選擇六十年代作素材？他說，那個時代最適合表現他想表達的情感。現在人們的生活不同了。現代人沒有可以分享甘苦的鄰居。影片人物的生活單調無味，只有愛情能使他們衝出平庸。有人問他，能不能拍一部不帶畫外音、不帶煙雲、不帶大鐘的片子？王家衛說，他拍不出來。俄國影評界認為這正是他的藝術特徵，即製造一種情緒和特殊的視覺系列。在會見記者時，有人問他屬於亞洲文化還是歐洲文化？他回答說：「亞洲人也好，歐洲人也好，對我來說不重要，對我的工作沒有影響。各國的電影總是不同的，但工作本身沒有任何區別。」對電影藝術，他說：「我們在電影裡可以叫時間服從我們。正是這種可以遊戲時間的機會，才使許多人想做導演。我也不例外。控制時間是令人驚歎的感覺。你可以把一秒鐘拖長成十五分鐘，可以裝進去五年的歷史。同時也可以使瞬間重複回來。我在自己的影片裡就常常這樣做。」

　　王家衛給俄國觀眾帶來了張曼玉、梁朝偉、張國榮。王家衛影片回顧展，給了俄國觀眾一睹香港電影巨星的機會。張曼玉被俄國影評界稱作二十年來香港電影第一夫人，說她具備天生麗質，秀美，流波似的情緒，充滿內在力，說她的表演誠摯而動人。梁朝偉被稱作東方式的硬漢子，說他的表演爐火純青，堪稱世界級表演大師。張國榮是俄國觀眾熟悉的香港明星，他主演的《霸王別姬》、《蝴蝶夫人》曾在俄國公演和發行錄影帶。俄國影評人稱他是香港最有才華的演員之一，說他的貴族式美賦予他一種頹廢色彩。這次王家衛電影藝術震撼莫斯科，連帶把香港的電影文化在俄國觀眾的心目中大大提高了一步。

莫斯科觀眾從王家衛的影片裡認知香港，稱他是香港這個大都會的詩人，說他把握著香港的節奏、都會的景色、香港的人文精神。這次王家衛成了名符其實的香港文化大使。香港電影在俄國觀眾頭腦裡總是與功夫片聯在一起的。電視頻道播放的，錄影帶商店裡出售的，電影院裡上演的，無不是香港功夫片，造成香港電影缺乏內涵的印象。王家衛的「另類電影」，被這裡稱作「香港的異常現象」，使俄國觀眾大開眼界，打破了香港在俄國人眼裡是一個黑社會大怪物的成見。俄國觀眾目瞪口呆，原來香港還有這樣的人生，這樣的藝術。同時，此地評論界還特別指出《幸福在一起》裡人物用三種方言對話的象徵意義，指出王家衛的文化背景，稱他體現了兩岸三地中國文化的統一。這次王家衛是由俄國一家影視公司請來的。但願香港藝術發展局能為在俄國推廣香港電影藝術也做出自己的貢獻，使俄國人認知香港的文化，顯示香港成為國際大都會的潛力。

2001/03/06

自從小布希上台以來，俄美關係一直動盪不定。布希班子咄咄逼人的對俄政策，頗使俄國朝野不安。凡是美俄之間任何不愉快的事，都在俄國引起迅速反應。最近一個時期的間諜戰就是一個明證。美國逮捕蘇聯—俄國間諜漢森與俄國逮捕美國間諜鮑普只是其中一個插曲。《紐約時報》透露美國聯邦調查局在俄國大使館挖地道一事，俄國媒體，從報刊到電視和廣播，立即報導。電視和廣播全天多次播送。俄國外交部和對外情報局（相當於美國的中央情報局）也在當天做出反應。權威的《消息報》發自美國的專題消息用的標題是《我們在下面全聽得到》。記者詳細報導了美方透露的挖地道情況，並說俄美在八十年代雙方各自建設使館新館舍時，都曾在對方使館大樓裡安裝竊聽器。美國還略勝一籌，史無前例地花了數億美元挖了一個秘密地道用來截聽俄國使館的通話。俄國克格勃主席巴加金在九十年代初，為了表示對美國友好，將安裝在美國駐莫斯科大使館新樓裡的竊聽設備線路圖全部交給美方。美國並不領情，仍然繼續竊聽。這次地道曝光後，《消息報》記者找聯邦調查局證實，該局拒絕發表評論。俄

國駐美使館也以休息日為名，不置可否。據他說，俄國大使館經常舉行大型公開活動。最近一次是上周舉行的謝肉節，入場券五十美元，客人觀看演出後還品嚐了俄國煎餅加魚籽醬和醃鯡魚。《消息報》記者認為目前俄國大捉特務，是對漢森事件的反應。

《聯邦調查局深挖漢森》是莫斯科私營《生意人日報》用的標題。該報從俄美間諜戰的角度分析地道醜聞，認為美方現在處境非常尷尬：要證明漢森的罪行，必需承認挖了地道和公開破案情報來源，因為他的重要罪行之一就是向俄方提供了「價值重要、耗費巨大的技術設施項目」。這裡指的就是地道。另外，漢森最後一次送的情報放到秘密地點以後，俄方接頭人沒有來取，說明已經有人通知俄方了。因此，美方認為聯邦調查局內還有俄國鼴鼠。

俄方是否早已掌握美國深挖地道的事？俄方沒有正面回答。國家杜馬副主席、當時恰任駐美大使的盧金，在3月5日晚回答獨立電視台記者問時說，「當時我們六方面都受到監聽，我指的是前後左右上下。」這句話可以認為從側面承認當時已經掌握。他還透露俄方曾反過來利用美方竊聽設備發佈反消息，假情報。在問到他目前對間諜戰的看法時，他說，「我們就是掌握了，能說我們取勝了？是愚蠢取勝了。因為雙方都花了很多錢。結果什麼問題都沒有解決。有地道必有鼴鼠。不如用這些錢來解決迫切的國際問題。」盧金同一天在回答《莫斯科回聲電台》記者問時，講了他任駐美大使期間同美國國務卿拉里‧伊格別格爾一次關於間諜戰的談話。他同伊氏是好朋友。有一次伊氏代表美國政府把盧金召去發表抗議書。伊氏說，俄國已經成了民主國家，為什麼還要在美國搞間諜活動？盧金說，你的意思是你建議我們停止在

你們國家的這種活動，你們停止在我們國家的這種活動？伊氏笑了。當時美國增加中情局的經費，說明正在加強間諜活動。他說「弗拉基米爾（盧金的名字），我在擔任駐南斯拉夫大使期間，不知道我們那些『詭計多端的人』在幹些什麼。」盧金說：「拉里，你以為我對我們那些『詭計多端的人』知道得更多嗎？還是讓兩家這些人坐在一起談談吧。」

俄方不打算加劇事件。俄國外交部3月5日召見美國臨時代辦，要求美方對媒體報導監聽地道一事做出解釋。如果這些消息屬實的話，美國就嚴重違反了有關外國使領館的公認的國際法。外交部同時表示，對地道不感到驚訝，只是擔心美國使用鐳射和電子竊聽設備，會對俄國外交官健康造成損害。莫斯科國際文傳通訊社報導俄國國外情報局新聞秘書薩莫里斯女士說，如果有關美國在俄國駐華盛頓大使館下面挖了地道的消息屬實，國外情報局不會感到意外，因為美國特務機關一向喜歡挖地道。她說，眾所周知，五十年代柏林地道就是例子。當年美國在柏林挖了秘密地道以竊聽蘇軍通訊。

俄美兩國間諜戰由來已久，目前仍是方興未艾。據《消息報》報導，近幾個月來俄國捉的外國間諜數量是十年來最多的。俄國連續失去美國中情局的雙重間諜艾姆斯和聯邦調查局的雙重間諜漢森，美國手中的三名俄國雙重間諜被漢森揭破，俄國抓了與美國情報機關有密切聯繫的留學生，都是這場戰事的插曲。隨著俄美關係的動盪，間諜戰必然加劇。

48 華人湧入俄國
中俄關係的變數

2001/03/12

　　近年來，俄國人口不斷減少。儘管俄國政府採取了優生政策，但是由於總的經濟不景氣，目前人口處於負增長狀態。據聯合國統計，俄國人口在五十年內將減少至一億三千萬。因此俄國政府非常關注人口問題。最近俄國國家杜馬和政府都討論過這個問題，並決定進行全國人口普查。專家估計，十五年後，俄國勞動人口將占全民的14％。為了滿足俄國正常的勞動力需求，每年必需吸收五十萬外來人口。來源主要有兩方面：一是獨聯體各國內俄羅斯人遷回俄國；二是吸收國外移民，其中包括中國移民。自俄國開放以來，大量中國人湧入俄國，有合法的，有不合法的，如何對待中國移民，成了俄國政府頭痛的問題。俄國政府和國家杜馬多次討論。由於這個問題非常敏感，國家杜馬就中國移民問題進行的聽證會，一直是秘密舉行的。

　　首先，目前俄國到底有多少中國人，眾說紛紜，從數十萬人到五百萬，連俄國的內務部門和安全部門也說不清，原因是旅俄華人流動性大，季節性強，再加上統計不完整，非法移民控制不住。有多少人是合法居留，多少人是非法居留，都搞不清。據

俄國著名漢學家格布拉斯說，莫斯科現有中國人二萬到二萬五千人；另外一些專家說三至四萬人。全國約有二十萬至四十萬。俄國人口學家估算，依目前的移民速度，到本世紀中，中國移民可能達到七百萬到一千萬人。屆時中國人可能成為俄國第二大民族。更令俄國人擔心的是，一旦靠近中俄邊境的中國移民要求自治並組織自治共和國，要求併入中國，將出現不可收拾的局面。這樣，問題的嚴重性就十分突出。莫斯科權威的《論據與事實》週刊就這一問題進行了調研與徵求意見。據記者報導，在與中國接壤的阿莫爾州地區，獵人說，當地巴拉傑克金礦附近有一百多家中國人，已經在那裡住了好幾年了。這個居民點地圖上是沒有的。至於說，遠東地區的深山老林裡有多少個中國村，誰也說不準。記者說，俄國專家一致認為，如果不抓緊這個問題，「黃色」移民將成為俄國21世紀最大的地域政治頭痛病。俄國媒體報導，普京總統去年底視察遠東地區時曾在一次地方政府負責官員會議上警告說，如果不採取措施，當地很快就要用中文了，足以顯示出俄國政府對這個問題的關注。沙皇時代改革派首相斯托雷平曾在1909年曾提出，俄國先人對遠東鄰居——中國人、日本人和朝鮮人，一直抱著實用態度。19世紀末，俄國政府曾專門實行開放政策，吸引中國人前來開發阿莫爾河地區（在中國稱黑龍江），無償劃給土地，二十年免稅。因此到了20世紀初，當地的居民有20％是中國人和朝鮮人。到了中蘇交惡時期，邊境地區已經見不到華人。直到上個世紀九十年代初俄國實行開放政策，中國人大量到俄國來做生意和謀生。阿莫爾州的俄國私營農場主十分樂意顧用中國人。中國人在這裡種出了此地從未出產過的西瓜，讓俄國人另眼看待。許多本地人不願幹的重活、髒活，中國人都能一一承擔。中國人不酗酒，機動性強，聽從分配，吃苦耐

勞，工資不高，很得農場主歡迎。俄國對廉價勞動力的需求不斷增長。遠東地區俄國居民共有七百萬人，十年中減少了一百萬。而鄰近的中國黑龍江省、吉林省等共有居民二億，其中失業人數二千五百萬。中國人千方百計奔向俄國謀生，造成許多問題，使俄國人和政府不得不重視。

俄國社會學家在卡爾內基基金會贊助下，專門就中國移民問題，搞了一次社會調查，共調查了七百五十七名旅俄華人和六百二十名俄國人。調查發現，莫斯科中國人最怕三件事：金融危機、黑手黨和員警。中國人本身的問題是，不能文明經商、偷稅漏稅、不願主動瞭解當地法規、不願利用保安公司的服務、不願同政府機關打交道；絕大部分不會說俄語，往往因此無法交流；貪圖小便宜，貨物常常存放在不安全的倉庫裡，因火災、失盜而損失慘重。這些「民間貿易」，即「練攤」，有人說，每年非官方統計數字為二百億美元，利潤相當大。但是很少有中國商人投資到俄國生產部門，很少購置房地產，都是「短平快」，賺了錢就走人。結果在俄國老百姓中間引起反感。從俄國政府方面來說，沒有相應的鼓勵就地投資政策。據調查，約有5％至10％的旅俄華商願意投資，如果能讓他們有機會札根或者歸化。與此同時，俄國媒體也對旅俄華人問題進行獨立調研。俄國公眾電視台和獨立電視台播放過他們自製的專題電視片，其中有俄國普通老百姓對中國民間貿易商人的評價。小百貨市場的俄國老闆稱讚中國商人會做生意，容易對付，按時交租金。老百姓則認為華商只賺錢，對俄國經濟沒有貢獻，把我們的錢都搞走了。至於說中國商人偷越國境，多次發生衝突，俄國邊防軍和華人都有人員傷亡，很傷雙方的民族感情。

俄羅斯科學院遠東研究所的高級研究員奧斯特羅夫斯基博士

的看法是：「問題不在中國人身上，根源要在俄國找。有走私的事實？責任在有關部門，他們的任務就是防止走私的。有非法移民？那說明法律上有空子可鑽。首先要進行人口普查，查清楚俄國到底有多少中國人，別用可怕的數字來嚇老百姓。」《論據與事實》週刊記者的觀點是：「去年秋天普京訪華時，兩國簽訂了有關海關和出入境的協議。也許地方政府最終能明白，同中國人合作要比封閉邊境有利。世界經驗表明，不管我們願意不願意，在任何情況下，我們避不開中國人。」

俄國上下各界對旅俄華人問題非常關心，國家杜馬議員、政府官員、政治研究機構，都發表了不同看法。《論據與事實》週刊走訪了一些人物，用「需要不需要拉上鐵幕」專欄發表了他們的言論。這些言論可以說有相當的代表性。政府官員要求限制中國人入境。阿莫爾州行政首腦別洛諾果夫說：「幾年前我們州制訂了一項中國鄰居出入境的法律。在一定的時期內有助於調節中國移民問題，但是沒有聯邦法律是不行的。遠東地區蘊藏著門捷列耶夫週期表上的全部元素。如果不限制入境，那麼在全球化的大潮中，這個實際上沒有開發的地區將成為人口過剩的中國的原料附屬地。」

一些激進分子更是不客氣。國家杜馬議員米特羅法諾夫（日林諾夫斯基的俄國自由民主黨領導成員）說：「杜馬已經把外國人在俄地位法法案擱置了四年，至今毫無進展。只靠遣送回國解決不了問題。再說怎麼能把那些合法入境的人遣送走呢？最好是跟日本人搞好關係。早就引人注意的是：凡是有日本人的地方就沒有中國人。接近日本將是澆在中國頭上的一盆冷水。」

研究界有識之士認為應當吸收中國人投入俄國經濟。俄羅斯科學院歐洲研究所所長卡拉加諾夫說：「在各文明國家，中國人

融於當地經濟。我們應當照此辦理，而且越快越好。缺了中國和朝鮮的勞力，我們開發不了西伯利亞。這也是其他地區一個優秀的勞力來源。從品質上來說，大大超過摩爾多維亞或者烏克蘭來的人，更不用說本地居民了。」

國際事務官員主張歸化旅俄華人，國家杜馬國際事務委員會主席羅果仁說：「應當給旅俄華人俄國國籍，教他們學俄語，讓他們像俄國人一樣工作和納稅。女皇葉卡傑琳娜二世時期，大批德國人遷入俄國，他們被安置在內地而不是在邊境地區。這樣就回避了領土要求。因此在遠東組織中國人的自治地區是不理智的。像巴黎或者羅馬那樣點狀安置居留，要比美國隔離開的唐人街安全得多。」

一些漢學界人士主張友好處理。俄羅斯—中國研究中心副主任魯吉亞寧博士說：「我們邊境上用不著拉上鐵幕。遠東和西伯利亞有許多方面可以吸收合法的中國資本，開辦合資的中小企業。為此必需改善投資和稅務環境。而且一定要搞合同制。戰略上來說，中國是我們的老夥伴，對立的做法對雙方都不利。」

旅俄華商和華人的問題，經常引起兩國各政府部門的磨擦，常常發生不愉快的事件。俄國的移民部門、安全部門、外事部門、海關和稅務部門、領事部門，常常為處理旅俄華人華商突發事件而大傷腦筋，有傷友好感情，勢必影響中俄戰略夥伴關係。只有兩國政府共同協商加強管理，才不至於造成難以挽回的後果。

49 強烈但有節制
俄呼籲美方理智

2001/03/25

　　俄美關係再次受到打擊。小布希上台以後俄美關係面臨嚴
重考驗的預測再次得到證實。22日美國宣佈大規模驅逐俄國外交
官，給俄美關係造成了新的陰影。目前俄國駐華府大使館的外交
官一共一百二十人。美國宣佈先驅逐四名立即離境，另外四十六
名應在7月1日前離境。這樣，俄國大使館將被驅逐40％的外交
官，堪稱史無前例。因而引起俄方迅速而強烈的反響。當天俄國
外交部副部長馬梅多夫立即緊急召見美國大使科林斯。科林斯從
俄國外交部大廈出來時面色相當難看，十分尷尬，拒絕對聚集在
大廈門口的大批俄國和外國記者發表評論。次日他就按原訂計畫
前往伊爾庫茨克為美國新聞中心剪綵。23日俄外交部召見美國大
使館臨時代辦約翰・奧德威，宣佈四名美國駐俄大使館外交官因
為不受歡迎的人和「阻止美國在俄代表非法活動的措施」。據說
這些措施中包括驅逐近五十名美國外交官。

　　《消息報》駐美記者葉夫根尼・巴伊報導說，俄國在美的
一位外交官表示不理解，「我不知道他們從哪搞到這麼多的秘密
間諜。大使館的外交人員八十七人，紐約有十名，三藩市還有幾

個人。如果美方驅逐一半人員，我們外交使團的工作就要停頓下來。總不能叫外交官的太太們工作吧。」十年前俄美兩國達成協議，雙方在對方設立情治單位，俄國的對外情報局和美國的中央情報局代表處，共同進行反恐怖主義、反毒品、反犯罪活動。1990年代俄在美情治人員約為一百人。但是近兩年有所倒退。傳說俄國在美國的情治人員已經恢復到冷戰時代的人數。

　　俄方反應強烈但有節制。普京總統呼籲俄國媒體不要渲染這件醜聞，不要誇大俄美磨擦。總統助理亞斯特列布任斯基表示俄國將採取對等措施。外交部長伊格爾‧伊萬諾夫說，俄國將對美國不友好行動採取對等回答，同時表示俄國政府高峰指望美國不會把人類和美國推入冷戰和衝突時代。他還說，美方的這些行動只能引起遺憾，「沒有任何理由採取類似的行動。眾所周知，俄美情報部門有著很好的交流，如果一方對什麼事情表示關注，本可以通過特別管道心平氣和地進行討論。」他的聲明還說，美國總統正式表示俄美協調行動是很重要的，但「有那麼一批人對雙方通過對話和協調行動，旨在建立合理民主的國際關係，感到不是滋味」。希望在這次間諜醜聞中理智能占上風。俄國官方消息靈通人士稱這次間諜醜聞未必會對俄美關係造成嚴重惡化的後果，雙方可能只局限於驅逐對等人數的外交官並到此為止。

　　俄軍方、情治單位和安全部門反應強硬。安全委員會秘書謝爾蓋‧伊萬諾夫的口氣相比之下就要重得多。他說：「他們想用這種辦法把我們表現成傻瓜和白癡，含沙射影地指五十名外交官聚集在漢森周圍。」他還說，美國方面完全是出於政治原因，目的是「讓大家看一看，他們的肌肉多結實，現在美國掌權的人是多麼厲害的一幫人。據說要實現競選諾言。」他表示今後幾個月內用不著考慮俄美情治機關有成效的合作。「我們可以輕易找到

對美國更痛苦的形式。我們有時間好好考慮，從一千多名美國在俄外交官裡挑選那些對美國最有價值的人。」此間報導說，美國大使館人員對伊萬諾夫最後一句話反應相當活躍，美國外交官紛紛開玩笑說：「這與我無關。」俄國不急於宣佈要驅逐的名單，使美國大使館人員處於前途未卜的心理緊張狀態。俄國情治部門元老們開玩笑說，首先要把美國使館的服務人員包括清潔工驅逐出境。

　　情治部門說，若按比例，俄方應驅逐美國駐莫斯科數百名外交官。目前美國駐莫斯科大使館共有一千一百名工作人員，其中將近過半是顧用的俄國職員。美國外交官約有四百至四百五十人。前克格勃第一局（負責國外情報）局長舍巴爾申表示：「這項行動毫無疑問完全是以政治為理由的，只是用對方的行為作藉口。情治機關之間從來沒有這樣大規模地驅逐對方人員。美國是在向莫斯科表示打算採取強硬的自私的政策。我希望俄方採取相對應的行動。我想美國人在類似的『交換』中比俄國失去的要多。我以為，他們對我國的興趣要比我們對他們的興趣廣泛的多。大肆宣揚情治案件說明這只是一項藉口，同時是一種沒有說服力的藉口。」

　　國家杜馬國防委員會副主席、美國問題專家阿爾巴托夫呼籲不要以牙還牙。他說：「新上任的美國當局試圖顯示力量，墮落到採用冷戰的手法。對我們來說，一報還一報是不明智的。怎麼辦呢？我想普京應當動用熱線電話，同布希直接談一談。應當說，這樣做我們雙方都得不到好結果。以往我們都經歷過這些時代。誰聰明誰就得勝。如果我們都互相驅逐數十名外交官，我們就會失去最基本的交流手段。無論我們的關係如何，即使是緊張的關係，我們都要有對方的資訊，經常接觸、合作，哪怕是在外

交水準上。」

　　有消息說，俄方對這件事既感到意外又不完全感到意外。評論界認為美方已經提出過警告。2月7日，中情局長喬治‧特尼特在美國參議院情治問題特別委員會上說：「俄國正在通過國際軍火和技術貿易改善同中國、印度、伊朗的關係，同時還想恢復超級大國地位並且反對美國的影響。」2月15日，美國國防部長唐納德‧亨利‧拉姆斯菲爾德在PBS電視台發表講話說：「俄國積極傳播導彈技術。它本身就是問題的一部分。」2月21日，總統安全助理萊斯對法國《費加羅報》說：「俄國的威脅主要是針對西方的。我們暫時對克宮核武庫和導彈武庫的危險警惕不足。」3月20日，聯邦調查局長路易士‧弗里赫在談到保加利亞驅逐俄國外交官時說：「我為總理（指保加利亞總理科斯多夫）的明確行動鼓掌。查明外國間諜阻止他們在我們民主國家的活動是非常重要的。」媒體還特別指出，美國方面同莫斯科一樣呼籲不要加重事態。布希表示堅信間諜醜聞不會惡化俄美關係。萊斯更說美國是為了用這種方法「同冷戰殘跡鬥爭」。俄方更關注的是這件醜聞的政治化。以往類似事件通過雙方私下協商就可以解決的。

　　俄國人權運動人士對這件醜聞表示遺憾，同時指出，這對俄國人權和民主化發展不利，因為俄國政府和情治機關將會採取嚴厲措施。評論界認為這場外交戰除表面原因外，還可能是布希新上任的一把火，「新行政部門的始發抽風」。也可能是美國正面臨經濟危機和政治危機，需要轉移民眾視線。有消息說，美方早在兩周前確定了名單，只是等俄安會秘書伊萬諾夫訪美結果。這次訪問不成功。雙方在伊朗、導彈防衛系統問題上的分歧，沒有說服美方同意在八國首腦會議前安排普京與布希會晤。同時，美國官方打算接待車臣叛亂政府的「外交部長」，雙方關係達到新低。

美國驅逐俄國外交官的醜聞引起俄國政界的各種反響。普里馬科夫指出，我們自己知道該做什麼，該同什麼人友好，同西方的關係應當是平等的。俄共領導人久加諾夫說，我們要保衛本國利益，美國別發號施令。國家杜馬國際事務委員會主席羅戈津表示，俄國外交優先方向是獨聯體、歐洲和鄰國——中國、印度、阿拉伯國家。他沒提美國。獨立的橋媒體領導人之一馬拉申科認為俄國同西方的蜜月已經結束，應當來解決自己的問題，不能指望西方會像前十年那樣援助俄國。現在要解決本國經濟、教育、文化的發展。親西方的蓋達爾表示，我們還是要對話。美國應當明白，戰略上同俄國合作符合美國的國家利益。前第一副總理、現任國家杜馬副主席說，俄國要發展經濟，就要同西方合作，沒有西方俄國經濟無法發展。最簡單的例子，俄國的外匯收入主要來自西方。不要留戀帝國情緒。《消息報》評論員舒米林希望兩國領導人能像雷根和戈巴契夫那樣從新看一看對方。

總之，美國對俄採取強硬路線，不會使俄國就範，反而可能引起反作用。大家都擔心回到冷戰時代。

近年來美國驅逐俄國外交官的情況

1986年10月21日：美國為了報復蘇聯驅逐三十名美國外交官，宣佈驅逐八十名俄國外交官，藉口保持人數平等。

1989年3月8日：美國國務院宣佈蘇聯副武官帕圖索夫為不受歡迎的人並將他驅逐出境。

1994年2月26日：美國宣佈俄國高級外交官雷先科為不受歡迎的人。

1999年12月9日：美國要求俄國外交官古雪夫在十天內離

境。原因是美國中情局懷疑他從竊聽器內取走錄音帶。竊聽裝置設在奧爾布萊特國務卿辦公大樓的會議廳裡。

Headline **50** 蘇聯帝國的輓歌

2001/03/26

3月23日，凌晨一時，大批航太界人士、各國外交官和五百多名新聞記者，開始聚集在位於莫斯科近郊柯洛廖夫市的俄國航太指揮中心。指揮中心人員正在做最後的準備工作，指揮和平號脫離軌道。沒有人發表任何評論。記者們在酒吧小酌等待。3點，俄國航天部門的負責官員到達指揮現場。3點33分，傳出「航太站剎車第一脈衝已經發佈」的消息。和平號花了一個半小時再飛行一圈。接著發出第二脈衝。第三脈衝發出時和平號正飛在埃及上空一百五十九公里高空處。此後航太站脫離俄國無線電監測區，全體人員立起來等候美國監測站的消息。莫斯科時間上午9點，中心電台宣佈「和平號飛行中止。未燒毀部分落在太平洋指定地區。」至此，和平號圍繞地球一共飛行了八萬六千三百三十一圈。蘇聯帝國的最後象徵沉入海底。

在指揮和平號空間站順利墜落之後，大廳裡一片沉痛，往日成功指揮飛行祝酒慶賀的喜悅氣氛，無影無蹤。雖說成功指揮沉海也是一項傑出的科學成就，可是，中心的工作人員，十五年來與和平號朝夕相處，已經難捨難分，沒有人為這項成就乾杯。和平號曾經給他們帶來多少歡樂多少焦慮，一旦分手，心情自然

可以理解。工作人員熱淚盈眶。指揮中心宣佈靜默一分鐘，全體默默飲下伏特加酒，如記者所說，喝的是祭酒，「像在葬禮上那樣，站著，不碰杯」。那些曾經在和平號上飛行過的宇航員，已經把它當作第二個家，心裡更不是滋味。俄國分管航太工作的克列班諾夫副總理給大家鼓氣說：「今天的工作專業水準非常高，好極了。我們完成了我國宇航事業上的光榮一步。全部學術基礎都要保留下來，參加國際太空站用。目前正在研究製造和平二號，不過那是十五年後的事了。」據此間報導，和平二號需耗資四十億美元。有人號召全民集資。但是，杜馬部分議員發起的支援和平號基金會兩年間才收到兩萬盧布，約合七百美元。所以說，集資是一句空話。

和平號早在七十年代就開始建造，直到1986年2月20日，為了慶祝蘇共召開第二十七次代表大會，才將基本艙發射升空。此後又發射了五個副艙，包括科研、氣象、通訊、軍用和環保。原計畫飛行五年，已經超期服役十年。和平號總重一百三十七噸，單是科研儀器就重十一噸半。和平號耗資數十億美元。維持運轉的費用每年在兩億美元左右。1995年開始積極發射宇航員登站。先後有一百零四名宇航員登上和平號，其中四十二名俄國人，六十二名外國人，最多是美國人共四十四名。在和平號上工作時間最長的是俄國宇航員阿夫傑耶夫，登站三次，一共在上面住了七百四十八天。連續逗留最久的房客是俄國的波里亞科夫，在和平號上住了四百三十八天。法國宇航員恩尼雷創外國人在和平號上居住記錄一百八十八天。美國沒有自己的航太站，曾經七次派太空人在和平號上飛行，支付給俄國五億美元。和平號後期向外國提供商業性服務，包括安置科研儀錶、完成科研項目、裝載外國宇航員。這是一筆相當可觀的收入，足以彌補部分開支。例

如，每名外國宇航員的「機票」就價值一千二百萬美元。據說這次中止飛行的費用即達一億五千萬盧布（約五百多萬美元）。俄國政府為這次沉海行動作了兩億五千萬美元的保險，以確保平安無事。另外，技術上最突出的是1986年前蘇聯宇航員從和平號航太站飛到同時飛行的禮炮七號航太站上並返回原站。

是盡量想辦法保持和平號再飛兩年？還是盡早放棄？俄國政府一直下不了決心。1990年代中期出現國際航太站，俄國決定參加。對於俄國政府的這項決議，航太專家表示支持，一些政治家和宇航員表示不同意。俄政府考慮的是航太科學費用昂貴，最好是聯合開發；可以取代和平號，正常進行科研；可以取得各國政府提供的經費；唯一可以保持俄國火箭技術發展勢頭和保住科研人材。三分之一的權益歸俄國所有。參加國際項目對俄國不利之處是：

一，俄國喪失了主動權。由於國際航太站主要由美國出資，俄國不能說了算。日前爆發的美國航太旅遊者鄧尼斯‧吉托的太空遊問題，再次證明美國不顧俄國利益。吉托向俄方支付兩千萬美元，俄方安排他使用俄國名額參加今年4月30日的太空行。美國太空署表示反對，要求延期到10月。俄國有可能失去這兩千萬，因此堅持如期帶他升空。為此，兩名參加本次航太的俄國宇航員曾舉行罷工，拒絕參加飛行前的熱身鍛煉。

二，俄國無法利用航太站進行軍事偵察活動。

三，俄國失去了在航太領域裡的領先地位和超級大國地位。現在俄國的宇航員已經奉命恢復鍛煉，因為改期是不行的。俄國方面堅持按計畫進行。德國曾趁機提出由德國太空人替代吉托，俄國方面指出，為他新製一把太空椅需要一個多月，製作一套太空衣需三到六個月。宇航員阿爾澤巴爾斯基認為美國會允許俄

國參加合作四年。四年後美國和歐洲掌握目前只有俄國才有的技術，那時就會把俄國趕出國際航太站。

俄國政府放棄和平號的決定，引起許多方面的激烈反對。俄共領袖久加諾夫甚至稱俄國航太航空總公司領導人科普杰夫是「美國中央情報局的代理」。國家杜馬三位議員（其中兩人是宇航員）在和平號沉入海底的當天呼籲普京總統撤去科普杰夫的職務，要求重新審定俄國參加國際航太站的條件。沃爾科夫議員說：「美國一把掌接一把掌揍我們，我們還能指望什麼？俄國在宇宙裡沒有一席之地。航太市場有五千億美元。美國不會分給別人的。美國現在是利用我們的運輸艙運人運儀器、運垃圾。」航太武裝力量中將、俄國航太科學院副總裁梅謝列科夫認為，美國人支付雙方聯合航太飛行的費用，是為了研究我們的技術設備和文獻資料。沒有人說這是公開的間諜活動。邀請參加國際航太站是一種破壞活動。外人用俄國的技術基地，用我們的雙手製造航太用艙，用我們的火箭送上宇宙。」

《生意人日報》就誰是太空的主人問題，詢問了一些人。國家杜馬主席謝列茲尼奧夫說：「如果我們能再建一座和平號，並且發射上天，太空就會再次成為集體共用廚房。暫時只有一個主人，那就是美國。」反壟斷部部長尤札諾夫說：「我們在太空的影響大大減弱了，不過還有一些。俄國過去是現在還是偉大的航太大國。將來仍然會是航太大國。」宇航員阿克肖諾夫認為：「世上萬物的主人是上帝。紅塵人世早就把金錢看成了主人。今天金錢也是太空的主人。主要是美國的錢。如果俄國能正常撥款給航太計畫，情況就會是另一個樣子了。」著名電影導演阿達巴什揚說美國人是主人，「等我們把和平號沉入海底，那麼事實上也好，法律上也好，美國人是主人。不讓吉托飛，因為他把錢給

錯了地方。七十歲的格列恩獲准放飛了。因為他打算把錢付給了美國人。」

線民也積極參加討論和平號沉海的事。德米特里說：「心情好不起來，殘片最好落在紐約頭上。」薩尼亞說：「眼下顧不上航太的事，別的問題不少。」瓦連金號召大家集資搞和平二號站。宇航員拉祖特金說：「委實可惜。和平號是一座非常好的航太站。雖說有國際航太站，畢竟不是本國的。」

和平號上經常發生有趣的事。據宇航員阿夫傑耶夫回憶說，在和平號上時常丟東西。只要一放手，東西就會被氣流吸走並送入通風管道。他本人的眼鏡、手錶、運動鞋都丟過。然後過一兩星期又能找到。有時候上一班人丟了螺絲刀或者電視遙控器，就委託下一班人代為尋找。

和平號的歷史結束了。一些專家認為耗資巨大的載人航太沒有帶來預期的收穫。除了自動化科學外，科研成果對國民經濟沒有什麼大好處。航太站上自動化程度很高，無需人就可正常運轉。宇航員在站上工作很少，常常閑著無事。載人航太只是當年超級大國競爭的遊戲。航太費用昂貴，西方的資本家從來不投資，因為無利可圖。全是用的納稅人的錢。隨著布希宣佈減少國際航太站的撥款，俄國一些航太評論家呼籲重新評估參加國際航太站的做法和俄國發展航太的戰略。看來美國可能會放棄國際航太站，通過發展國家導彈防衛系統開發新技術新材料。因此，現在是理智處理載人航太問題的時候了。

51 米洛舍維奇
讓俄國頭痛

2001/04/03

俄羅斯一直關注南斯拉夫的局勢發展。兩年前美國及北約狂轟濫炸南斯拉夫，曾引起俄國堅決反對。對於南斯拉夫前總統、南共領導人米洛舍維奇的命運一直十分關心。就在科索沃危機如火如荼、南斯拉夫生死存亡的時刻，米洛舍維奇提出南斯拉夫要求加入俄羅斯—白俄聯盟。俄外長和國防部長都曾造訪南國，從道義上表示支持反對外國干涉南國的內政。從這裡可以看出俄國同南斯拉夫不同尋常的關係。

南國民主派在大選中掌權、米洛舍維奇失去政權以後，俄國官方仍然對南斯拉夫表示友好，立即承認新政權並邀請科什圖尼札總統訪問莫斯科。但是對於米洛舍維奇的處境，媒體時有報導，但官方一直沒有表態。今年以來，隨著美國和北約國家對南斯拉夫新領導人施加壓力，要求引渡米洛舍維奇交給海牙國際法庭審判；美國又發出哀的美頓書，要求3月底以前務必將米洛舍維奇交出來，否則就別想得到美國和西歐的經援和世界銀行的貸款。3月中旬，米洛舍維奇的幾名親近助手被捕，此間媒體就預言米洛舍維奇的日子不長了，一直在猜測，南國政府會不會逮捕

米洛舍維奇，會不會交給海牙法庭。3月31日，俄國媒體大量報導米洛舍維奇住地門口的緊張氣氛，晚上各電視台電台報導米洛舍維奇自動歸案的消息。俄國官方表示，米洛舍維奇案件是南國內部事務，因此不作評論。然而俄國各界人士表達了兩極分化的意見。從贊成交給海牙國際法庭到指責南斯拉夫現領導屈從美國壓力、把主權出賣給美國人、逮捕米洛舍維奇換取美援都有。

莫斯科市杜馬主席普拉東諾夫說：「我平靜地對待米洛舍維奇被捕的事。這是南斯拉夫的內部事務。我希望能合理進行審理。法庭會根據收集到的事實做出客觀的決定。」俄國社會主義黨主席、前國家杜馬主席雷勃金的意見具有一定的代表性。他說：「我對這件事抱雙重態度。如果米洛舍維奇犯有南斯拉夫領導人說的刑事罪，那末應當逮捕他。從另一方面說，這樣做的目的是為了讓今天向南斯拉夫施加壓力的人喜歡。」政治和軍事分析研究所所長沙拉文認為：「毫無疑問，我贊成把米洛舍維奇交給法庭審判。應當在南斯拉夫審理，因為他應當向本國人民負責。不能把他交給任何國際法庭。」歷史小說作家別列良斯基代表此間許多人的看法：「暴君和獨裁者應當為自己的所作所為負責。」評論家卡普拉洛夫說是「罪有應得」。

俄國媒體報導南斯拉夫當局從米洛舍維奇住處查出大量武器一事，用了《米洛舍維奇曾經準備暴動》的標題，詳細介紹搜查過程並在電視上展示他的武器。不過用三十多件武器發動軍事政變令俄國人感到「不可理解」。

在處理逮捕米洛舍維奇這件事上，俄國政論界認為再次曝露出南斯拉夫領導內部的矛盾，即存在於總統科什圖尼札與總理金吉奇之間的鬥爭。總理講究實際，認為應當放下民族傲氣，服從西方，把前領導集團交給國際法庭，以換取經援。總統堅決反

對。他認為民族尊嚴要比美元值錢；海牙法庭對南斯拉夫人抱有成見，不公平，不能認為南斯拉夫是巴爾幹衝突唯一的罪人，不能低三下四地執行美國和西歐的一切指示。但是目前實權在總理手中，因此，總統只好眼看員警去抓米洛舍維奇。據報，南斯拉夫國內稱總理為親西方派，稱總統為愛國派。

4月3日下午米洛舍維奇的哥哥、前任南國駐俄大使在接受莫斯科回聲電台專訪時表示感謝俄國政界一些著名人物，如國家杜馬主席謝列茲尼奧夫、俄共領袖久加諾夫、親普京杜馬議員團「人民代表」負責人拉伊科夫等表示反對南國政府在美國壓力下逮捕米洛舍維奇；他同時表示可能在莫斯科長期住下去，以做生意為業。對於米洛舍維奇要發動軍事政變的消息他表示「不嚴肅」。

俄羅斯人與南斯拉夫人源遠流長。他們都屬斯拉夫族系，都信奉東正教，都受希臘文化影響，語言文字十分接近。南斯拉夫一直把俄羅斯看成自己的兄長。美國和北約轟炸南斯拉夫，俄國公眾站在南斯拉夫人一邊。米洛舍維奇在俄國有不少朋友。但是，俄國的民主派和進步人士熟知米洛舍維奇搞寡頭政治，是一個獨夫，因此科什圖尼札上台以後，立即得到俄國承認。俄國歷來在巴爾幹有著戰略利益，而米洛舍維奇當年又是北約和美國的眼中釘，因此在反對美國巴爾幹新霸權主義中，當年米洛舍維奇領導下的南斯拉夫曾是俄國的戰友。但是俄國不願成為米洛舍維奇獨裁政權的辯護人，曾對米洛舍維奇保持一定距離。

言論自由來之
不易

2001/04/08

4月3日，俄國政要、工商巨頭、社會賢達共聚一堂，洗耳恭聽普京總統向聯邦國會發表國情咨文，暢談俄國政治經濟情勢，今後施政方針。普京對自己上任以來，在全國安定和整合國家方面所做的工作和成績表示滿意。他提出強化國家政權建設以達政令暢通，加速經濟改革，徹底推行市場經濟，堅持言論自由，不要搞革命行動，得到全國各界一致好評。朝野普遍認為這是俄國十年來最佳國情咨文，包括普京的對手也對國情咨文表示基本支持。國家杜馬本應就此進行熱烈討論，重點評價國情咨文，可是，半路殺出一個程咬金，使普京的國情咨文淹沒在一場有關言論自由的論戰和革命情勢之中。就在當天發生了獨立電視台事件，把全國注意力轉移到這上面去了。

4月3日，獨立電視台的大股東之一國營天然氣總公司下屬天然氣媒體公司聯合美國一家投資公司資本研究公司，召開股東大會，選出新董事會，任命美籍俄裔猶太人伯里斯・約爾旦為獨立電視台總經理，撤銷原創建人之一——總經理、總編、著名電視節目主持人吉謝廖夫的職務。握有獨立電視台49％股份的古辛

斯基下屬橋媒體集團拒絕參加。獨立電視台創作集體不承認股東大會決定，將獨立電視台租用的電視中心大廈八樓控制起來，抵制新領導上任。當天獨立電視台只播送新聞和廣告，停播其他節目，氣氛相當緊張。獨立電視台頻道畫面上寫著：「獨立電視台新聞工作者反對強占本電視公司」和「為表示抗議非法改變獨立電視台領導，只播放新聞節目」。一些積極分子前往電視中心門前表示對獨立電視台的支持。在此之前，3月31日在莫斯科市中心的普希金廣場曾召開五千人大會，呼籲保衛言論自由。

獨立電視台是俄國唯一全國性私營電視台，最初由古辛斯基等控制的銀行投資，於1993年創建，一向以觀點獨立、消息獨特、評政大膽而受歡迎。1996年古辛斯基作為別列佐夫斯基聯合的七大銀行家支持葉利欽當選，其中獨立電視台以民主喉舌為葉利欽當選立下汗馬功勞。作為回報，古氏要求葉利欽給予獨立電視台優惠。獨立電視台在第一次車臣戰爭時反對政府推行的武力解決方案。多年來大量揭露政府官員貪污腐化。去年總統大選時反對普京競選。這樣就樹立了許多敵人，為自己引來許多麻煩。對於這次獨立電視台易主引起的事件是否涉及俄國的言論自由問題，也是全國上下重點爭論之一。以戈巴契夫為首的老一代民主改革派，亞夫林斯基領導的蘋果黨，俄國記者協會，全國電視廣播協會，知識界和文藝界著名人士，許多有影響的媒體，都認為俄國言論自由處於危機之中，因而大力支持獨立電視台的鬥爭。戈巴契夫兼任該台的公眾觀察委員會主席。這個機構由戈氏改革老戰友組成。在這次危機中態度明確，開會支持該台同仁的立場。戈氏說：普京總統一向強調主張言論自由，我們也是這樣向大眾說明的。這次希望他能站出來。同時戈氏再次指出，言論自由是俄國改革的重要成果。他要求普京接見並申訴獨立電視

台的問題。普京已答應會見他。4月7日，莫斯科氣候突變，高聳雲霄的電視塔大半截被烏雲圍住，春雨瀟瀟，老老少少近兩萬人頂風冒雨前來參加支持獨立電視台的群眾大會，映射出俄國社會公眾要言論自由的決心。會場上出現「約爾旦，滾回去！」的標語牌。同一天，全國159家媒體，包括電視台、報刊，聯合出版《共同報》號外，報頭通欄大標題是：自由不能呼吸「天然氣總公司」。主題是：「159家地方和中央媒體支持獨立電視台並決定參加編制《共同報》號外。這是俄國新聞工作者團體的共同心聲。」

　　財產權與言論自由的關係是後共產主義社會不可回避的問題。圍繞獨立電視台的鬥爭，反映俄國社會的多元本質。各種議論流向公眾。政府官方對獨立電視台問題的看法是，這是一場債務糾紛。橋媒體集團和獨立電視台負債累累，古辛斯基無力清償到期債務，先是國家外貿銀行索債，後有天然氣總公司抓住不放。天然氣媒體公司總經理科赫強調這次行動是為了改善獨立電視台的經營和財政，為了收回貸款，與言論自由無關並表示維持原來的辦台方針。但是，卻任命了操編輯方針生殺大權的新總編，將原來的主要負責人排擠在外。天然氣總公司的董事長是總統行政第一副首長。右派力量聯盟領導人聶姆佐夫一方面支持獨立電視台保持獨立的鬥爭，另一方面也說要保護財產權。親西方的民主派領導人丘拜斯認為這場鬥爭只是財產權問題，天然氣總公司是保護自己的財產。民意調查顯示四成左右的人認為是爭產權。四成多一點認為是言論自由問題。俄國工商聯，其主要成員是前蘇聯時期的廠長和經理，也發表聲明說是保護產權之爭，反對獨立電視台工作人員不服從股東大會的決定。莫斯科大學校長協會會長費奧多羅夫認為涉及到重大的政治和經濟利益。最好

是解決該台的財政問題，同時為全國保住這一家誠實的和沒有偏見的電視台。政治工藝技術中心副總經理馬卡連科說老闆換了，換領導人也是正常的。現在擔心獨立電視台的新領導會使我們失去一個消息最靈最有趣的頻道。莫斯科大學新聞系主任札蘇爾斯基（被譽為當代俄國新聞學之父，許多著名記者都是他的學生）說情況太不好了。獨立電視台是最佳頻道。奇怪的是，一般情況下，股東通常買頻道是為了賺錢，而不是要毀了它。

　　從成立之日起獨立電視台就是堅持獨立立場的電視台，在不同時期都起著重要的政治作用。1996年總統大選中，久加諾夫民望領先葉利欽。獨立電視台的主要領導人之一與丘拜斯聯合，力挽狂瀾，保住俄國沿民主化道路前進。但是，該台的揭露立場沒有變化，觀點仍然犀利，用辭仍然尖銳，「葉利欽家族」的問題、政府領導人的錯誤、黑社會、人權、言論自由、貪污腐化、巴比茨基事件、與官方觀點相左的評論、對總統府行政首腦冷嘲熱諷……等，都有政治因素和政治後果。在去年大選過程中，獨立電視台支持普京的對手。在庫爾斯克事件中批評各級領導人所作所為。總之，「不能與中央保持一致」，日子自然難過。

　　普京當選總統以後，決定與葉利欽周圍的巨頭「保持同樣遠的距離」，實際上是防止他們影響政府決策。在這一總政策之下，握有媒體王國的別列佐夫斯基和古辛斯基自然在劫難逃。別列佐夫斯基已經被迫將全國性頻道俄羅斯公共電視台交了出去。古辛斯基被控經濟罪。獨立電視台依然故我。對於該台創作集體，普京熟知他們在民間的影響，因此曾應他們的要求，1月29日專門接見主要創作人員。雙方只是聽了對方的意見。普京認為是涉及古辛斯基的經濟問題，獨立電視台主創人員認為是政治問題，最後各方保留自己意見。在這次危機激化的情況下，普京至

今沒有表態。葉利欽也沒有吱聲。只有戈巴契夫在四處奔走以求保住該台創作集體。國家杜馬沒有認真討論總統的國情咨文，反而為獨立電視台事件爭吵不已。杜馬主席對於天然氣總公司決定由科赫和約爾旦出面接管獨立電視台表示反感，說他們是「流氓騙子手式的人物」。原因是科赫在擔任副總理兼國有財產管委會主席時曾與丘拜斯一起因預支巨額稿費涉嫌受賄一事被迫辭職。

在某種意義上來說，這是一場俄美力量背後的鬥爭。約爾旦在俄國從事掮客活動，多次被俄國外交部吊銷簽證。有趣的是，從來臭罵獨立電視台的工人出身杜馬議員尚迪賓這次寫公開信支持該台，指責天然氣公司「用一個美國流氓換掉俄國的吉謝廖夫」太不應該。他還說，約爾旦的父親是美國中央情報局學校的教員；約爾旦本人與中情局合作。他還反對美國媒體巨頭特德·特納購買古辛斯基手中的獨立電視台股票，說後者的CNN總部設在美國國防部心理戰中心。古辛斯基長期以來曾說服特納購買獨立電視台，為此特納曾專門得到普京的支持。現在美國國務卿鮑威爾也表示支持特納的計畫。杜馬則有議員提出禁止外國人購買全國性媒體控股權的法案。美國國務院發表聲明，表示密切關注獨立電視台事態的發展，認為使該台編輯部集體保持對新聞和消息的完全控制至為重要。別列佐夫斯基已經邀請該台主創人員到他控制的TV-6台工作，原來他已不聲不響購進了TV-6台75％的股份。

4月8日，獨立電視台引起官方不滿的節目《面具》按期出台。內容寫俄國欠外國一千四百億美元債務，某個董事會決定：因管理不善，撤去俄國管理層和總統職務，換克林頓來當。影射獨立電視台的局面。從另一方面來說，俄國畢竟有言論自由，否則不會出現這樣攻擊總統的節目。

53 中國揭開了美國的軍事機密

2001/04/11

這幾天俄國重大新聞天天有，從普京的國情咨文到獨立電視台的命運，從普京在經濟上會把俄國帶向左還是帶向右、米洛舍維奇的罪行，到國際聯手破獲兒童色情錄影帶，無奇不有。但是，美國間諜機迫降海南島一事，卻引起此地極大重視。各大電視台天天報導有關消息，出現了江澤民、唐家璇和朱邦造講話的圖像，中國海南島解放軍軍營大門的圖景和殲八戰機的圖片；同時也播放了布希、鮑威爾、國防部長、國務院發言人和美國間諜機的圖像。各大報刊也紛紛發表消息，雖說大部分都是中立性的，報導雙方的說法，但是從標題上和字裡行間可以看出一些耐人尋味的東西。

俄國關心的是這次美國間諜機被中國截獲，中國可以得到哪些美國的最新間諜機資訊和間諜活動情況。4月4日莫斯科《生意人日報》評論說，北京和華府都不願加劇兩國關係，因為對兩國的經濟合作不利。但是，中國方面決定利用這次機會還報美國轟炸中國駐南大使館一箭之仇，同時動搖美國在亞洲的首領地位。再者，利用這次機會得到一些美國軍事機密。「不顧美國人

反對。中國專家已經登上了美國間諜機。而且從機上卸下了一些秘密設備。」俄國專家認為，美軍機組可能會將一部分設備和情報扔到海裡或者銷毀，但餘下的情報也足夠看出美國在對哪些中國軍事目標進行監視。記者報導說，許多中國人都支持政府的做法，北京已加強對美國使館的安全設施。美國使館則擔心出現群眾襲擊的情況。此前評論員安東‧切爾尼赫說，「美國擔心中國軍方得到超級秘密軍事技術會賣給第三國（不排除俄國）。」

《消息報》駐美特派員葉夫根尼‧巴伊用《對布希的一次考驗》為標題報導美國《瓊氏防衛週刊》出版人的話說，「如果中國人獲取機上電腦和硬碟，這對美國來說將是一場災難。」他說，「在布希競選期間，他周圍的人曾把他扮成一個強硬的領袖。然而對中國表現強硬態度同隨時轟炸伊拉克獨裁者完全是兩回事。布希總統要表現出意志和政治責任不那麼容易。」

　　間諜機事件發生後，俄國各種媒體天天報導，反映出各界對這一事件相當關注。俄國觀眾可以從電視上看到美國間諜機的照片和北京人在美國大使館門前抗議的情景；讀者從報刊上看到的內容就更多更豐富了。這一周的標題更加吸引人：《中國人指定了美國飛機的價格》、《中國人為美國秘密飛機脫衣》、《美國間諜成了人質》、《飛行分析》、《中國人沒等到美國人的道歉就開始審訊間諜機機組人員》、《外交官再次會見被扣機組》……等等不一。俄國人同時也可以讀到西方報刊包括美國報刊對事件的闡述，得到有關美國間諜機的資訊。俄國官方一直注事態的發展，但沒有發表評論。從媒體和評論界發表的消息和評論來看，一種是客觀報導事件經過，介紹雙方的說法，一種是小心翼翼地從字裡行間發表一些看法。但是有些用詞相當重。此地普遍認為中美持久的政治對抗開始。《莫斯科晚報》5日轉登了

一幅中方發表的照片,文中說:「機上還剩下許多中國軍方會感興趣的東西」,「中國人得到了機密,有助於他們完善自己的空軍」,「醜聞正在擴大」。

俄國國際事務評論家十分關注這個事件。主要關注的問題是:中美兩國會不會對抗下去;美國間諜機秘密落入中國人手裡以後會有什麼後果;美國派第七艦隊三艘軍艦到海南島附近遊弋,宣稱要取消中國最惠國待遇、大量出售軍火給台灣,甚至抵制中國申辦奧運。俄國對中國的強硬反應也全面報導,特別提到中國迫不得已會進行「先行打擊」。俄國專家認為布希不肯道歉的原因是擔心面子掃地,硬漢子形象挺不下去。《專家》週刊9日一期發表弗拉索夫和貝科夫的評論文章《第一千次和最後一次警告》,副題是「美中已經在亞洲開始了一場冷戰。然而暫時離熱戰還遠著」。他們認為這次事件是「符合規律的偶然性」,雙方早就等待時機公開互換意見。布希上台以後稱中國是美國主要戰略競爭對手,「換句話說,官方認為是潛在的第一號敵人」。中美關係正處於一個微妙時刻:布希上台正遇到國際形勢有重大變化,首先是經濟危機出現。中美可能通過顯示肌肉來友好地確定雙方新關係。基辛格訪華與錢琪琛訪美,都說明外交途徑已經談不妥了。中美開始通過對抗途徑建立新平衡。

俄國專家認為美國是唯一的超級大國的地位正處於危險的邊緣。中國內部也有強硬派。亞洲可能出現如歐洲二戰後的分割局面。中美之間持久的政治對抗局面已經開始。

Headline 54 是夥伴，不是結盟

2001/04/29

中俄兩國經過長時期的協商，終於要用條約的形式固定雙方合作的意願和決心。今年7月，江澤民主席應普京總統的邀請，對俄國進行正式訪問。這次訪問中的主要內容之一就是簽署中俄睦鄰友好合作條約。這項條約與1950年簽訂的中蘇友好合作同盟條約有什麼不同？中俄關係在新時期有什麼特點？香港在俄國全方位外交政策中地位如何？俄國對海外華人是怎麼看的？俄國對在俄華人的政策如何？《亞洲週刊》駐俄特約記者白嗣宏於4月16日訪問了俄國外交部副部長洛秀科夫先生。

洛秀科夫先生中等個子，溫文儒雅，與其說是官員，不如說是一位風度謙恭的學者。新一代的俄國高級外交官，完全不同於當年表情陰沉的莫洛托夫或者葛羅米柯。洛先生對本刊的訪問非常重視，陪同他接受專訪的有外交部第一亞洲司東北亞處長阿齊佐夫先生和洛先生的秘書梅加尼克先生。洛副部長看到本刊以後，非常稱讚，說《亞洲週刊》是一份相當有分量的高品位的刊物。他聽說本刊記者能說流利的俄語，頓感輕鬆，訪談也就進入了自然境界。

記　者：當今的世界處於錯綜複雜的狀態。中俄簽署睦鄰友好合
　　　　作條約，緣起於什麼？

洛先生：今夏中國江澤民主席前來俄國訪問，中心內容就是簽署
　　　　這項準備已久的條約。目前條約文本已經基本就緒，只
　　　　剩少量文字上的潤色。首先，近十多年來俄中友好合作
　　　　關係，特別是在雙方確定了戰略夥伴關係以後有了很大
　　　　的發展。雙方都表示了簽署這項條約的意願。通過條約
　　　　形式肯定並鞏固雙方友好合作關係，至為必要。這是雙
　　　　方的共識。

記　者：俄方對這項條約是怎麼看的呢？

洛先生：這項條約的簽署將是我們兩國關係的重大里程碑，將進
　　　　一步發展俄中戰略協作，將總結性地反映兩國近年來積
　　　　累的一切正面的成果，將界定合作的主要方向和範圍，
　　　　確定一致的合作原則。

記　者：新條約與1950年史達林和毛澤東在世時簽署的中蘇友好
　　　　互助同盟條約有什麼區別呢？

洛先生：俄國和中國是在國際事務中扮演重要角色的大國。制定
　　　　這項條約引起世界公眾的注意，是完全可以理解的。當
　　　　然，對這件事發表的評價和議論是不一致的。但我想指
　　　　出的是：這項條約不是反對任何人的，也不以同盟的義
　　　　務束縛我們兩國。這就是與1950零年蘇中條約的原則性
　　　　區別。我們的出發點是俄中睦鄰友好合作條約應當成為
　　　　維持世界和平與安全的重要因素。五十多年來，兩國都
　　　　有了很大的發展，國際形勢有了很大的變化，兩國在處
　　　　理國際事務方面更成熟了，因此，新條約與舊條約最大

的區別是兩國是夥伴關係，而不是結盟關係。夥伴與結盟是不同的。這次簽署的條約，只是為了鞏固和發展兩國的友好合作，不是針對任何第三國或者集團的。中國經濟發展很快，俄國經濟也在起飛；中國是我國經濟發展的好夥伴。我們兩國是鄰居，生活在一起。我們都希望有一個和平發展的環境。俗話說，遠親不如近鄰。夥伴關係更能反映現實。無論是在國際事務中，還是在經濟發展方面，都是如此。

記　者：經濟合作經濟利益是當前國際關係中相當重要的因素。請問，您對中俄兩國在這方面的合作有什麼看法呢？

洛先生：我們兩國有著很大的互補性。例如，中國發展需要能源，俄國是能源大國；俄國的亞洲地區缺乏勞動力，中國有著豐富的勞動力資源；中國在發展新階段需要高新科技，需要材料，這又是俄國之長。因此，兩國有著創造共同美好未來的堅實基礎。雙方的合作是互補，對雙方都有利。兩國都處於改革之中，遇到的一些複雜問題有共同性，可以交換經驗。與中國發展良好的合作關係，對俄國來說有很多積極意義。中國也有同樣的意願，這就是我們兩國合作的基礎。

記　者：中俄兩國在對外政策上有哪些共同點？哪些不同點？

洛先生：目前俄中兩國都在經歷改革的各個階段。這就決定我們兩國主要對外政策的相似點——確保和平的周圍環境，確保長期的全球和地區穩定。

在關鍵性的國際問題上，我們兩國的立場一致或者接近。俄國和中國都贊成世界朝多極發展，絕對嚴格遵守確保維持戰略穩定的基本國際協議。莫斯科和北京都譴

責建立集團、強行壓制、侵犯獨立國家主權的政策。

毫無疑問，我們兩國由於所處地理位置不同，在確定地區標向，確定本國對外政策方針重點時，會不盡相同。這是完全自然的情況。

記　者：喬治・布希當選美國總統以後，國際關係發生了相當大的變化。您對這個問題是怎麼看的？在俄─中─美「三角」的相互關係中會出現什麼新情況？

洛先生：自然，隨著白宮當局的更換，美國在對外政策會作出這些或者那些調整。然而未必值得急於緊張化。布希團隊看來尚未結束對民主黨人遺產的清點工作，因此，也就沒有完成長期對外政策方針的制定工作。俄國的立場是，我們是開放的，願同美國就廣闊範圍的問題進行協作。

我們堅信，在當今這個時代，只有慎重的、負責的決定才是通向夥伴關係之路。我們就是從這種立場出發同中國和美國夥伴就戰略前景進行對話的。

記　者：普京總統十分關心發展俄國外交的亞洲方向。您認為香港在俄國的亞洲戰略中占有什麼地位？

洛先生：在新世紀，亞太地區在全球經濟中的作用最可能大上升。香港在本地區占有關鍵性地位之一。對這一點的理解決定我國發展同香港相互關係的立場。因此，我們在繼續同香港特區作為中國的一部分構造關係的同時，也在努力詳細考察俄國與香港自身合作的可能性，例如，俄國科研和試驗設計的商業化。

記　者：俄國正在同韓國和朝鮮討論建立遠東─俄國─歐洲鐵路通道。那麼，您對香港─深圳─中國─俄國─歐洲這條

通道有興趣嗎？

洛先生：除了東西通道外，還在討論南北通道，即伊朗—裡海—俄國—歐洲這條通道。這些通道都經過俄國。俄國正在加強西伯利亞大鐵道。歐洲貨物通過東西通道到中國也很合算。這方面，我們願意同中國合作。這些通道不存在壟斷的問題，是長期合作的項目。目前要用法律的形式把各方義務定下來。

記　者：不久以前，俄國在遠東舉行了軍事演習。這同台灣海峽局勢有關係嗎？

洛先生：我們在遠東舉行的軍事演習，同外國事態毫無關係，不是向外國施加壓力，是我國本國安全的自然需求，是加強本國國防的需要。而且演習有相當的限制，因為目前外國對我國沒有威脅，遠東地區沒有。至於台灣問題，中國人自己會解決，外人不要參預。

記　者：當前形勢下，俄國對華出售武器會不會有限制呢？

洛先生：俄中兩國的軍事技術合作對雙方都有利。如果說到限制，那麼也是各國通常都採用的自然原則。凡是我國軍隊尚未裝備的先進武器，我們是不提供給外國的。

記　者：全世界華人社會都在關注俄國的政治改革和經濟改革。海外華僑華人有著強大的投資和組織經營能力，有興趣建立並發展同俄國工商界的業務合作。俄國對華僑華人的態度如何？

洛先生：除了您指出的投資和組織經營能力外，華人華僑擁有參加中華人民共和國和其他國家社會經濟改革的經驗。這些對我國來說都具有不少實際興趣。

兩國政府的直接任務就是鼓勵生意人一切合法形式的合

作，這將是加強兩國人民友好和相互理解的最佳基礎。海外華人富有創業精神，勤勞樸實，對居留國的發展做出很大貢獻。我們正在研究其他國家吸收華人投資移民的政策。雖然現在還不成熟，但不會太久了。

記　者：本刊是全球唯一中文時事分析週刊。讀者遍佈全世界。您對本刊讀者有什麼話說嗎？

洛先生：我祝願《亞洲週刊》的讀者們事業成功、闔府安康、生意發達，同時能在貴刊遇到更多有趣的不同凡響的談友和材料，包括來自俄國的談友和材料。

專訪已經進行了一個多小時。由於不用翻譯，談話內容就很豐富。本刊記者向洛先生表示謝意，謝謝他從百忙中與本刊記者暢談中俄關係，回答了本刊讀者和海外華人關心的問題。同時感謝俄國駐香港總領事伍康寧先生的熱情支持與安排。

Headline 55　俄國向何處去？

2001/05/08

　　5月7日是普京總統宣誓就職一周年。紅場上，一大批俄國青年自發組織了一次支援普京的群眾大會。這些青年有組織，名稱是「一起前進」。他們都穿著胸前印有普京肖像背後印有「一起前進」字樣的T恤，高呼支持普京的口號。這個青年組織的領導人亞吉緬科曾在總統辦公廳負責社團聯絡工作。當天俄國一些電視台在播送紅場青年大會時提到，他們是由鐵道部免費從外地運到首都的（有點大串連陰影）。有的評論員提到大會情景時說頗像北朝鮮或者古巴的群眾大會。

　　普京執政一年多來的政績，是目前俄國社會談論的重點話題。俄國是一個多元社會的國家，因此對他的評價也就五花八門，從全面肯定到全面否定都有。同時，他的支持率仍然居高不下。普京本人對執政一周年這件事沒有做出什麼特別的表示，照常召集政府官員前來總統府舉行例行工作會議。一年來，普京行事謹慎，對各政黨、各工商巨頭、各金融工業集團維持同等距離，不表示對誰親對誰疏；對外國也是如此。他訪問社會主義古巴，同時訪問資本主義的加拿大，訪問北朝鮮，也訪問韓國。很難說他有什麼傾向性。他宣示的信念是：他是全體俄國人民的總

統，因此要為全民服務，而不為某個集團服務，要把俄國建成一個強國。去年經濟增長達8.3％，是二十年新高。外匯儲備增加一倍半。不管這是因為能源價位上揚，還是一年來經濟市場化的後果，成績有目共睹。但是，俄國前景如何，俄國向何處去？仍在困惑俄國社會。

「俄國向何處去」是一個老生常談的問題。早在上世紀八十年代後期，蘇聯著名電影導演戈沃魯欣曾拍過一部電影，叫做《不能這樣生活下去》。這部影片痛陳蘇聯制度的弊病，要求改革的社會情緒非常迫切。蘇聯改革的始作俑者戈巴契夫就是這種社會情緒的產兒。戈巴契夫從蘇聯共產黨內部開始改革運動，希望能在共產黨的框架裡找出一條符合社會需求的路子。1991年發生的流產政變說明，戈巴契夫的路子走不通。去年，戈巴契夫主持組織俄國社會民主黨時，再次說明，他認為俄國的道路就是社會民主主義。接著是葉利欽當政。葉利欽提出俄國要走政治民主化和經濟市場化的道路，重用以蓋達爾為首的自由派經濟學者，主張市場自動調節，實質上是無為而治。然而俄國當時的經濟和社會條件沒有成熟到這個地步，因此沒有得到社會認同，只好退下來。所謂改革的浪漫主義時代結束。1996年大選，新興工商界巨頭保住葉利欽過關；但是，政府由溫和派或者保守派掌權，全國經濟沒有好轉，只是給工商寡頭們造成了發財機會，大量資金流到國外。從主觀上來說，正如當年的總理切爾諾梅爾金所說：「本想搞得好一些，結果卻是老樣子。」到了葉利欽後期，民主化和市場化遇到的阻力越來越大，直到1999年12月31日葉利欽辭職，俄國再次面臨選擇。時勢造出新英雄普京。全國上下都對普京寄予很大期望。

一年過去，普京帶領俄國走哪條路的爭論在公眾意識裡並

沒有消失。近來親總統的統一黨與中左派的盧日科夫「祖國—全俄羅斯」運動首先宣佈在杜馬聯合行動，接著杜馬兩個小派「人民代表」和「俄羅斯地區」宣佈加入。這樣政府就有了杜馬的多數票。在野的右派力量聯盟和左派的俄共和農民黨就失去左右政府工作的能力。出現這種局面，會影響俄國政治生活的民主化，因而再次出現普京會走皮諾切特的路線，或者中國路線的說法。這種路線的特點，此地公眾的理解是威權政府加市場經濟。一些國家走這條路取得經濟發展，被一些俄國人認為是適合俄國的，包括像普利馬科夫和俄共領袖久加諾夫這些政界重量級人物。普京身邊的經濟顧問伊拉里昂諾夫常同政府唱反調，也是盛讚中國模式的人物。最近莫斯科的中俄銀行合作研討會上，莫斯科外匯交易所總經理查哈羅夫所作長篇報告肯定中國經濟發展的道路。與此同時，俄國右派聯盟領導人聶姆佐夫卻認為中國的道路是行不通的。聶姆佐夫曾任第一副總理，葉利欽曾說他可以接班。他上任後第一件事就是提議國家官員一律改坐國產伏爾加小轎車，而且身體力行，換上他的故鄉下新城（到中央之前任該州州長）出產的伏爾加小轎車。誰知大官們回應者絕無僅有。別人仍是賓士（Benz）、沃爾沃（Volvo），風馳電掣，他常常落後於總統車隊，反而誤事。他在4月29日的電視專題節目《總結》答主持人葉夫根尼‧基謝廖夫問時曾談到世界各國發展道路的問題。他們的對話如下：

> 聶說：不可能在不民主的國家裡建成自由經濟。如果我們的目標是把俄國建成一個富國，這是大家一直都在說的。那麼讓我們看一看，另一個世界，西方世界，是怎麼一回事。歐洲國家都富有，美國是富

國，加拿大是富國，日本是富國，澳大利亞和新西蘭是富國。這些國家歷史不盡相同，風俗習慣不盡相同。

基說：是的，沒有一個富國不搞民主的。

轟說：完全對！這正是我要說的。如果我們想成為富國，我們就應當是民主的和搞市場經濟的。這就是最主要的結論。

基說：另外一種意識形態說，需要大躍進，需要限制公眾辯論，包括在媒體進行辯論。因此要控制媒體，首先要控制電子媒體。少說話，多做事。

轟說：這是獨裁者的意識形態。

基說：我們先把經濟搞好，再來放鬆，再來讓大家出氣。

轟說：這些我們都領教過了。西班牙有過弗朗哥，智利有過皮諾切特。都說在皮諾切特當政時日子好過。根本不是那回事。智利發展是在他下台以後。

基說：中國呢？

轟說：我曾擔任過俄中政府間委員會的主席。我對中國有相當的瞭解。通常都是把外國人運到華東去，中國資本主義，或者中國共產主義的視窗，隨你說好了。深圳啊，上海啊，更不用說香港了。你去過中國西部嗎？這簡直是災難。八億無權的貧困的農民，他們拿不到一分錢的養老金。三億失業人口。共產黨人對我們說，咱們借用中國模式吧。那就叫他們告訴我們，中國有多少失業人員，有多少窮人。你知道不知道中國西部的人年平均收不到一百美元？

記者：一百美元？

聶說：是的，少於一百美元！由於那裡沒有自由媒體，沒有多黨制，中國人民不瞭解，準確些說，世界社會不瞭解。我想說的是，如果俄國沒有自由和民主，俄國就會有胡作非為，就會有貪污腐化。俄國的城市就會受凍。如果沒有電視播送濱海區、堪察加、楚科特加，如果沒有電視播送車臣和不久前發現的當地大規模葬群，我請你相信：當局根本不會去管這些事。

聶姆佐夫作為政治家，對中國形勢是這樣估計的。但是作為金融家的查哈羅夫從中國證券交易情況看中國投資政策的成功和企業股票高度資本化。他認為「中國國內國家債券市場的高度效益是其他走上市場經濟道路國家的榜樣」，「中國金融市場發展的例子對我們來說，最重要的是發展與調節的措施和諧的結合。國家和金融市場的專業參加者都是為了一個主要目標：確保穩定的經濟發展」。普京曾派政府主管經濟政策的部長格爾曼‧格列夫前去中國作考察。這是歷屆俄國政府所沒有的。但是他回國後沒有對中國經驗表示態度。從普京現在採取的路線來看，他一方面加強管理武裝力量、法制、行政改革，提出宣傳俄國積極形象，同時提出國家資訊安全問題，可能會對社會言論採取加強管理的態度，最近發生的獨立媒體被國家占主要地位的公司拿去一事就是明證。另一方面，加強經濟自由化，重用以格列夫為首的自由派經濟家，一年多來出台的經濟政策都對市場經濟有利，因而經濟發展。但是對於不斷出現樹立普京個人威權的作法，不明確表示反對，自然引起國內外的關注：俄國到底要走哪條路？

56 俄羅斯經濟正在復甦

2001/07/08

俄羅斯經濟經歷近十年的滑坡已經走出谷底，1999年增長速度為5.4％；2000年增長速度為8.3％（預計額為5.5％），為二十年經濟增長新高；工業連續二十六個月增長，平均年增長12％。投資增長17％；工資增長20％。去年以來退休金多次提高。外匯黃金儲備由2000年1月的一百二十四億美元增加到2001年6月29日的三百五十一億美元，是俄羅斯十年來新高，增加速度令人吃驚。國內儲蓄額占國內生產總額由17％增加到26％，今年預計為32％，人均二百十四美元。稅收超過預算高達30％以上，今年第一季度稅收超計畫52％，是十年經濟改革以來最佳成績。進出口貿易年年出超盧布匯率穩中有升，實際增值13％。失業人數下降19％，目前正式登記為七百四十萬人；實際人數少於此數。因為有一大批自謀工作者不向居民就業局註銷登記，以便繼續領取失業救濟金。

經濟連續增長的原因是：1998年盧布貶值，進口減少，刺激國內生產，國內生產利用差價，提供市場商品量增加；國際能源價格居高不下，財政收入大量增加，超出政府預料，占國

內生產總值29.5％。出口增加。單是石油美元收入，1998年為一百四十五億，1999年為一百八十八億，2000年為三百五十至三百七十億美元，增長速度相當快；政局趨於穩定，經改速度加快。普京新政府經濟發展政策由市場經濟派控制，不斷調整政策，包括減少稅收，今年個人所得稅減至統一稅率13％，去年實行累進稅，最高達35％。日前國家杜馬通過法案，將利潤稅從35％降至24％。另外，中小企業發揮了相當大的作用。2001年經濟形勢仍在發展中。但今年計畫增長速度放慢，預計為4.2％。普京在今年的國情咨文中對此表示不滿足，要求政府重新考慮。第一季度重點增長部門為機械加工、能源和食品工業。2月份消費口銷售額增加8.7％；基本投資增加3.4％；出超一百四十五億美元，出口增加4.1％。國內生產總值計畫為七萬八千億盧布，按現行匯率合兩千七百億美元，按實際購買力合六千二百億美元。人均一千九百美元，或實際購買力人均四千三百六十六美元。稅收繼續增加。第一季度社會福利稅收入增加33％，超額6％。

俄羅斯今年經濟改革有四個重點：

一是稅務改革，首先是減稅，去年與工資掛鉤顧主應繳納工資額39.5％的稅，今年為35.6％。道路捐由原毛營業額的2.5％，減為今年的1％，明年計畫取消；降低利潤稅。

二是放寬外匯管制以利投資。外貿收入退回國內的期限放寬，現在是兩個月，改為六個月，最長可達三年。

三是公用事業收費改革。現在60％的公用事業費用由國家預算負擔。

四是各種所有制企業都有平等權利競爭國家訂單，沒有特殊照顧。

普京積極實行政府體制改革，如加強垂直機構，以改葉利欽時代諸侯分割局面，統一全國法律（原聯邦主體各自制定的憲法有違背聯邦憲法的條款），加強財政紀律（原有些聯邦主體將應歸中央的稅金留在自己手中），調整司法與執法許可權等等，對經濟發展起了促進作用。

　　當然，俄國經濟發展仍然有不少問題。如，外部因素影響過大。國際能源價格起決定性作用，已引起俄國經濟界關注；原材料出口為主。加工部門由於銀行利息過高，缺乏流動資金；債務沉重：內債2001年1月1日為五千五百六十億盧布；外債一千四百四十億美元，合計一千六百三十億美元，人均一千一百零九美元；經濟政策投資政策調整速度慢，缺乏明確的外資優惠政策。但經濟部長在今春考察中國經濟政策以後，已在研究改進俄國的投資政策，如實行「一個窗口」。另外，通貨膨脹突破計畫額。

Headline 57 中俄戰略夥伴關係與美國

2001/07/08

　　江澤民主席應俄羅斯總統普京邀請，於7月15日至18日前來莫斯科討論布希總統上任以來出現的國際新形勢和簽署兩國友好睦鄰合作條約。這次兩國首腦會晤與以往不同，錯綜複雜的國際形勢和中美俄三角關係出現了許多新變數。中俄關係從不久前成立的「上海合作組織」，進入一個新階段。布希總統耍弄肌肉的結果是把中俄推到成立與美國抗衡的橫跨歐亞的新一極。美國實現單極世界獨霸天下的雄心受到沉重打擊。可說是中俄外交比布希略勝一籌。與此同時，中俄同美國的較量進入一個新階段。從中國來說，美國明顯把戰略重點移向亞洲，視中國為主要的戰略對手和競爭對手。中國利用中俄合作對付美國，是順理成章的事。

　　從俄國來說，目前正處於重振大國雄風復興國家的關鍵時刻，有了中國這樣一個戰略夥伴，自然會輕鬆一些。因此，俄國國際事務專家對中俄友好條約評價甚高，說明兩國在許多方面利益是一致的，認為是兩國關係改善的邏輯結果。但是俄國政界對這項條約的簽署提出一些背書。他們認為這項條約不應束縛俄國

同其他國家建立建設性關係的手腳，否則對俄國來說就是一場悲劇。

俄國外交正具有越來越多的實用主義性質，自然不會作繭自縛。俄國著名政治學家勃拉戈沃林從「莫斯科—北京—華盛頓」三角關係來看，認為俄中兩國各自對美關係都極其重要，如果這項條約具有明顯的反美色彩，對俄國是不利的，因為俄國目前極需在東西方都建立良好的關係。俄國科學院遠東研究所俄中關係研究與預測中心主任魯加寧也提醒說，儘管這項條約是雙方十年來政治經濟合作的結晶，但是要平衡俄中美三角關係，不能造成三家中某兩家背後進行反對第三家的談判。「中美之間必然會找到妥協：政治歸政治，但是，我們鄰邦的經濟中美國資本相當大。」俄國媒體對上海六國會議的報導中都強調「俄國總統積極準備同布希進行會談；中國首腦則強調要同美國進行建設性對話」。可見雙方都不願意搞壞同美國的關係。

據傳俄美首腦在斯洛文尼亞會談中，布希對普京說中國才是俄國最大的威脅；普京則對布希說在處理導彈防衛問題時要考慮中國的意見。莫斯科大學亞非學院格爾勃拉斯教授在6月號的《專家》週刊發表的文章題目是《大國和軍工情節》，副題是《俄中信任關係在可預見的未來是不可能的》。這個觀點代表了相當一批俄國政界的意見。

美國尼克森中心的俄國問題專家德米特里‧賽姆斯對美國政府制定對俄政策起著相當重要的作用。他勸布希政府不要把中俄兩國推到一起，同時也不要讓中俄兩國利用政治軍事同盟關係來訛詐美國。「俄國和中國在發展兩國關係時，都不願超過兩國各自同美國的關係發展。」《紐約時報》莫斯科辦事處主任泰樂認為中國是普京可能用來壓美國一個籌碼。在他看來，中俄兩國友

好條約的簽署必然加強中俄防務合作，普京也許會協助中國開發多彈頭技術，擴大中國的核武庫和向中國出售類似庫爾斯克號的奧斯卡級核潛艇。

中俄關係中除了美國影子外，還有俄國傳統盟國印度和越南的影子。俄國為了平衡同中國的關係，近來積極加強同這兩個亞洲國家的合作。越南有俄國海外最大的海軍基地，既位於亞洲，又在同中國有一箭之仇的越南。俄國在向中國出售先進武器的時候，並未忘記留一手。在向中國出售蘇愷27戰機時，向印度出售更先進的蘇愷30；在向中國出售蘇愷30戰機時，已經同印度聯合研製第五代戰機。俄印合資公司「布拉馬普特拉河—莫斯科河」已經成功實驗超音速反艦巡航導彈，其射程達二百八十公里（不擴散導彈技術條約規定為三百公里）。俄國售給中國的現代級巡洋艦（956型）配備3M-80E超音速巡航導彈「莫斯吉特」，其射程只有一百五十公里。同時售給印度改進型的1135.6型巡洋艦，配有3M54E超音速巡航導彈，其射程近三百公里。俄國平衡中印兩國先進武器的目的就是為了維護自身的相對安全。俄國《消息報》透露，中國國防工科委駐莫斯科代表處的人員「比中國大使館的人員還要多」。俄國軍方對中國軍力的上升憂心重重。俄國安全部門加強調查同中國進行科技合作的俄國單位和學者，正是這種心態的表露。

俄國專家認為中俄兩國在戰略方面各有一套。中國是「依靠北方（同俄國建立戰略夥伴關係），中和西方（消除印度和中亞對華敵視態度），向東南擴張（指政治軍事和經濟方面）。」俄國的戰略則是「依靠西方（加強同歐洲的關係——主要的投資來源），中和東方（消除來自亞洲鄰居的現存的潛在的威脅），向南擴張（恢復在前蘇聯境內失去的陣地）」。

從目前的三角關係看，普京占優勢。布希正在努力修好俄美關係，對俄的強硬態度正在降溫。普京在同布希會談前總是先同中國通氣，手中握有中國牌。中國面臨美國咄咄逼人的氣勢，在一定時期內會加強同俄國合作，以便打出俄國牌。本國利益第一，正是外交政策的基石。

Headline **58** 俄國十年打造出億萬富翁

2001/07/09

　　不久前《Forbes》雜誌發表了全球億萬富翁的名單，其中俄國八大富翁榜上有名。他們是：米哈伊爾‧霍多爾科夫斯基（「尤科斯」石油公司總裁，身價二十四億美元）、弗拉基米爾‧波塔寧（「國際俄羅斯」控股公司總裁和「諾里斯克鎳業」公司總裁，身價十八億美元）、弗拉基米爾‧柏格丹諾夫（「蘇爾古特石油天然氣總公司」總裁，身價十六億美元）、列姆‧維亞赫列夫（「天然氣」總公司總裁，身價十五億美元）、羅曼‧阿勃拉莫維奇（「西伯利亞石油總公司」和「俄羅斯鋁業總公司」總裁，身價十四億美元）、瓦吉特‧阿列克彼羅夫（「魯科伊爾」石油總公司總裁，身價十三億美元）、米哈伊爾‧弗里德曼（「阿爾法銀行」董事長，身價十三億美元）、維克多‧契爾諾梅爾金（「天然氣」總公司原董事長，身價十一億美元）。1997年起《Forbes》發表的全球億萬富翁名單上都有俄國人。他們是如何發家致富的呢？

　　這些俄國富翁在國內對自己的財富往往噤若寒蟬，然而美國雜誌還是有一定根據才報出這樣的數字。在有人問到《Forbes》

倫敦辦事處公關人員薩拉・麥克唐納時，她答覆說：「本刊專家根據億萬富翁擁有的股票和財產價值來計算每位億萬富翁的『價值』。如果名單上的人擁有的股票不參加自由流通，其價值就按這間公司的市場價格來確定。消息來源是不公佈的。」我們從根據這個說法來看一看俄國億萬富翁的財產情況和發家史。

名單上俄國的首富是霍多爾科夫斯基。他發跡於梅納捷普銀行，利用銀行資金組織金融工業集團，以低價購入石油公司及其他工業企業。尤科斯是俄國第二大石油公司。

波塔寧是國際俄羅斯控股公司總裁，擁有世界最大的鎳業公司，曾任俄國政府第一副總理。這間公司除生產鎳外，還生產鉑金和俄國三分之一的銅。他發家於聯合進出口銀行，也是以銀行為基礎，利用同政府的良好關係，順利購入諾里斯克鎳業公司，組成金融工業集團。目前這家鎳業公司是俄國運轉最佳工業企業之一，職工薪金居全國前茅。去年的利潤高達二十億美元。

蘇爾古特石油天然氣總公司是俄國第三大石油公司。有自己的銀行、退休基金公司、保險公司等金融機構，形成一個強大的石油金融集團。柏格丹諾夫是集團總裁。

俄國天然氣總公司有兩名老闆進入名單。這間公司市場值已達四百一十億美元，如果加上它擁有的地下資源，則達數千億美元。它是世界最大的天然氣生產商，擁有世界四成天然氣儲存量。私人股東握有20.7％的股票。列入名單的原董事長契爾諾梅爾金（前政府總理）和總裁維亞赫列夫個人擁有相當數量的股票。這些股票的市值就是前面說到的財產額。

阿勃拉莫維奇一直是一個神秘人物。他曾與別列佐夫斯基合作，是葉利欽「家族」成員。在其他人失勢之後，他依然得到克里姆林宮的信任，是最後一個離開克宮的人。現在是俄國最遠的

楚科奇自治區的州長。他主要的財產是「俄羅斯鋁業」總公司。鋁是俄國出口大項。俄羅斯鋁業總公司的價值多少，可以從它的保險金額看出。最近它正式宣佈公司投保一百二十億美元。其他財產就不用說了。因此，他的身價定為十四億美元看來並不算多。

　　魯科伊爾石油總公司是俄國最大的石油生產商和貿易商。全俄四分之一的石油出自它的油井，是世界石油生產商五大巨頭之一。它在世界各地有數十家子公司。這個集團擁有銀行、石化企業、投資公司、運輸公司、貿易公司、保險公司等。它到底有多少價值，誰也說不清。它的老闆阿列克彼羅夫，曾任蘇聯時期的石油天然氣工業部第一副部長，名列億萬富翁是自然而然的事了。

　　阿爾法銀行目前是俄國最大的私營銀行，全國銀行排名第四，分行遍佈全國各地。自有資本八億美元。這個金融工業集團還擁有石油公司、工業企業、投資公司等。弗里德曼一直是這個集團的董事長。

　　俄國經濟改革中湧現出一大批百萬富翁億萬富翁，是一批「先富起來的人」。他們發家首先借助於私有化。根據俄國十年前制定的私有化，企業5％的股票按面值售給本企業領導層，他們得以最低價格購入這些股票；其次是通過低價收購本企業職工手中的股票，從而擁有控股權。像俄國最大的公司天然氣總公司國家只擁有38.7％的股票。接著，這些人或者自己出身於政府官員，或者與政府官員有良好的個人關係，在國有財產私有化的過程中，官僚與資本相結合，造成了一批新富翁。最後，俄國經濟界精英利用國家經濟轉軌和市場經濟提供的機會，發了大財，對俄國經濟發展起了推動作用。這是他們的積極意義。至於說造成的貧富巨大差異，只有在經濟發展的過程中逐步解決。

59 蘇聯太子黨：
不愛權力愛學問

2001/07/12

　　集權主義國家蘇聯領導人為自己子女提供的不是高級黨政職位，而是良好的文化教育。他們的後輩沒有在黨內政府裡擔任什麼重要職務，而是一心一意從事學術研究，從事科技工作。「學好數理化，走遍天下都不怕」這條顛撲不破的真理在他們身上充分體現出來。儘管朝代更迭，後任往往把前任全盤否定，但是他們的子女雖然受牽連吃到一些苦頭，但最後仍然回到自己的專業部門，繼續從事自己的專業工作。蘇聯這些老布爾什維克們抓住了黨內鬥爭的真諦，為了子女們的安全，沒有把他們安插到權力部門任職，而是要他們學有一技之長。

　　蘇聯國家領導人子女從事科技事業是從貝利亞的兒子謝爾戈開始的。

　　謝爾戈‧貝利亞生於1924年。1941年中學畢業後考入內務部無線電技術實驗室。蘇聯衛國戰爭開始後，他自願報名上前線，立即被派往情報學校學習無線電通訊技術，以中尉軍銜畢業，參加情報工作。後被派往軍事通訊大學學習。學習期間參加過德黑蘭和雅爾達盟國首腦會議的工作，榮獲紅星勳章。1947年大學

畢業後進入第一設計院，先後擔任總工程師、總設計師，負責研製導彈系統，時年28歲。因工作出色被授予列寧勳章和國家獎，1952年通過技術學博士論文答辯。朝鮮戰爭初期受史達林委託研製防空導彈。貝利亞被槍斃後，他受父親案件牽連，與母親一起被流放到烏拉爾，繼續科技工作。1960年打下美國間諜飛機的導彈就有他的功勞在內。流放十年後經蘇聯軍工科技界泰斗們的要求被允許到「彗星」設計院基輔分院工作，1990年起擔任總設計師。不久前去世。

阿納斯塔斯‧米高揚曾擔任蘇聯黨和國家領導人五十多年。他的子女中沒有一個人利用父親的權力謀求高官厚祿。他一共生有五個兒子：老大斯傑潘，1922年生，飛機試飛師，自願上前線，在空戰中負傷，現為空軍中將。老二弗拉基米爾，1924年生，殲擊機飛行師，1942年在空戰中犧牲。老三阿列克塞，1926年生，飛行員，在念高中時自願趕赴衛國戰爭前線，戰功顯著，被提升為空軍中將。老四瓦諾，1929年生，著名飛機設計師，在米高揚飛機設計院工作四十六年，參加米格飛機的設計工作。現任副總設計師。老五謝爾戈，1931年生，莫斯科國際關係學院畢業，拉丁美洲問題專家。米高揚四個兒子都與航空有關，是因為他們的父親忙於公務，沒有時間管他們的教育。他們從小由叔叔阿爾焦姆‧米高揚管教。阿爾焦姆就是至今雄風不減的米格飛機最初設計人。

赫魯雪夫的小兒子謝爾蓋‧赫魯雪夫，1935年生，畢業於莫斯科動力學院，畢業後即從事導彈研究和設計，1958至1968年在第二聯合設計院，1968至1991年在「動力機械」科研生產聯合體工作，技術科學博士、教授、列寧獎金獲得者，莫斯科著名的包曼高級工業學校（現俄羅斯科技大學）兼任教授。1991年應美國

布勞恩大學邀請，擔任該校國際關係研究所高級研究員，教授有關俄國的課程，1999年獲美國籍，因此現在具有俄美雙重國籍。赫魯雪夫被迫下台以後，政治上對他沒有什麼牽連，依然從事自己的導彈研製工作。

蘇聯國內戰爭時期赫赫有名的騎兵將領布瓊尼，早就成了神話式的人物。他的女兒尼娜·布瓊尼，1956年考入莫斯科大學新聞系，畢業後到新聞社進修，從普通編輯做起，做到新聞社出版社部主任。她寫了一部揭發蘇聯政權內幕的書《體系》，至今仍未能出版。

蘇聯總理兼外交部長莫洛托夫，從列寧時代就開始擔任重要的黨和國家領導職務。他的親生女兒斯維特蘭娜沒有什麼建樹。她的兒子，莫洛托夫的外孫，維切斯拉夫·尼肯諾夫卻是當代俄國著名的政治學家。尼肯諾夫生於1956年，一年之後，他的外祖父莫洛托夫被赫魯雪夫定為反黨集團成員，從此脫離政壇。尼肯諾夫從小在家裡聽說不少有關蘇聯政治生活的故事。他和外祖父住在一起。這幢位於莫斯科市中心羅曼諾夫巷三號的大樓，離克里姆林宮只有幾百米遠。列寧的弟弟德米特里·烏里揚諾夫和蘇聯許多領導人曾經在這裡住過。柯西金總理、伏羅希洛夫元帥、布瓊尼元帥、朱可夫元帥、羅科索夫斯基元帥、科涅夫元帥都是尼肯諾夫的鄰居。尼肯諾夫中學畢業後考入莫斯科大學歷史系，專門研究美國史，畢業後留校工作，在本系西歐和美國史教研室工作了十一年。1989年他成了蘇聯最年輕的歷史學博士。先後發表三百多篇論文和幾本專著。他支持戈巴契夫的改革運動，曾以政治分析專家的身分出任戈巴契夫的顧問，負責撰寫戈巴契夫的發言。俄羅斯時代，尼肯諾夫做過一屆國家杜馬議員。現任一家政治學研究機構「政治基金會」總裁。

蘇聯「太子黨」以自己的學術成就為國家和人民做出了
貢獻。

Headline 60 莫斯科式的三國演義

2001/07/15

今年（2001）7月15日是當代國際關係中值得大書特書的一天。

7月15日這一天，江澤民主席乘著北京申奧成功的東風，喜氣洋洋飛赴莫斯科進行一場可以說是他一生中最重要的國事訪問。這次訪問為今後幾十年的世界構架畫出新藍圖。既要簽署總結20世紀開拓21世紀中俄關係的睦鄰友好合作條約，又要與普京總統討論美國退出導彈防禦條約的對策。江澤民與普京近來在許多國際事務中立場相同或者相似，可以說是中俄關係進入新蜜月的開始。江澤民心情愉快，信心實足，簽約後主動上前同普京熱烈擁抱三次，在場人無不興高采烈。

中俄這對歡喜冤家，五十年多年來經歷了當代國際關係史上一個曠世駭俗的三部曲：從「毛澤東─史達林」親密友好的盟友加兄弟到「毛澤東─後史達林」（赫魯雪夫勃列日涅夫）兵戈相見的敵人到「江澤民─葉利欽─普京」普京成熟理智的夥伴。新的中俄條約可以說是三部曲的最佳結晶。中國也好，俄國也好，各自都在維護本國利益，都不會為了他國而犧牲本國利益。有了

這樣的認同共識，兩國關係才會保持現在的勢頭穩定發展下去。中俄新條約除了表示世世代代友好的願望以外，有兩點重要內容，即雙方沒有領土要求和永不向對方使用武力。這兩條可以說是中俄兩國領導和公眾從幾十年歷史教訓中得到的積極結論。領土問題是兩國公眾都關心的事。俄國公眾可以放心的是中國從法律上表示不再對俄國提出任何領土要求。對中國公眾來說，有助於消除要求恢復遠東領土的不平心理。這個問題的解決有助於兩國的友好相處。互不使用武力的條款，實際上是中國向俄國提出的保證，俄國賣給中國的先進武器不會有一天指向俄國。俄國軍方和一些俄國戰略研究專家經常指出大量向中國出售先進武器是飲鴆止渴。俄國向印度出售更先進的武器就是戰略平衡的重要手段。這一條對雙方建立信賴關係十分重要。

在簽約的當天，普京在回答義大利記者時就指出，中俄條約「不是建立戰略聯盟的跳板」、「不是對美國退出導彈防禦系統的答覆」、「中國的核武力比俄國要差得多，中國將獨立決定對這個問題的政策」。中俄關係的政治格局和軍事格局已經基本定型，下一步就是推動兩國經濟合作，把經濟合作提高到與政治和軍事合作相應的水準。俄國官方對中俄經濟合作的現狀一直表示關注和不滿。普京在簽約儀式上再次提到經濟合作的問題不是偶然的。

7月15日這一天，江澤民飛赴莫斯科，不僅有俄國戰機護航，還有美國導彈的護航。7月15日清晨，在江澤民動身之前，美國第四次發射導彈防禦系統的空中攔截導彈，而且發射成功。選擇江澤民飛赴莫斯科的當天發射導彈，不僅表示美國正在加快國家導彈防禦系統的研製和佈署。這次空中攔截導彈演習正是向中俄發出的毫不含糊的信號。美國也許指望用這顆導彈在中俄關

係中打進一個楔子，也許要警告中俄不要走得太近。美國的目的能否達到，還是一個問題。很可能適得其反，中俄更會感到兩國合作的緊迫性。

布希總統不顧包括中俄和美國盟國在內的世界大多數國家的反對，加快導彈防禦系統的部署，普京會覺得布希欺騙了他。不久前斯洛文尼亞俄美峰會時，雙方達成認同，在對1972年導彈防禦條約採取行動之前要進行磋商。布希採取單方面行動，無疑是對俄國的一記耳光。中俄新約至少是向美國發出的一個信號：如果美國在1972年導彈防禦條約問題上一意孤行，那麼中俄將聯手反對。至於說反對的方式，則是兩國根據各自情況做出各自的反應，但為此而結成兩國軍事同盟是不可能的。俄國媒體對條約的評價是積極的，雙贏的。同時十分得意地指出，俄國是中國唯一簽署類似條約的國家。不過也有一些其他評論，如獨立電視台認為「中俄關係的主動權轉入中國手中」，「人口最多的國家同領土最大的國家結合，難免存在內部矛盾」。

7月15日這一天，美國總統安全助理萊斯到達莫斯科，同俄國政府商談雙方在八國首腦會議期間會晤時的議題。據俄國媒體報導，主要是兩大問題：導彈防禦系統和俄國在表決制裁伊拉克時使用否決權。布希知道普京在這兩個問題上難於向美國讓步。萊斯率領整整一個團隊前來莫斯科，而且還用發射導彈以壯行色，可見這位鷹派人物的決心。不過，耐人尋味的是，自7月14日《消息報》報導她到莫斯科來的消息以後，她的名字就從媒體上消失了。在此之前，美國外交老手基辛格已經以參加國際奧林匹克委員會會議身分到達莫斯科，並同普京進行了單獨會談。這位鴿派人物一再向俄國媒體表示，他此行不是「教導」，而是來「學習」的。學習什麼？很有意思。不過我們可以看到，美國唱

白臉紅臉的人先後趕赴莫斯科作說客，無非是要給中俄會談添加一點另樣色彩。

江澤民到達莫斯科之後也許會聽到俄國內部對中俄關係的一些雜音。在他造訪前夕，俄國電視第一頻道俄羅斯公眾電視台在評論中俄關係和江澤民訪俄的節目中提到遠東安全，特別提出中國對俄國遠東有一百萬平方公里領土要求的問題。

7月14日，《消息報》發表政治軍事分析研究所所長沙拉文的長篇文章。這篇文章可以說表達了部分俄國人對中俄關係「持不同政見」的典型觀點，其激烈程度為近年來罕見。他認為，俄國在三角關係中不是一角，只是美中兩國爭奪的場所。「美國對俄國的軍事威脅具有純粹神話的性質。而中國對俄國的軍事威脅是很清楚的。」他認為俄中軍事衝突的原因多多：地理上的、經濟上的、政治上的、歷史上的和人口上的。地理上指兩國有著漫長而對俄國不利的邊界。經濟上指中國發展經濟所缺資源大部分在遠東。歷史上指中國認為遠東地區原本是中國領土。他舉出中國俄羅斯戰略研究所1999年第五期上發表的上海國際研究所歐洲室副主任趙華生（譯音）的一篇文章《談中俄關係長期穩定的發展》，說這篇文章提出「中國過去一向認為歷史上遠東大部分領土是中國的。我們認為沙皇俄國無理強占了這些領土。」軍事上，指中國軍隊在俄國武器裝備下已使俄國失去了十年前對華軍事優勢。人口上指中國人口是俄國遠東人口的三十倍，從所謂「生存空間」理論出發，認為中國移民會超過當地居民。沙拉文對中俄美三國關係的評論是：「中國不是我們反美的盟友。而美國是我們反對中國的盟友。原因不在於美國對俄國抱有什麼友好態度，而是他們不希望中國無限制強大。」這篇文章代表了俄國親西方專家和政界一些人對中國不友好的立場，選在江澤民訪俄

前夕發表，似乎不僅提醒俄國政府，也提醒中國政府，一切要適可而止。

簽約後普京在回答記者問時說，江澤民用俄國俗語說明兩國關係：「事情在辦著，辦公室在寫著。」意思是中俄友好已經成了日常的事了。

莫斯科中俄會談並不是兩國會談，而是熱鬧異常的三國演義。

2001/07/17

今年夏天，莫斯科奇熱，據本地氣象台報導，氣溫比正常年份高七度。莫斯科居民熱得叫苦連天。凡是能下水的地方，無不人滿為患。有位俄國小姐熱得不想穿衣服，乾脆用人體畫取而代之。這位裸體小姐被員警請走。小姐若無其事，而年輕的員警卻滿面通紅，不好意思看她。

7月13日，莫斯科氣溫高達罕見的攝氏三十度。國際奧林匹克大會場所裡的氣氛更熱烈。這一天要投票選出主辦2008年夏季奧運會的城市。五大競爭對手，北京普遍看好。但是，也不能說穩操勝券。再加上一些人權人士鼓噪反對。萬一功虧一簣，豈不前功盡棄？因此，場內場外的中國人和支持中國的外國朋友，隨著大會的進程，臉上的表情猶如春天的天空，時而晴朗時而陰沉。

在北京代表楊瀾女士以東方女性端莊嫻雅的迷人風度報告北京準備情況，信心十足地回答委員們的詢問，贏得全場「暴風雨般的掌聲」，給中國人增加了必勝的信心。

投票開始，全場鴉雀無聲。第一輪表決結果公佈後，一片嗡

嗡。在場中國人，既感到意外，又感到緊張。意外的是第一輪北京竟然沒有超過半數。中國人認為只有北京才有資格主辦2008年奧運會。緊張的是以後的投票情況難於逆料。因此，第二輪投票時，中國人表情緊張嚴肅。特別是歐盟日前通過決議不支持北京主辦奧運會。投票以後，大家瞪大眼睛望著主席台上的動靜。主席台上卻久久不做聲。薩馬蘭奇終於在助手的陪同下緩緩走向講壇。在他走向講壇的若干秒之間，在場的中國人心裡七上八下。薩馬蘭奇宣佈北京中選，全場熱烈歡呼。中國人更是熱淚滿眶，雀躍如狂。鳳凰衛視中文台設在俄羅斯大酒店二十一層的直播台會場裡，全體在座華人紛紛開啟大香檳酒，澆向對方。陳魯豫竇文濤一行，激動得互相擁抱相對大哭。海內外華人共同願望得以實現。中國終於取得主辦權。今年奧會在莫斯科開會挑選2008年奧運會京城，加重了旅俄華人的擔子。各地旅俄華人全體出動，聲援申奧，與全國同胞和海外華人共同努力，終於如願以償。

這次在俄國投票選舉2008年奧運首都，對中國非常有利。俄國體育界、莫斯科市政府、大多數老百姓，都支持中國。北京中選以後，莫斯科街頭的俄國老百姓，都向中國人表示熱烈祝賀。投票前夕，《莫斯科晚報》搞了一次民意調查「你會選哪一座城市？」。絕大多數人贊成北京主辦。奧林匹克村運動中心總經理文格林斯基說：「我投北京的票。中國正處於經濟高漲之中，運動事業發展很好。」著名電影導演霍吉延科說：「儘管我很喜歡巴黎，但是2008年奧運會應當在北京舉行。中國人民組織性強，再說中國人好像我們的兄弟。我想他們一定會天才地安排好一切。」全球化問題研究所所長傑列京認為中國是世界第二超級大國。中國人會保證高品質地舉辦奧運會。俄國體育界普遍支援中國主辦。足球協會副主席西莫尼揚特別指出中國運動員在奧運會

上和其他國際比賽中成績優異。因此他投北京的票。電視導演洛佳努說得更乾脆:「北京,北京,只能是北京。北京是世界上最漂亮的城市之一。」莫斯科市政府旅遊委員會主席安久費耶夫認為「中國是一個偉大的強國,有許多傑出的運動員,有資格主辦奧運會」。在這種氛圍中,北京如魚得水。

當然,俄國是一個多元意識形態的國家,對北京主辦奧運會也有不同意見。此地部分觀察家認為北京的弱點是「複雜的人權狀況」。俄國的人權人士聯合西藏分裂主義分子7月10日在莫斯科中央記者之家舉行了一場新聞發佈會,會場上掛著奧運會會旗,只不過五個圈子裡是手,象徵手銬。俄國著名人權人士科瓦廖夫提出,中國1980年曾抵制莫斯科奧運會。這一次俄國政府不允許魏京生參加新聞發佈會,中國大使館也曾向記者之家施加壓力。不過記者報導說,發佈會老生常談,沒有意思,主持者垂頭喪氣而散。

北京主辦奧運會,是中華民族21世紀的頭等大喜事。海內外華人,特別是海峽兩岸中國人都熱烈慶祝北京中選。奧運會給中國社會發展帶來了新的機會。

Headline 62　宦海如推理小說

2001/08/07

　　一個月前俄國政壇宿將、前任總理普里馬科夫發表卸任後的第二部政治回憶錄《八個多月》。這部書剛發表，立即引起俄國公眾的注意，被評論界稱作「政治推理小說」，內容生動曲折，從不得已就任總理，組閣的鬥爭，調整經濟政策，盛傳一時的「大西洋調轉機頭」，同金融寡頭的新聞之戰，同葉利欽「家族」的決裂，直到被迫掛冠的前後，八個多月的總理生涯，春蚓秋蛇，五彩繽紛，堪稱當代俄國政治生活的百科全書。

　　普里馬科夫，俄羅斯科學院院士，經濟學博士，阿拉伯問題專家，歷史學家，歷任蘇聯科學院東方學研究所所長、世界經濟與國際關係研究所所長，在政界也是一員老將，新俄時期擔任過國外情報局局長和外交部長。

　　1998年8月17日，俄國政府宣佈全面停止支付債務，國家面臨破產，引起國內外一片恐慌。為平息公憤，葉利欽立即撤掉俄國最年青的總理吉里延科，提出前任總理契爾諾梅爾金再次出任總理，遭到國家杜馬反對。按俄國憲法，如第三輪投票不通過，總統只好下令解散國會。經濟危機正在轉化為新一輪政治危機。葉利欽如熱鍋上的螞蟻，兩天之內三次要求普里馬科夫出任總理。

9月12日，葉利欽在辦公室召見被杜馬否決的契爾諾梅爾金、不願出山的前蘇聯第一副總理馬斯柳科夫和普里馬科夫共商國事。前兩人一致支持普氏接任總理。普氏再次拒絕。普氏在書中寫道：

> 我再次拒絕，認為由我出任總理的問題到此為止。同在座諸人告別以後，急忙走向電梯，想盡快趕回斯摩棱斯卡亞廣場（外交部所在地），我知道我的親近同事們正在那裡等待有關局勢的最新消息。但是，在克宮走廊裡，總統辦公廳主任尤馬舍夫、總統禮賓局局長舍夫琴科和包里斯・尼古拉耶維奇（葉利欽）的女兒吉亞琴科（塔吉揚娜）圍上了我。我攤開手說，我不能同意。這時沃洛佳・舍夫琴科，我多年的朋友，簡直大怒──我從未見過他如此激動。
>
> 「您怎麼能只替自己著想！難道您不明白我們面臨著什麼？8月17日炸毀了經濟，政府垮了。杜馬要解散。總統隨時都可能支持不住。您還有沒有責任心？！」
>
> 我不知道我出了什麼事，但這些話深深打動了我，我只反問了一句：「為什麼要我出來？」
>
> 「因為只有您能符合杜馬和各界的意願，還因為只有您能勝任。」
>
> 我已經記不起來是誰說了上面一句話，是尤馬舍夫、吉亞琴科？還是舍夫琴科？在我結結巴巴表示同意以後，他們開始擁抱我。有人跑去通知總統。

普里馬科夫就這樣被推上了台。儘管他的夫人哭著求他不要出任。

普里馬科夫上台以後，表示要繼續走向市場經濟，但要加強國家調劑作用，發展工農業生產，面向社會，反對寡頭利用公款和私有化發財。他的施政方針獲得國家杜馬支持。

　　普里馬科夫在回憶組閣過程時，談到總統辦公廳曾經就內閣成員問題向他施加壓力。吉亞琴科就想把一名商業界人士推出來擔任衛生部長，甚至走普氏夫人的路子。

　　1999年初，俄美兩國政府就經濟關係問題進行了大量磋商，雙方都有了充分準備，有一系列問題要在普里馬科夫訪美時決定。3月18日，戈爾副總統深夜打電話給普里馬科夫談科索沃問題，「請你相信，轟炸不是我們的選擇。」22日，美國副總統助理費爾特電話通知俄方，華盛頓認為普里馬科夫訪美對雙方都很重要，這次訪問將在科索沃局勢迅速發展的背景下進行，希望普里馬科夫瞭解局勢的嚴重性和美方採取的措施不會使普里馬科夫感到意外。普里馬科夫針鋒相對，答覆美方說，一旦美方對南斯拉夫動武，普里馬科夫將中斷訪美。23日晨，普里馬科夫從莫斯科起飛。途經愛爾蘭申農機場時，普里馬科夫同戈爾通話，要求他及時通報美方對轟炸南斯拉夫一事的決定情況。在大西洋上空他們兩人有一段通話。戈爾表示：「如果你決定飛來，我們對你表示歡迎。如果你決定推遲訪問，我建議向媒體發表的聲明中指出美俄關係具有最重要的意義，訪問不是取消而是改期。」普里馬科夫的回答是：「在你開誠佈公對我說，向南斯拉夫動武是不可避免的，我自然不能前來華盛頓。我要向總統申請批准如下聲明：在戈爾通知我不可避免要對南斯拉夫動武的情況下，我不能開始訪美，也不能在美國領土上降落。」然後普里馬科夫召集全團人員（部長、州長、助理、工商界），問他們是否贊同決定在大西洋上空掉轉機頭回國。大家一致同意。普里馬科夫通知機長

改變航向。當代外交史上空前的空中中斷訪問就此發生。

　　普里馬科夫同葉利欽身邊「家族」的關係一直緊張。他在《「家族」、總統和我》一章裡詳細描述了克宮的內幕。在他就任不久，就感到「一方面總統周圍的人想要我同克宮保持一定距離，另一方面又擔心我的獨立性。」1998年10月，普氏邀請吉亞琴科到政府大廈談話，希望合作，並問為什麼總統身邊的人搞小圈子。吉亞琴科答非所問地說：「哪裡呀，我們非常尊敬您。」11月底葉利欽住院，普里馬科夫多次要求晉見，都被吉亞琴科擋住。終於見到時，葉氏生氣地問他為什麼回避見面。普氏回答說，不僅不讓他見，連打電話給他都不行。這都是吉亞琴科的決定。葉利欽不置可否。葉利欽在位時，一直擔心別人取而代之。普里馬科夫寫道：

　　　　（1998年）10月20日，（葉利欽）突然從醫院回到克宮，立即把我請去。他問我，我是否能確認不提出擔任總統職務（？！）。
　　　　「我已經多次說過這一點。」
　　　　「好呀，你在電視攝像機前再說一次。」
　　　　「沒問題，我再聲明一次。」

　　普氏聲明之後，葉利欽才表示完全贊同政府的工作。

　　1999年5月12日，普氏按期前來克宮向葉利欽報告工作。葉氏「有點生氣地問：記者都在哪兒？」駐克宮的電視台和通訊社記者進來以後，葉氏說政府會有「很大的變動」。普氏心裡想：「決定要撤掉我的副手，從而逼我辭職。情況卻按另一個台本發展。記者們出去以後，總統說：

「您完成了自己的作用，現在看來您應當辭職。為了省事，您自己寫辭職報告吧，隨便說個原因。」

　　「不，這事我不能做。我不打算讓任何人省事。」

　　葉氏再次要他辭職，他再次拒絕。辦公廳主任已經準備好解職令。葉氏突然問他：「您有車回去嗎？」

　　「我回答這個意外的問題說，對我來說這不是問題。我還可以坐計程車回去。」普里馬科夫就這樣被解職了。他既感到一身輕，又感到委曲。當天晚上，他已經心情輕鬆地看了一場足球賽。八個多月的總理生涯就此結束。

　　年逾古稀的普里馬科夫以自己從政的經驗認為，普京將會帶領俄國走上復興的道路。

2001/08/13

7月26日地方時間清晨八時十五分，金正日的防彈裝甲專列通過遠東俄朝邊境上的哈桑口岸，進入俄國境內，開始新俄十年來最漫長最多彩的史無前例的國事訪問。小金的專列由二十一節車廂組成，隨行人員一百四十人。「朝鮮人民敬愛的領袖」金正日乘坐的是第七節日本造車廂。普京的遠東全權代表請他參觀這裡的俄朝友誼館。1988年老金訪蘇時曾在這裡小憩。專列到達的第一個正式車站是烏蘇裡站。車站上由大批民警和便衣圍住，各次列車全部停運，乘客全部被趕出站外。老百姓莫名其妙，都問出了什麼事。便衣說是金正日來訪。老百姓問：「金正日是什麼人？」有趣的是當年金日成中尉就是在這個地方起家的。兩部連在一起的機車先驗路，然後才是專列。車站上有一批組織好的歡迎隊伍。儘管專列通過時，隊伍鼓掌歡迎，但是金正日沒有賞面子，根本沒有露面。他的專列浩浩蕩蕩，沿著西伯利亞大鐵道，慢慢吞吞開向莫斯科。今年初金正日突然秘密訪問北京，此地就謠傳他接著訪俄。南韓駐莫斯科記者（傳說是在南韓大使館授意之下）報導說，中俄邊境上的後貝加爾車站有一大批北朝鮮便衣員警在活動。俄國外交部只好出面宣佈說近期內金正日無訪俄計

畫。小金的訪俄就是在這種神秘氣氛下進行的。

俄國政府不惜得罪老百姓，不計代價，接待金正日訪俄，是對他抱著很大的期望，希望說服他能停止研製核武器和導彈，加速南北對話，不給美國造成部署導彈防禦系統的藉口；打通南北韓鐵路，連接歐亞大陸橋，三國都可獲利；俄國除指望賣武器給北朝鮮外，還希望承擔改造蘇聯當年援建的工業專案；在國際上來說，普京希望幫助前蘇聯勢力範圍下的盟國擺脫隔絕狀態，進入文明世界。金正日的算盤是顯示他有俄國這樣的大國朋友，向國內外表明他不是孤立的；除向共產主義領導人列寧表示敬意外，更感興趣的是俄國的航太技術和核技術，俄國的常規武器，特別是新式坦克；另外就是經濟援助。不過普遍看法是不要過多的期望。8月4日普京會見金正日，對他大加誇獎，說他這次遊遍俄國，比一些俄國政治家還要瞭解俄國。這次會談的唯一成果是雙方簽署的莫斯科宣言，北朝鮮表示2003年前凍結發射彈道導彈。但是從參加會談的俄方人員，負責軍工生產的克列班諾夫副總理和總參謀長克瓦什寧，就可說明兩國討論的題目遠遠不止這些。評論界說這有助於俄國對美談判。在沖繩召開的八國首腦會議之前，普京訪問北朝鮮，小金曾表示要停止洲際導彈的研製，普京將這個好消息帶到會上，頗獲好評。誰知小金竟然說那是他開的玩笑，搞得俄國哭笑不得。這次又如何？這是俄國評論界指小金言論是否可靠的根據。同時也有人提醒說，老金在上個世紀六十年代中蘇交惡時期，曾經坐享漁翁之利；如今小金也在仿效乃父，利用大國之爭滿足自己的欲望。

小金訪俄，引起俄國公眾多多議論。有的說，畢竟是外國首腦來了，我們俄國人應當表示友好，應當對專列造成的不便表示理解。對於小金的種種表現，評論極多。每天的報導量，超過

任何外國首腦訪俄的數量。專列到達烏蘭烏德站前，當地全體領導人員專門在月台上恭候，可惜小金沒有露面，為他準備的哈達（當地信佛教）和牛奶、專場演出，全部徒勞無益。小金此行，俄國媒體一直猜測他會不會在自己的出生地停留。北朝鮮官方只承認他生於本國，而俄國當地老百姓在電視前表示親眼見他出生的。他沒有在自己真正的出生地露面。1946年在一次平壤群眾大會上，突然有人向金日成扔過來一顆手榴彈，他身邊的蘇軍中尉諾維琴柯無法將手榴彈扔向對面的人群，只好用身子撲上去，救了金日成一命。中尉自己勉強活了下來，失去了右臂。他的遺孀和子女專程到車站歡迎，原以為他會接見他們，誰知小金根本沒有露面，只是送了一些禮品而已。

7月31日金正日到達鄂木斯克參觀兵工廠，受到熱烈歡迎。歡迎大會上民歌團大唱《金正日統帥頌歌》：

> 我們的生活源自白頭山
>
> 人民為統帥高唱英雄讚歌
>
> 敬愛的領導他給我們帶來光明
>
> 萬歲！萬歲！我們親愛的金正日
>
> 自由的國度讚美他的生活
>
> 海浪歌唱他的功勳
>
> 主體之國創造幸福與和平
>
> 萬歲！萬歲！我們親愛的金正日
>
> 他的偉大和英明捍衛了社會主義
>
> 他的鬥爭給祖國帶來了幸福
>
> 我們自由的紅旗照亮真理和世界
>
> 萬歲！萬歲！我們親愛的金正日

俄國老百姓早就不習慣這種個人崇拜的歌聲。報紙專門刊登出來奇文共賞。另外引起當地媒體注意的是，這裡的朝鮮族族群專門排練了本民族文藝節目給金正日看，但是沒有獲准參加演出。沿途各地朝鮮族人都做了積極準備，但都沒有得到金正日的接見。專列到達莫斯科之前兩天，就開始對火車站進行特別清理。為了確保專列安全，當天大量近郊班車和長途客車停運，據說受影響的旅客人數高達五十萬人。站前的列寧全身雕像不知沖洗了多少遍，才把列寧頭上十年來積累的鳥糞清除掉。閒雜人員統統趕走，短途旅客被趕出車站，長途旅客被關在候車室裡不許出來，引起很大民憤。甚至有老人說，比史達林出行還要嚇人。

　　金正日此次參觀的專案有列寧墓、航太城、導彈廠、西伯利亞核子物理研究所、蘇愷24轟炸機製造廠、鄂木斯克的兵工廠、彼得堡的啤酒廠等。在聽說西伯利亞的糧食產量後，小金說：「可以養活一個集團軍呀！」在場的人都愣住了。沒想到金統帥處處以軍隊衡量。

　　金正日訪俄還遇到兩件重大事故，差一點出大問題。一是他從聖彼得堡返回莫斯科途中。正當專列行進中，迎面駛來的機車司機向專列發出警告，說發現專列運行線上發現有一段水泥枕木橫陳在鐵道上。專列緊急剎車，離水泥枕木只有一百五十米。令人不解的是，專列之前剛有護行的機車順利通過。小金到達莫斯科後嚇得不敢露面，全天待在大都會酒店裡不出門，原來安排的參觀活動全部取消。離開莫斯科回國的路上，專列第一節車廂遭到石塊襲擊，車窗被打碎。據報導說是流浪少年幹的。

　　俄國政治評論界用小金訪俄的故事，引伸到俄國國內的政治經驗。各大報評論用的標題非常醒目，如《共產主義的魔影》、

《時間呀，向後退！》。

「我們歷史上的火車駛進了莫斯科。」人們把金正日訪俄看成是一面鏡子，「俄國人可以從中再次看到自己的往日」。觀察家阿里莫夫用相當尖刻的文字描繪這個怪現象：「今天早上車站出現的情況，空蕩蕩的月台，呆然不動的列車，因為無人而嚇得驚惶失措的麻雀，民警的警戒線，別以為是霍亂或者鼠疫來到了莫斯科。這是真正的奇跡。這是共產主義的魔影。北朝鮮同志們說他具有超人的力量，還能呼風喚雨，使莫斯科的太陽都覺得不知所措，時而躲進雲層。要知道，天不可有兩日呀。」對於政府如此支持金正日，已經引起民主派的不滿，認為不應當背上這樣一個集權主義國家的包袱。俄國社會已經變化。當年能看到宣傳主體思想的《朝鮮畫報》，如今已如黃鶴。街頭上看到的是《時代》、《新聞週刊》或者《衛報》了。老百姓敢於對小金訪俄品頭評足，敢於因小金訪俄打斷國民正常生活而大發牢騷。俄國的人權人士要求政府說明為什麼有一大批北朝鮮勞工在俄國工作，受到非人待遇。俄國外交部只好出面解釋說，在俄國西伯利亞伐木的北朝鮮民工是由北朝鮮自己人管理的。接著有人問，為什麼政府允許外國人在俄國領土上實行治外法權？這個問題不了了之。

金正日到達莫斯科之後，此地的人權組織「跨國激進黨」在北朝鮮大使館門前舉行了抗議示威。他們的口號是「把民主給北朝鮮」。這些人權人士只是和平示威而已。北朝鮮大使館緊閉鐵門，由於大批員警和便衣保護，沒有發生衝突。記者們感到不可理解的是，七個人權分子怎會受到如此關愛。防暴員警把他們帶走時，領導人阿拉對記者們說，她本人沒有去過北朝鮮，但她知道那裡人民生活不如意。

俄國人民藉金正日訪俄，再次照了鏡子，看到了集權主義的真實面貌，不願走回頭路。

2001/09/13

　　美國紐約9月11日受到國際恐怖主義分子的攻擊，許多美國人無辜喪生，傳到俄國後，全國震驚。各電視台中斷節目，全部轉播CNN的現場報導，同時穿插俄國大眾和各界人士的反應。當天傍晚大量莫斯科人自動前往美國大使門前表示哀悼，許多人在美國大使館門前的地上獻上花束。在莫斯科的美國人也到使館門前對同胞遇難表示悲痛。俄國老百姓還獻上基督和聖母像，點燃蠟燭，祈求上帝保佑美國人民。莫斯科的福金娜女士說，「發生的事太可怕了，這簡直是野蠻行徑。無法想通。幹了這種事的人根本不是人，一定要找到他們，懲罰他們，防止這種事再發生。」牧拉肖夫夫婦帶著年幼的兒子一起前來致哀。記者問他們：「你們認為這種事會在莫斯科發生嗎？」他們回答說：「到處都有壞蛋，要盡一切努力不讓這種事發生。」來自美國聖吉耶戈的理查·艾維在大使館門前對記者說：「我認為這是布希總統缺乏遠見造成的。恐怖主義分子怎麼能輕易通過檢查系統，一下子就劫持這麼多的飛機！俄國的機場在城外，不那麼危險。我們

美國機場常常在市中心。現在俄國比美國安全。」美國大使館門前還有民眾用英文寫的標牌：「We Are Together With US」。

美國國難發生後，普京總統兩次發表電視聲明，宣佈說，我們同美國站在一起。他代表俄國人民和政府向美國政府和人民表示同情並命令緊急事務部整裝待發，隨時準備飛往美國參加協助救援工作。普京號召各國團結起來共同打擊國際恐怖主義活動。俄國國防部長中斷出差，立即返回莫斯科。普京總統在事件發生後的兩個小時緊急召集武裝力量部門首長和外長會議，研究對策。據報導說，普京向到會人員提的第一個問題就是：在俄國會不會發生同類事件？沒有一個人敢說不會發生。俄國政府認為這種事情會在世界各地發生，莫斯科作為大城市也不例外。俄國全國進入防空緊急戒備狀態。莫斯科軍區防空部隊和全國防空系統全面動員，保衛俄國首都。電視上播出防空指揮部工作的畫面和S-300導彈撤去偽裝豎立起來隨時可以發射的樣子。為了排除在莫斯科重演美國悲劇，內務總局當天立即採取一系列安全措施。除了保護各國大使館領事館外，北約國家公民聚集居住的公寓也處於特別保護之中。另外對以色列、敘利亞、巴列斯坦、阿富汗、伊朗、伊拉克等國國民居住的地方特別設防，嚴禁這些地方舉行各種集會和遊行。對所有高層建築、賓館、集體宿舍加強監視。員警和軍隊全部返回駐地。嚴格檢查進入莫斯科的汽車。加強檢查地鐵。莫斯科國際機場特別重點檢查冷武器，據說這次恐怖主義分子使用了刀。

俄國總統和國會議員，一致號召各國聯合起來共同打擊恐怖主義分子。普京說，這次事件表明國際恐怖主義已經超越國界，是對全人類的挑戰。再次說明俄國建議世界各國聯合起來同21世紀鼠疫──恐怖主義進行鬥爭的緊迫性。他說俄國親身體驗什麼

是恐怖主義，因此非常理解美國人民的感情。「我們同你們站在一起。我們完全分擔和感覺你們的痛苦。我們支持你們。」

俄國的一些報刊認為這是國際恐怖主義發動的第三次世界大戰，是全球災難。政治評論界認為不排除連鎖反應，因此要提高警惕。同時批評美國在對待反恐怖主義活動中採取雙重標準，對科索沃和馬其頓發生的恐怖主義活動採取縱容的立場。此次美國悲劇的發生是美國近期政策的失誤。他們還指出，對俄國來說，也應當反思自己同伊朗、利比亞、伊拉克、敘利亞這些國家的關係，修正俄國的外交標定和軍事戰略重點。俄國的安全部門認為美國的安全部門太無用，沒能事先察覺和防止在本國領土上發生這樣的恐怖主義活動，機場的安全部門辦事不力。飛行調度部門沒有嚴格監督飛機的行動，飛行監督部門同防空部門也缺乏應有的協作。俄國報紙說美國沒有全國的空防系統，只有美加聯合的北美防空司令部負責防空。但這個系統是冷戰時期建起來的，目的是消滅敵國飛近的戰機，因此無法對恐怖主義分子駕駛的飛機飛在美國本土上空時做出反應。俄國軍事評論界認為，這次事件使美國當局認清，必須加強組織有效的航空地勤和同防空系統的協作。據報導說，俄軍總參謀部認為，這場悲劇會促使美國建立有效的全國空防系統，而建立全國導彈防禦系統至少會退居第二位。因為即使建立起來，它也無法保衛紐約和華盛頓不受大量民航飛機發動的攻擊。

俄國著名的一級試飛員亞歷山大羅夫認為，恐怖主義自殺分子是美國人自己培訓出來的。他說阿拉伯國家用的是美國飛機，阿拉伯飛行員是由美國教練通過短期培訓班訓練出來的，其中難免沒有恐怖主義分子。

美國悲劇發生後，莫斯科的股票也隨著國際股票市場情況下

跌，美元對盧布匯率也下跌。但是俄國銀行公會的副主席認為，不會影響美國經濟。

Headline **65** 俄國：
參戰不參戰？

2001/09/18

　　美國悲劇發生以後，俄國從上至下都在討論俄國要不要參加美國打擊國際恐怖主義的軍事行動，具體地說，要不要參加新一場阿富汗戰爭。蘇聯時期的阿富汗戰爭拖了十年，無果而終，最後只得撤出。六十多萬俄國人經歷了那場戰爭，傷痛未愈，記憶猶新。

　　阿富汗綜合症、殘廢軍人的困境，成了反對俄國參加軍事行動的根據。俄國沒有正式表態參加這場新戰爭的原因可能就在於此。美國提出，你站在哪一邊的問題，正促使俄國加緊思考如何修正國家安全的戰略。普京總統態度明確，從當天兩次發表譴責國際恐怖主義支持美國打擊國際恐怖主義的行動，「我們同你們站在一起」，號召國際社會聯合起來共同反擊國際恐怖主義活動。9月15日，普京在亞美尼亞葉里溫大學接受榮譽博士學位時，更進一步說，「我們親眼看見恐怖活動發生了演變，從範圍和殘酷程度來說，我們有足夠的理由把發生的事同納粹分子的作為相比。」

　　在國際上出現俄國將向美國提供軍事支援的消息以後，俄

國國防部長伊萬諾夫明確表示，俄國認為沒有必要向美國或者北約提供軍事基地或空中走廊，「連假想都不存在」。另一方面，俄國把手中證明頭號恐怖主義分子賓拉登同美國悲劇有關的材料交給了美國。俄國在車臣繳獲了一些與波音737有關的光碟，包括駕駛指導和紐約地區詳細電子地圖在內。這些在車臣活動的恐怖主義分子與賓拉登關係密切。伊萬諾夫部長還命令駐在與阿富汗接壤的塔吉克斯坦的201機械化步兵師處於高度戒備狀態。這個師共有七千人，全是職業軍人；另外還有兩千名俄國邊防軍駐防在同阿富汗接壤地區。17日夜，普京突然飛往俄國南方休養勝地索契做一周「短暫休息」。這裡離熱點中亞或高加索只有兩個多小時的航程，萬一有事，他可以立即處理；同時，獨聯體各國，特別是集體安全條約參加國的首腦，可以立即會晤。普京到達後，已經同有關國家領導人進行了磋商，因為一旦阿富汗暴發戰事，必將影響鄰邊國家，必將影響俄國軟腹。獨聯體國家面臨三大問題：參加打擊國際恐怖主義的形式、可能同阿富汗塔里班發生武裝衝突、衝突的善後事宜。普京已經派安全委員會秘書魯沙伊洛前往中亞各國商談應變措施。陪同他前去的有國防部副部長，商討聯合行動問題。此間消息靈通人士稱，集體安全條約成員國未必會向美國提供空中走廊或者軍事基地。

俄國與中亞國家緊張磋商的原因是，萬一打起來，會對這些國家的安全、政治、軍事和人事產生難以逆料的後果。塔吉克斯坦的反對派伊斯蘭勢力強大，有相當雄厚的武裝力量；不僅要面對阿富汗塔里班的威脅，還可能有大量難民湧入，現政府必將受到挑戰。烏茲別克領土上有三個恐怖主義分子基地，已經多次造成安全問題。該國鐵腕總統目前控制局面，但面臨前線，因而舉棋不定。中亞國家對美國站隊的要求，反應不一。烏茲別克斯

坦正在同美國磋商使用烏國領土打擊阿富汗的問題。西方報導說烏國同意作為美國的跳板。外交部表示不要急於否認這條消息。哈薩克斯坦總統納札爾巴耶夫在去美國使館弔唁遇難人員後表示將向美國提供一切援助，包括軍事援助在內。同時也安排了接待阿富汗難民的計畫。塔吉克斯坦先是表示只要俄國和國際社會同意，可以提供空中走廊；後來又正式否認向第三國提供領土打擊塔里班和國際恐怖主義基地。據說沒有得到俄國的同意。現在的情況是如果美國提出要求，塔國別無選擇，只有同意，這樣才能保住本國穩定。土庫曼斯坦堅決表示保持中立。吉爾吉斯表示願意向美國提供支援。其他如格魯吉亞已經表示願意向美國提供軍事基地。

關鍵是俄國的態度。除了普京做出動情的表態以外，整個處於觀望和制訂戰略的過程中。報界稱俄國領導口頭上肯定會支持美國，但具體的援助沒有。直接參戰的可能性不大，除非戰火燒出阿富汗境外，直接威脅到俄國及其盟友的安全。這一點，俄國外交部9月17日的聲明裡說，俄國願意在聯合國領導下同國際社會進行建設性的協作，建立全球性反恐怖主義陣線。對於美國提出打擊支持國際恐怖主義國家的要求，俄國表示要拿出確鑿證據才能行動。俄國堅信，阿富汗內部衝突問題只能在聯合國領導下通過政治手段解決。俄國電視報導說，對外情報部門正在向美國提供俄國掌握的賓拉登和國際恐怖主義分子基地的情報。俄國軍事評論界認為如果塔里班侵犯邊界，俄國可能參戰。但是獨聯體軍事合作協調指揮部表示塔里班無力在幾條戰線上同時作戰。協調指揮部認為目前俄國最好躲在影子裡，不要吸引注意力，以防塔里班攻打塔吉克斯坦。塔吉克有一部分地區處於反政府武裝分子控制之下，會從背後攻擊俄國201師。另外，俄國專家認為動

用化學武器、生化武器和戰術核武器的可能性不大。如果美國動用核武器，其後果不堪設想，包括美國在內也將是受害者。

　　俄國政界對於是否參戰問題，意見不一。俄共領袖久加諾夫呼籲立即召開擴大的國家安全會議，分析確保國家安全問題。他說，美國發生的恐怖活動，徹底提出確保俄國國家安全問題。俄國全國95％的財政結算是在被破壞的曼哈頓地區進行的。如果紐約再毀壞幾幢銀行大樓，那麼給超級美元化的俄國經濟造成的後果將超過1998年的金融風暴。他認為把俄國拖入同阿拉伯伊斯蘭世界的武裝衝突、拖入阿富汗衝突的企圖越來越多，「這是通向災難之路」。國家杜馬國際事務委員會主席羅果津反對俄國參加美國的復仇行動。親普京的議員團表示全力支持他的行動。右派力量聯盟領導人、杜馬副主席哈卡馬達認為俄國應當開闢反恐怖主義第二戰場。由於俄國可能成為國際恐怖主義二次復仇的對象，因此美國和北約應當承諾提供俄國安全的保障，包括加入北約。

　　就在俄國政府思考下一步棋的時候，車臣恐怖主義分子打掉了一架直升機，俄軍總參謀部的兩名將軍陣亡。四百名車臣武裝分子攻打忠於政府的車臣第二大城市。車臣戰事的加劇，正是國際恐怖主義活動的反響。

2001/10/09

　　阿富汗炸聲隆隆，萬里外的莫斯科如臨大敵。俄國首都各重
要公用事業設施、交通機構、大型購物中心、地鐵、北約組織各
成員國的大使館、外國人相對集中居住的地方、政府部門，全都
加強了保安措施，以防恐怖主義分子的破壞活動。與以往不同，
這次特別重視檢查供水系統、下水道、中小學、醫院。

　　首都的安全部門得到情報，說可能有一批化學戰恐怖主義
分子被派來莫斯科。因此，首都街頭上除仔細檢查高加索各民族
人員外，一切亞洲像貌的人，各大學亞洲留學生宿舍，獨聯體中
亞各國的大使館，都受到特別「關照」。莫斯科鄰近地區也加強
了安全措施，對進入莫斯科的汽車尤其是貨車進行特別檢查。9
日，莫斯科各大購物中心展開一場反恐民防演習，演習在發生恐
怖主義事件時，售貨員應如何自衛，如何救護顧客。

　　美國開始空襲阿富汗以後，俄國普京總統立即表示支持美國
的打恐行動。8日，普京召開政府成員會議，討論新形勢。他在
會上說：「昨日（7日）晚八時美國總統向我通報說，一個多小
時之後即將發動對阿富汗境內恐怖主義分子的打擊。我毫不懷疑

美國領導和布希總統會竭盡全力使阿富汗和平居民免受塗碳。」普京談到美國的行動對俄國來說是意料之中的事。因為「911事件」中蒙難的人數是俄國兩年來反車臣戰事中犧牲人員的兩倍。他把責任全部歸在國際恐怖主義分子身上。普京這次講話裡具有特別內涵的是，以往國際恐怖主義分子有機會遊移在各個勢力中心以求支持。但是這一次，「人類成熟了」，國際社會大團結，國際恐怖主義活動已經嚐到了自己種下的苦果。

與此同時，俄國派出大量軍事領導人員前往戰火地區，就地統籌參加國際反恐活動。俄國安全會議秘書魯沙伊洛前往中亞各國商談反恐措施，召集各國安全會議秘書會議協調行動，統一認識，情報部門加強合作，加快交換有關恐怖主義分子基地和所在地的情報。同時，他認為聯合國應當扮演主導角色。俄國國防部副部長、聯邦邊防局副局長坐陣塔吉克前線，指揮應變。俄國除加快向北方聯盟提供武器以外，還加強向阿富汗難民提供人道主義援助。有報導說，兩架美國C-17型軍事運輸機載著人道主義援助物資從德國起飛，經俄國領空飛向阿富汗空投這些物資。這說明俄國向美國提供了空中走廊。以俄國為首的獨聯體集體安全條約成員國召開會議協商對策；上海合作組織也在中亞舉行打恐會議。

俄國政界對美國打擊國際恐怖主義的行動普遍表示支持。國家杜馬（下議院）副議長魯金說，下一步的任務是將大部分阿富汗國土從塔里班手中解放出來，成立一個廣泛的聯合政府，取代塔里班。他反對俄國參加地面行動，決定性作用應由阿富汗人自己承擔起來。他認為現在主要任務是阻止塔里班侵犯烏茲別克斯坦。聯邦會議（上議院）國際事務委員會副主席馬爾格列夫剛從美國訪問歸來。他認為這次反恐行動的程式可能是：發現恐怖主

義分子基地—轟炸—特種部隊在武裝直升機支持下消滅恐怖主義分子。關鍵是阿富汗北方聯盟各族人士能達成共識，才能成立一個穩定的新政府。支持普京的團結黨議員飛赴塔吉克考察邊境情況。

國家杜馬國防委員會副主席、美國問題專家阿爾巴托夫認為一旦塔里班越過烏茲別克斯坦邊界，俄國將不得不協助烏茲別克斯坦同塔里班作戰。他本人曾經去過塔吉克與阿富汗接壤的邊境地區考察。他說向北方聯盟提供軍火運輸有困難。空運最好，但無法進行。地面交通設施很差。但是要在塔里班反攻前運送到點。他認為最大的危險是巴基斯坦出現動亂。它的核武器難免落到塔里班手上，那就不可收拾。一旦美國擴大軍事打擊範圍，轟炸伊朗、伊拉克、葉門，反恐聯合陣線會出現分裂，許多穆斯林國家會起來反對美國，核武器很快會散佈開來。他估計北方聯盟今年攻不下喀布爾，要到明年初才可得手。

俄共中央機關報《真理報》（雙日刊）的社論表示獨立意見。它的社論標題是《美英轟炸阿富汗。喀布爾、坎大哈、赫拉特被炸為平地。難道說聯合國安理會已經批准這樣做嗎？美國承擔第三次世界大戰的責任嗎？》。該報把美國這次行動與轟炸南斯拉夫視為一體。「這是一個原則性的問題：篡奪了獨立決定一個國家應當建立什麼樣政權的權利。」「當時美國曾經進行點上轟炸中國駐貝爾格勒大使館。」「塔里班和賓拉登是美國情報機關養育出來對抗我國在阿富汗影響的，現在成了美國喉中之刺。」社論作者呼籲俄國不要被捲入阿富汗領土上的戰事，「不能讓我國青年再次捐軀這個國家的山地，而且是為了別國的利益。」前蘇聯駐美國和中國情報站站長德拉茲多夫在《莫斯科晚報》上說，前蘇聯中亞各國早就被宣佈是「美國國家利益地

區」，他支援普京的做法，「俄國的一切行動應當服從於捍衛本國利益」。

　　塔斯社記者在莫斯科街頭對一百六十二名行人就美英聯合轟炸阿富汗問題進行了即興採訪。七成人認為不會有結果，未必能消滅國際恐怖主義基地；三成人反對，因為「合理復仇未必能說明和平居民受害是合理的」。他們共同的看法是俄軍不要直接參戰；向阿富汗老百姓提供人道主義援助；向北方聯盟和中亞鄰國提供財政及其他援助。同一天，俄國工商諮詢通訊社的網路調查顯示，五成三的人表示支持美國行動，三成六反對，一成一回答不出來。

　　俄國南方，與格魯吉亞接壤地區，車臣和國際恐怖主義分子正企圖通過格魯吉亞山區進入俄國南部，俄國南方出現了與車臣並列的西部戰場，軍事專家認為這個新戰場威脅俄國南部高加索地區的安全。

Headline **67** 俄國內外得利

2001/10/21

　　普京終於在美國「911事件」發生十四天之後，於24日向全國發表電視講話，宣佈俄國對國際反恐怖主義活動的立場。普京是在進行長時間深思熟慮並同各方討論協商之後做出決定的。22日，他在索契接見軍方代表，包括國防部長、內務部長、聯邦安全局長、國外情報局長等人，統一認識；23日，在克里姆林宮會見國家杜馬各黨派負責人，得到他們一致贊同；同一天，普京還接見俄國各穆斯林團體代表，獲得他們的全力支援，同時與中亞各國領導人通話後，最後才宣佈的。

　　俄國在美國事件突然發生之後，11日，普京立即表示跟美國人民站在一起；12日，國防部長卻說不可能向美國和北約提供軍事基地或者空中走廊；接著塔吉克斯坦和烏茲別克斯坦先是同意提供空軍基地，後又說是「理論上」，表明它們既想忠於俄國，又想與美國站在一起的心態，然後，普京宣佈各國自己決定如何參加國際反恐怖主義活動。最後，普京宣佈俄國的具體措施：

　　一、加強俄美兩國情報部門的合作，俄國正在向美國提供有關國際恐怖主義組織情況，地點和培訓基地的情報。

　　二、向美國及其盟國提供空中走廊，但限於人道主義貨運。

三、中亞各國不排除提供機場的可能性。

四、俄國參加國際尋找和救援工作。

五、向國際承認的阿富汗政府，即拉巴尼總統及其支持者北方聯盟，提供武器和裝備。

最後一條特別重要。俄國實際上以韓戰形式參加新一場阿富汗戰爭。同時，普京向國內的車臣恐怖主義武裝分子發出最後通牒，限七十二小時投降。這樣，普京打出國內外同時行動的計畫。

俄國國防部長說，從1996年起俄國就向阿富汗北方聯盟提供武器，從阿國內部打擊塔利班，可以說是一箭雙雕：既可剷除給俄國及其中亞盟國帶來不安的因素，又可指望戰後有一個與俄國友好的阿富汗政府。而從內部打擊塔利班的效果要比空中好得多。國際恐怖主義活動和分裂主義活動給中亞各國帶來的威脅主要源自阿富汗。一旦阿富汗由拉巴尼和北方聯盟掌權，中亞各國可以鬆一口氣。普京表態以後，烏茲別克斯坦和塔吉克斯坦同意美國使用空軍基地的做法就更有理由了。烏克蘭也表示提供空中走廊，但只允許軍用運輸機過境，不可運送武器，只可運送補給品，類似普京說的人道主義貨運。近日來北方聯盟發動猛烈攻勢，正是利用當前有利形勢。

普京遲遲舉棋不定，選擇這一時刻做出決定，首先要在國內達到共識。俄國有兩千萬穆斯林。個別穆斯林領導人曾經表示反對美國攻打阿富汗。穆斯林占主導地位的一些地區有一定的分裂主義傾向，處理不好就會出事，涉及到俄國的國內安全穩定。參加過阿富汗戰爭的人反對俄國再次捲入阿富汗衝突。從國際上來說，俄國一向以親阿拉伯著稱，伊朗、伊拉克、敘利亞、黎巴嫩，都是俄國的政治經濟夥伴，阿拉伯世界是俄國在國際事務中

的重要籌碼；因此，俄國不願意得罪阿拉伯世界。加入美國為首的陣營，俄國有失去主動性的可能。俄國一向提倡的多極世界就會化為烏有。俄國如果不向北方聯盟提供軍火以及人道主義援助，可能會失去對中亞的影響，美國會獨占阿富汗。在新形勢下，車臣匪徒成了國際反恐怖主義全球作業的對象。普京在權衡和擺平這一切之後，做出決定。俄國一向號召加強國際反恐怖主義鬥爭，多年來一再說明反車臣分裂主義活動是反擊國際恐怖主義活動的一部分，一直沒有得到以美國為首的西方的認可和支持。美國政府要員甚至會見車臣恐怖主義分子政府代表。西方一些國家容許他們設立代表機構。美國遭到國際恐怖主義分子襲擊之後才認識到反恐怖主義的迫切性。可是，美國並沒有放棄民族利己主義。這一點，普京在訪問德國時坦率說了出來。

現在普京發動全面出擊。他在25日到達德國訪問並會見施羅德，表示完全支持布希總統全面開展有目標的反恐怖主義協同行動；要求各國超越民族利己主義；主動提出在莫斯科召開反恐怖主義大會。他說，沒有必要繞圈子。俄國贊成有效的系統的抵抗國際恐怖主義活動。所謂民族利己主義當然是指的美國。施羅德認為普京24日電視講話好極了，含有深遠意義。但對民族利己主義沒有表態。普京在同施羅德談話中通報了同中國領導人商談的情況。此後，俄國外交部官員聲稱，美國事件說明，上海六國合作組織必須建立反恐怖機構。

普京聲明得到布希總統的贊同。他說：「我們兩國都受到恐怖主義的攻擊。」對俄國來說，解決車臣問題得到國際支援，可以說是俄國多年來所求的。俄國希望建立國際反恐怖主義統一戰線的戰略計畫終於在美國悲劇的陰影下實現了。

Headline 68 普京訪美：俄美新關係

2001/11/14

　　阿富汗炮聲震天，北方聯盟攻下首府喀布爾；紐約上空客機遇難，全城宣佈進入一級緊急狀態。就在這樣不同尋常的情況下，俄國總統普京造訪美國。小布希上台不到一年，俄美關係出現了戲劇性的變化。從交換激烈的詞句到高呼友好與合作。「911事件」更加促進兩國關係的發展。這次普京訪美雙方經過長期準備，在一系列重大問題上雙方都做了讓步，達成了妥協，俄美關係大有進入新階段的態勢。

　　普京動身當天，紐約傳來客機遇難消息。俄國國家電視台立即轉播CNN的現場報導，同時多次報告說，已經把客機遇難事件通知普京。很快又報導說普京不改變行程，照原計畫訪美。普京不顧美國出現新的安全問題，毅然赴美，可見對布希總統的情誼，已經達到相當高在水準。當然，正如普京所說，雙方都是為了自己國家的利益。這一點，普京訪美前夕接待美國記者時說的非常明確。

　　普京打破先例，同時接見全體駐莫斯科的美國媒體辦事處負責人，回答他們許多重要問題。這些問題涉及國際安全、俄美關

係、經濟合作等。他的主要思維路子是互相妥協。他說：「政治就是互相妥協的藝術。」從俄國方面來說，首先對1972年的導彈防禦條約提出了新看法。普京的說法是，1972年條約是國際安全的基石；但是認為美國行政當局表示關注未來國際安全體系，是合理的。因此俄方願意坐下來商談。但是，普京提出要把防禦體系與進攻體系合在一起審查，即要求減少進攻性武器。布希雖然表示願意減少進攻性武器，實質上是把這兩個問題聯在一起。俄方要求美方提出軍事技術方面的具體方案，然後進行談判。美國可以在不退出1972年條約的情況下進行試驗。

俄方在這個問題上的鬆動，是近來一系列俄美關係向正面發展的結果。其次，對於北約東擴，俄方採取靈活態度。普京認為北約是國際生活的現實，因此準備採取對話的態度，力求發展同北約的合作；但同時要求北約轉化為政治組織，要求考慮俄國國家利益的安全問題，俄國反對機械式地擴大北約。

俄美關係大升溫的催化劑，是「911事件」。普京當機立斷，全面支持美國反國際恐怖主義聯合陣線，不僅道義上支持，而且採取了一系列的實際行動：支持並協調中亞各國向美國提供軍事行動的方便，同意美國進入中亞這個傳統的俄國勢力範圍；向美國提供人道主義行動需要的空中走廊；提供珍貴實用的情報；必要的情況下，動用俄國「當今在阿富汗領土上的可能」，協助美方救援美國公民和飛行機組；向阿富汗北方聯盟提供數千萬美金的武器裝備（就是我們在電視畫面上看到的北方聯盟嶄新的坦克和大炮、其他武器。美國即使有意提供，也不如俄國方便和及時）；在上海會晤時，普京向布希提供一個國際恐怖主義分子名單，這些人打算開赴阿富汗「去殺美國人」；俄國消滅車臣恐怖主義分子的活動沒有放鬆，阻止國際恐怖主義分子轉向阿富

汗，在西方戰線上牽制賓拉登和國際恐怖主義力量，削弱塔里班的後援；政治上俄國緊密配合美國反對國際恐怖主義的鬥爭；從古巴撤出針對美國的電子監聽站；從越南撤出空軍基地。俄國政治評論界認為，在當前的形勢下，美國更需要俄國的支援。

雖然普京說，俄國不會就國家安全問題進行交易。然而美國也表示了願意合作的態度。美國願意把對俄國的看法，從對手、潛在敵人轉為夥伴甚至盟友；從猜疑轉向信任；美國願意就1972年條約進行對話，而不急於單方面退出；削減進攻性武器，銷毀三分之二的核彈頭；把北約與俄國的關係看成是平等的夥伴關係；布希宣佈要撤銷傑克遜─維尼克修正案，給予俄國最惠國待遇；協助俄國進入世界貿易組織；承認俄國是市場經濟國家，放鬆對俄國商品進入美國市場的管制；協助俄國進行解決外債的談判；支持美國公司對俄國的投資，埃克森已經表示第一步要向俄國投資一百二十至一百五十億美元，開發薩哈林的石油天然氣。然而值得指出的是1972年條約問題，仍然一個懸案，沒有明確的解決方案。

總之，俄美兩家首腦從政治到軍事，從反對國際恐怖主義到言論自由，從人權狀況到經濟合作，從兩國關係到國際安全，進行深入實質的對話，是俄美關係的新一頁，也是新世紀國際關係的重要一頁。

俄國專家對這次俄美高峰會晤的政治評價，可分為兩大類。一類認為美國現在更需要俄國，這是十年來首次出現的機會，俄國不必卑躬屈膝求美國，十年來第一次平起平坐，是建立新關係的新機遇，不能放過。一類看法是美俄結盟缺乏加深關係的基礎，因此是暫時性的，何況普京一再表示俄國要融入歐洲，面向歐洲而不是面向美國。

俄羅斯科學院歐洲研究所副所長、俄羅斯聯邦外交與國防學會主席卡拉甘諾夫對俄美關係的發展抱審慎態度。他認為普京已經選擇了歐洲道路，或者說西方道路；而美國所提的一些回報，實質意義不大。

政治學家尼科諾夫認為俄國一向支持北方聯盟，但是急於占領喀布爾出於各方預料，可能是塔里班採取的狡猾戰術，把一座面臨冬季饑餓的大城作為包袱推給了北方聯盟。對於俄美關係，他認為傑克遜─維尼克修正案雖說近幾年都由美國總統每年凍結一次，但是如果存在，可能會成為向俄國施加壓力的工具。

前蘇聯駐阿富汗集團軍司令格羅莫夫認為只有美國特種部隊可以在目前情況下發揮作用，消滅殘存的恐怖主義分子，外國的大規模陸上行動是無用的。其他國家願意提供參戰部隊，美國遲遲不表態的原因也就在此。

俄國外交學會主席科爾圖諾夫11月10日發表在政府報紙《俄羅斯報》上的答記者問指出，俄國面臨兩種情況：如果美國長期在中亞待下來，俄國勢必失去在中亞地區的政治、軍事、經濟勢力，但是美國可能成為穩定中亞局勢的力量；如果美國打完以後撤走，那麼俄國將面臨沒有消滅完的塔里班和伊斯蘭激進分子的騷擾，成了北約的屏障。

俄國公眾意見基金會對五百人進行了即興採訪，「你認為俄美關係中最重要的問題是什麼？」三成多的人認為是反恐怖主義；其次認為是保存1972年的條約；第三認為是經濟問題。許多人認為俄美對阿富汗戰後的政治格局觀點一致，可能會有助於雙方在塔里班之後的阿富汗加強合作。

普京訪美前夕，美國《共同利益的哲學：美俄關係新格局》報告的作者在莫斯科舉行首發儀式。這項報告是為布希在斯洛文

尼亞會見普京而準備的。正是這一次會見產生了所謂「盧布亞納精神」。那是普京與布希的首次會見，是俄美關係的一次轉折。雙方改變了布希上台前後俄美之間出現的緊張關係，為以後的接近打下了基礎。據美國作者說，原因可能是普京和布希都是坦誠布公的人，都是務實的政治家。「911事件」推動了俄美在反國際恐怖主義基礎上的聯合。「普京出現在美國本身就是向美國人民發出信號：今天的俄國已經不是十年前、甚至五年前的俄國了。」報告作者認為這一點很重要。

隨著俄美關係出現新格局，中國面臨新的挑戰。這個挑戰表現在四個方面：

一、在這次美國發起的反對國際恐怖主義聯合陣線中，俄國起了相當實在的作用。中國則主要從道義上給予支持，但沒有具體行動。上海合作組織成立的重要宗旨之一就是反對國際恐怖主義。然而在這次國際反恐行動中，沒有發揮應有的作用。如何發揮上海合作組織的作用，是當前的緊迫問題。

二、北約同俄國關係加強，一旦北約轉化成政治組織，俄國為了融入歐洲社會，有可能參加。北約的東方邊線將在中國大門前。如何應對這個局面，將是中國戰略制訂者應當著手探討的問題。

三、俄國對1972年條約準備採取新策略，到底如何，是個未知數。但有一點目前是清楚的：俄國將從本國利益出發，修改對策，包括同意美國在不退出1972年條約的前提下，進行導彈防禦系統的試驗。中國是仍然堅持1972年條約，還是見機行事？

四、中亞出現美國軍事基地的前景，美國軍事力量進駐中國後院——中亞，會成為美國包圍中國圈的一個環節。如何化解？

總之，「911事件」之後出現的世界新格局，是對各國應對能力的一次檢驗。

Headline **69** 俄國的反恐作用

2001/11/15

　　阿富汗北方聯盟部隊閃電般推向南方，迅速占領全國八成以上的領土和首都喀布爾，令世界公眾目瞪口呆。在這次北方聯盟大進攻中，俄國到底起了什麼作用？已經引起大家的好奇。

　　俄國政府一再表示堅決支持國際反恐鬥爭。如何參加這場打擊國際恐怖主義鬥爭，參加到什麼程度，特別是採取哪些軍事行動，一直是國際社會和俄國公眾關注的問題。俄國政府對派兵進入阿富汗的問題，態度十分明確。無論是普京總統，還是俄國防部長謝爾蓋·伊萬諾夫，都說，俄國決不會派兵進入阿富汗。伊萬諾夫多次堅決表示，決不會有一兵一卒進入阿富汗。普京也開誠佈公地說，要俄國再次進入阿富汗，就像要美國人再打一場越戰一樣。這樣說法，能得到美國和國際反恐聯盟的理解。但是，普京訪美時明確說，俄國是最得力的參加者。

　　首先，他在美國透露，俄國已向北方聯盟提供數千萬美元（《論據與事實》週刊軍事評論員康德拉紹夫透露為四千五百萬美元）的軍事裝備，包括二十架直升機。考慮到只需要提供常規步兵武器，而且不是最先進的，那麼，武器的數量必然不少。

　　其次，俄國向北方聯盟和美國提供大量重要情報，估計包括

俄國情報衛星搜集到的塔里班軍事活動的情報、國際恐怖主義分子活動的情況，這些對北方聯盟快速推進起了很重要的作用。

除此之外，俄國官方表示願意協助尋找和救護美國在阿富汗遇到困難的軍事人員。這一點引起俄國軍事評論家的注意。

康德拉紹夫在第四十五期上說：「目前掩護俄國駐塔吉克前線的第201師的蘇愷25強擊機、米格24和米8型直升機很可能參加在河對面（指阿富汗境內）的救援美國人員活動。」他問：「不進行掩護性的轟炸、不開火，怎樣才能把美國空軍王牌飛行員從塔里班控制的地區拖出來呢？」該刊第四十六期《政治內幕》欄透露俄國國防部正在徵聘合同官兵，徵聘的專業人員有：軍車司機、工兵、瞄準手等。作者說名義上是為駐南斯拉夫維和部隊徵聘的。但是維和部隊是由總參謀部派人的，201師人員已經配備齊全。「這些專家會到哪裡去呢？」接著作者透露，撐握阿富汗語（普什圖語）的軍事譯員大受國防部歡迎；總參軍用地圖出版局正在籌備出版阿富汗地圖，「好像是為了協助美國，但並不排除俄國部隊也會拿到手。」作者還說：「例如，兩個月前，沒有一個人確認俄國在向反塔里班聯盟提供武器和彈藥。」

康德拉紹夫還透露，許多在車臣戰事中得到反恐山地作戰經驗的俄國將軍巴拉諾夫、維爾比茨基等，從車臣出來以後被派往阿富汗方向指揮部隊。波波夫中將領導的一個由將軍和軍官組成的專家組「直接培訓北方聯盟的部隊」。他還指出，獨聯體現在有一百五十萬阿富汗僑民，莫斯科和俄國中部有十五萬，都是蘇軍撤出阿富汗以後逃出來的難民，其中不少人有作戰經驗。他們絕大部分願意回國，只要提供武器裝備，「就可組建五十萬人的普什圖人軍隊」，開赴阿富汗推翻塔里班。這些人都是親俄分子，對曾經是反蘇急先鋒的北方聯盟受到重視，表示不理解。康

德拉紹夫說，莫斯科阿富汗社團主席是一名前阿富汗親蘇政權的將軍，普什圖族人，相對比較年輕，「俄國的阿富汗問題專家認為，我們遲早還是要想起老朋友，把籌碼下在俄國普什圖人身上」。

Headline **70** 世界經濟論壇
在莫斯科舉行

2001/11/28

　　在國際反恐鬥爭的激烈時刻，在全球經濟一片低落之中，俄國經濟連續三年穩定上升的態勢，成了世界經濟界注目的對象。在國際經濟活動中占有特殊地位的達沃斯世界經濟論壇，決定在莫斯科召開今年冬季會議。會議於10月30日開幕，受到俄國政府和經濟界工商界的重視和熱烈歡迎。為了確保會議安全，防止國際反全球化人士的騷擾，會議安排在便於保安的位於市中心離莫斯科市政府和內務總局一箭之遙的萬豪大酒店。開幕前夕，數千名軍警部署在首都主要街道特維爾大街上。酒店附近的廣場上停著待命的警車；酒店周圍實行短時間的淨街，以保會議絕對安全。出乎意料的是，只有十幾名俄國本國反全球化分子表示一下不滿，沒有今年春天在達沃斯會議期間那種驚天動地的場面。弄的員警哭笑不得。好在虛驚一場，大家都鬆了一口氣。

　　開幕當天，俄國總統普京率領親信副總理兼財政部長庫德林、總統經濟顧問伊拉里昂諾夫、經濟發展部長格列夫、分管稅務的副財長沙塔洛夫、海關委員會主席瓦寧、反壟斷政策部長尤札諾夫等重要閣員參加。科西揚諾夫總理參加了閉幕式。普京除

作了一個長篇發言外，還解答了與會人員的問題。

　　俄國經濟改革的進程引起世界經濟界的重視。達沃斯論壇創建人日內瓦大學什瓦勃教授在開場白中說，俄國政府正在大力推行經濟改革，全世界對俄國的經濟改革刮目相看。「911事件」以後，俄國在國際社會中的地位正在上升。瞭解俄國政府目前的看法和打算，就是這次在莫斯科召開世界經濟論壇的前提。

　　俄國正在進入全球快速經濟發展國家俱樂部。普京在發言中指出俄國三年多來經濟形勢一直走上坡路，國內生產總值增加20％以上，遠遠超過西方各國的發展速度。今年預計GDP增加5.5％，在當前世界上也算是佼佼者。據總統經濟顧問說，能源生產只占GDP的五分之一，主要增長還是在於製造業（包括黑色和有色冶金、化工原料、輕工業）。歐洲銀行行長讓列米耶在會上也對俄國經濟發展態勢表示滿意：「情況正在改善。許多傾向是積極的。應當承認俄國政府的成就。俄國現在是吸引投資的一塊磁石。」他還說俄國是一個守信用的債務人，經濟政策也不斷透明。

　　俄國正在創造吸收外資的條件。經濟發展部長在報告中介紹說俄國正在大力推行經濟非官僚化的政策。他本人在考察中國經濟改革時一大收穫就是「一個窗口」政策，準備在俄國推廣。俄國議會正在審議這條法案。普京更是苦口婆心，論述在俄國投資的好處。首先是極低的所得稅。個人所得稅統一稅率13％，是世界最低之一。公司所得稅從35％降低到24％，也是名列前茅。普京引以自豪的是，俄國所得稅率是歐洲最低的。另外俄國還打算規定公司稅額最高限度。這一做法大受投資商歡迎。其次，普京還報告說，正在制訂公司管理法，確保股東利益並加大公司業務的透明度。普京給論壇的禮物是他簽署的關於成立金融監視機

構，防止資金外流、洗錢和貪污。他對外國投資商說，現在俄國經濟中有一些穩定的小島，如石油及其他能源供應產業。副財長還提供一條好消息：俄國準備將增值稅從20％降到16％至17％。他還說，俄國有意建立一些不大的自由經濟區（每個不超過十平方公里），發展高科技產品，免稅若干年。副總理兼財長庫德林表示俄國一定搞好銀行體制改革，從2004年全國企業都要實行國際通用會計標準，取消外國資本參加俄國信貸機構的限止。

普京在演說以後回答與會者的問題。在說到銀行機密時，他問：「怎麼，我們有過銀行機密嗎？」引起哄堂大笑。不過，普京說銀行機密還是要保守的。2010年俄國將會是什麼樣？「我們都會十分幸福。」對與會者有什麼祝願？「希望俄國工商界記住，俄國是他們的家；『我的家就是我的堡壘』。希望外國同行毌用懷疑：俄國歡迎他們，賓至如歸嘛。」

當天上午，俄總理主持外國投資促進委員會每半年一次的例行會議，由已經在俄投資的大企業代表參加。這個委員會是俄國政府同外國投資者的對話場所，有時總統親自參加。委員們可以在會上當面提出問題，要求政府解決。這次會議主要議題是出口退稅問題和海關問題。會上埃克森公司表示要向薩哈林島的石油能源專案投資一百二十億美元。

俄國著名投資諮詢集團公司首腦卡拉欽斯基認為這次在俄國舉行世界經濟論壇不是偶然的。其一、俄國經濟改革確實成績顯著；其二、在莫斯科舉行可以見到許多沒有機會前去達沃斯的俄國政治家和官員；其三、俄國總統和政府主要官員可以同時見到外國企業家和本國大企業家。許多俄國工商界和經濟界人士也沒有機會前去達沃斯。

因此，這次在莫斯科舉行論壇，為俄國同外國經濟界的交流

製造一個好機會。另外，過去專為外國投資商組織了投資諮詢委員會；本國工商界則有俄羅斯工商聯合會。政府對兩會所說內容不盡相同，這次可以聽到同樣的話，對本國工商界至關重要。至於外國工商界，這次來的人都是對俄國市場有興趣的人，可以有機會詳細討論。俄國政府要員在總統率領下參加，說明俄國領導已經把經濟放在首位，政治是二度的。

俄國吸引外資的情況並不理想。2000年外國總投資額為一百零九億美元（包括直接投資、股票投資、信貸投資），直接投資只增長了4％，為四十四億美元，三分之一集中在莫斯科。在這個背景上，埃克森公司宣佈有意投資一百二十億美元（全項投資額在三百億美元以上）是相當可觀的。

自俄國堅定參加美國發起的國際反恐聯合陣線以來，美國對俄投桃報李，對俄國的經濟發展抱著很大熱情。除在世界經濟論壇上有所表現以外，布希總統改善對俄經濟政策，協助俄國進入世貿組織。美國商業部長日前訪俄，促進埃克森公司投資。這一切對俄國爭取外國投資大有好處。加上俄國自普京上台以來，政治形勢穩定，經改步驟加快，目前可算世界上比較安全的地區。正當西方經濟普遍衰退，俄國成了另一種選擇。

俄國要吸收更多的外資，還需要做許多工作。

首先，公眾對外國投資會給俄發展經濟帶來什麼好處的認識不足。政府上層領導千方百計爭取外資，中下層官員不積極，老百姓得不到實惠，擔心外國人把錢都搞走了。這方面的資訊和解釋工作跟不上，給外國投資商造成額外的心理負擔。

其次，俄國至今沒有一個完整的外國投資立法程式，沒有出版一部完整穩定的外國投資法規，沒有一部穩定而明確實用的外國投資指導手冊，沒有一部明細的投資項目彙編，沒有良好的資

訊服務，都給擴大吸收外資造成困難。

其三，吸收外資的準備不足。除了大型企業有完善的投資計畫書以外，許多企業，特別是中小企業沒有這方面的準備，更無切實可用、有說服力的經濟可行性報告。因此，提高吸引外資的技術水準十分迫切。有些企業領導處理吸收外資問題時顯得十分幼稚，「你拿錢來就行」。他們不明白，投資商沒有明確認識到投資有好處可得時，是不會解囊的。

其四，對外國投資商的優惠政策不明確。世界各國都在爭取外國投資。各國都設立了一些優惠政策作為爭取投資的誘餌。世界資本市場爭奪十分激烈，資本總是流向回報最大的市場。俄國上下對這個形勢認識不足，沒有制訂應有的對策。

其五，外國投資商期望投資有回收的保障，往往要求政府擔保。俄國實行市場經濟，政府不會為某一家公司擔保。只有設立投資保險公司才是出路。俄國政府下屬有一家類似的公司，可惜沒有發揮作用，知道的外國人很少。

其六，腐敗和黑社會往往使投資商望而卻步。

中國（包括大陸、香港、台灣）對俄投資微乎其微。大陸目前的投資專案集中在為推銷中國商品服務，或者在俄組裝日見淘汰的家電，缺少對中國具有戰略意義的開發專案的投資。美國與俄國合作開發能源、北歐與俄國合作開發林業、印度與俄國開發第五代戰機，堪稱有遠見之明。而中國卻沒有參與這些與中國發展攸關的專案。與此同時，中國則忙於在莫斯科搞商店，可惜在這方面甚至落後於土耳其。只有從鞏固戰略夥伴關係平等互利出發，通盤考慮對俄經濟戰略，才能為兩國經濟發展做出貢獻。

2001/12/04

莫斯科不久以前在克里姆林宮大會堂召開公民論壇，進行政府同民間對話時，民意調查機構對建成公民社會需要克服哪些障礙進行了一次採訪，七成的人說首要的是腐敗。俄國政府主持的外國投資諮詢委員會中的外國成員經常向普京和總理抱怨官員腐敗。俄國大眾也對腐敗恨之入骨，但長期以來沒有得到解決。

有錢能使鬼推磨的現象普遍存在，特別是俄國處於轉型期間，形形色色人物進入政府機關濫用職權；社會上的不法分子通過行賄政府官員取得非法利益，已經成了俄國社會和政府身上的毒瘤。普京上台以來，大力整頓政府機構，不斷調整各部會領導幹部，加強法治。近一個時期，俄國總檢察院，在審計署配合下，進行了一系列的立案審查，在社會上引起強烈反響和震動。

審計署署長、曾任葉利欽時期總理和內務部長的斯傑帕森，依法對各國家機關進行審計，發現大量違法事實。審計署將這些貪污、挪用公款、濫用職權、浪費公幣、營私舞弊等等材料移交給總檢察院，由總檢察院根據違法事實立案審查。一些要害部門也對本部門進行清理，旨在樹立正氣改善形象。

在這場反腐鬥爭中，現任鐵道部長阿克肖年科被總檢察院立案審查，儘管總理出面保護，也不得不形式上去「休假」，簽字「不得出境」。據媒體公佈的資料，他涉嫌濫用八千五百萬盧布的公款。更令社會大眾吃驚的是普京的忠實得力幹部、很受老百姓青睞的緊急事務部長、團結黨首領、俄羅斯英雄紹伊古將軍的前任副手被立案審查。他本人的辦公室也被搜查，搞得他犯心臟病，緊急住院治療。這個案子也是以審計署提供的審計結果材料為依據的。國家杜馬首次撤銷議員戈洛夫廖夫的轄免權，交檢察院審查。聖彼得堡的兩名副市長亞歷山大‧波傑欣和瓦列里‧馬雷舍夫分別因從事非法商業活動及貪污被追究刑事責任。前內務部長、現任國家安全委員會秘書的魯沙伊洛將軍在內務部長任上的顧問亞‧奧爾羅夫中將被通緝，更像一顆重磅炸彈，震撼全社會。

　　俄國的內務部是一個非常強大的武裝部門，負責維持俄國國內的安全。除強大的各種員警隊伍以外，還擁有十多萬人的內務部隊，全國內務部系統職工約兩百萬人。內務部隊配有重型武器，在全國各地設有軍分區。按照俄國憲法規定，武裝部門各部部長由總統任命並直接管理。普京上台以後改組內閣。在調任原國家安全委員會秘書伊萬諾夫為國防部長之後，把原內務部長魯沙伊洛調任安全委員會秘書。空出來的內務部長一職由原團結黨國家杜馬黨團負責人格雷茲洛夫接任。格雷茲洛夫上任以後對內務部動大手術，推行各種改革，其中包括整頓紀律清理隊伍。他採取的具體行動之一就是檢查內務部各級在職幹部同犯罪分子的聯繫。奧爾洛夫將軍就是由格雷茲洛夫部長提交材料，由總檢察院立案進行刑事偵察。

　　同時，國家杜馬根據《莫斯科共青團員報》公佈的資料，

要求總檢察院查辦。11月21日，在奧爾洛夫案件通過媒體透露到社會上以後，內務部分管人事工作和反貪問題的副部長索洛夫約夫到國家杜馬作證，向杜馬報告內務部同本部門腐敗作鬥爭的情況。據他說，鬥爭進行的十分順利，今年以來，已經在內務部各級機關揭發出來一萬名違法亂紀分子，二千七百多名因犯有貪污腐敗罪受審。犯受賄罪的人員已超過三百名（媒體和老百姓說遠遠超過這個數字，這只是露出水面的冰山頂峰）。與此同時，有組織犯罪團夥或黑社會組織千方百計打進內務部。去年發現了八百二十起。今年前九個月已經防止五百一十起。老百姓對內務部特別是員警的指訴很多，單是內務部每年就收到四萬封人民來信，其中四分之一屬實。奧爾洛夫將軍的案件就是在這個背景上發生的。

據《莫斯科共青團員報》透露，該報最早於1999年開始揭發他的問題。今年9月18至20日，該報又接連三天用整版在通欄大標題《腐敗》之下發表有關奧爾洛夫違法亂紀材料，揭發這位內務部「黑色攝政王」的罪行，貪污受賄，敲詐勒索，充當犯罪團夥的「房蓋」（保護傘），迫害異己，非法占據國有財產。這次對奧爾洛夫將軍的指控是依俄國《刑法典》第286條立案的。罪名是「濫用職權罪」，隨著審查的深入，必然提出新的罪名。由於案情複雜，涉及高層，已經列入機密文件，不過還是透露出來一些這次立案審查的具體罪行。

奧爾洛夫將軍1955年8月10日生，畢業於莫斯科機床製造學院。1978年進入內務部服務。1989年起在內務部反團夥犯罪部門工作。1996年因非法侵吞兩套公寓被趕出內務部。接著兩年間在社會上做生意，曾任臭名昭著的首都儲蓄銀行（已破產）的高級專家。1998年魯沙伊洛出任內務部長，他回到內務部，出任專為

他設計的部長顧問職位，從此飛黃騰達，一年半之內由中校晉升為中將（通常每級軍銜需三年提升一次）。被譽為內務部「黑色攝政王」、掌握內政部實權的奧爾洛夫使全國兩百多萬員警系統人員不寒而慄。他可以提升或者開除幹部，想關就關，想放就放。今年春天，3月28日魯沙伊洛調離內務部。奧爾洛夫立即化名潛逃國外。

媒體揭發他在內務部任職期間的所作所為，令人髮指。竊聽工商界人士、高級將領、國會議員，用這些材料進行敲詐勒索；出售軍銜，據說將軍軍銜售價十萬至十二萬美元。他的案件涉及高層，因此處於保密狀態。不過揭發材料中還是有一些具體內容透露出來。

奧爾洛夫有一次打電話給被關進看守所的海達羅夫說：「我接到報告說你有不愉快的事。我可以幫忙擺平。不過嘛……阿勃拉莫夫和馬赫姆多夫已經事先告訴你了。只要把你的生意交出來，大家共同經營，把你的股份交給他們，你就可以自由，出獄。否則你就要坐十年牢。那座牢裡沒人能活著出來。」馬赫姆多夫為了獨吞一家大銅礦，借助奧爾洛夫逼海達羅夫退出。海達羅夫交出股票以後，獲得自由，立即離開俄國前往以色列。現在馬赫姆多夫擁有全俄四成銅礦。

奧爾洛夫派一名商人找斯摩棱斯克州內務總局局長雷日琴科夫將軍，要他解決這名商人的問題。雷日琴科夫不買帳，奧爾洛夫不斷打擊他，逼他辭職。他不但拒絕辭職，而且打報告給內務部長魯沙伊洛，要求查清問題。今年7月雷日琴科夫被逼心臟病發作住院。奧爾洛夫派人到病房要他辭職。雷日琴科夫被迫就範。

奧爾洛夫勾結海關一些違法亂紀人員，利用職權，打擊商

人，向商人勒索。一名報關公司經理對記者說：奧爾洛夫的要價是每月十萬到十五萬美元現金，作為「同車臣匪徒鬥爭的贊助金」。為了搞錢，他指示手下人非法搜查公司，非法關押不肯行賄的商人。奧爾洛夫五名手下警官被檢察院起訴並關進監獄。

前莫斯科州第一副州長巴比奇揭發說：「報關公司只是奧爾洛夫的一小部分生意。出售土地，賣酒，垃圾處理。凡是有利可圖的事都幹。奧爾洛夫露骨地對我說：用不著爭來爭去，錢人人有份。」

奧爾洛夫將軍這次受控的一些罪名與內務部發放的特別通行證有關。持有內務部發放的特別通行證的汽車不受任何檢查，任何人不得阻車，不得檢查司機和乘客的證件，因此犯罪分子和商人特別歡迎。這種汽車裝運軍火或者毒品，可以暢行無阻，軍警不得檢查。特別通行證成了掩護犯罪活動的工具。特別通行證原本只發給執行特殊任務的車輛。但是民間早就流傳，任何人只要花上一萬美元即可買到一張，不管運什麼都行。售證人不聞不問。數十名犯罪團夥的首領掛著內務部這種通行證在全國橫行無阻。沒有人敢動他們。情況十分嚴重，以致於年初普京總統召集情治部門負責人，表示對這個問題的關注。檢查組發現一千多張特別通行證沒有下落，其中奧爾洛夫一個人就領去四百多張。《莫斯科共青團員報》說奧爾洛夫貪污贓款達一億美元。

奧爾洛夫長期逍遙法外，直到魯沙伊洛調開和奧爾洛夫出逃之後，才對他立案審查。奧爾洛夫目前的行止還是一個未知數。有消息說他在內務部長更換之後就潛逃國外，一說他人在以色列。又有人看見他出現在南非。何時能捉拿歸案，還是一個迷。不過內務部許多高級官員已經落馬。經濟犯罪局局長尼諾、第一副局長米海伊連科（他負責出國給奧爾洛夫在外國銀行開設戶

頭）、刑偵局局長魯旦科、幹部局局長佈雷喬切耶夫、反有組織犯罪活動局局長和第一副局長等，都被撤職查辦。

俄審計署長斯傑帕森說今年已經查出濫用公幣六百四十億盧布，約二十二億美元。這些錢都有官員腐敗的背景。日前普京總統下令建立金融監測委員會，負責監測與資本運動有關交易的情況，包括對促成這些交易的官員和人物的情況。俄國反腐鬥爭進入一個新時期。

Headline **72**　賓拉登是英雄
還是狗熊？

　　俄國年終舉行的一次公眾意見調查顯示，賓拉登高居2001年
風雲人物第三名，僅次於普京總統和莫斯科市長盧日科夫之後，
在布希總統之前。這項結果在一定程度上表明俄國公眾意識對賓
拉登的看法。調查還顯示俄國公眾認為「911事件」是2001年最
重大的事件。

　　在此間大多數政界人士和公眾的眼睛裡，賓拉登是頭號國
際恐怖主義分子；是美國中央情報局一手豢養起來的反蘇（反
俄）急先鋒；是俄國車臣分離主義分子恐怖主義分子的後台；是
給俄國帶來不少麻煩的壞蛋；是俄國東線（中亞）和南線（高加
索）安全受到威脅的罪魁禍首；是俄國毒品氾濫的根源。《消息
報》在發表賓拉登最近一次電視講話的新聞和評論時，既引用了
賓拉登的話：「真主祝福我們在美國發動的恐怖活動。我們追求
的是要美國停止支持以色列。」也引用了美國白宮發言人司可脫
馬克列倫的話：「這是通常的恐怖主義分子宣傳，同我們以前多
次聽到過的一模一樣。」這樣，俄國公眾有機會瞭解不同的觀
點。有趣的是，這條新聞旁邊配著一張大幅漫畫，賓拉登微笑著

問：「沒人找過我？」他手中的卡拉士尼可夫自動步槍上卻寫著「Made in USA」。

　　拉登現象的根源，則有著遠非一致的銓釋。俄國伊斯蘭委員會主席格伊達爾‧札瑪律代表俄激進派穆斯林的意見。他是一位伊斯蘭學專家。俄國伊斯蘭教高級負責人難以接受他的觀點。他發表的一篇訪談記說，「我不知道賓拉登是何許人。」他的一些觀點與官方大相徑庭。他認為普京總統對「911事件」的反應是錯誤的。「911」不是恐怖活動，而是一場戰役。「毫無疑問，這些事件的根源在西方。」他專門研究過「911事件」的技術問題，得出的結論是他發現了「主要的制訂人是跨國公司；這些公司依靠的是一些美國政治家。執行者是一個集權主義教派的成員。他們同『伊斯蘭空間』毫無關係。」在他看來，萬惡之源是美國。「擁有地緣戰略資源的人才能推行對抗政策。賓拉登也好，我也好，其他人也好，不具備向世界掌權人物發出挑戰的資源，他們同有組織的犯罪活動有聯繫。」

　　俄國亞洲部分穆斯林教會局長穆夫提（教法說明官）阿什羅夫認為目前是美國歐洲為一方和第三世界為一方的衝突。「我擔心一旦受辱的民族不願忍受美歐的支配，美國對第三世界的政策確實會把世界引向整體災難。」他對《論據與事實》週刊的記者說，富有的阿拉伯國家，「如沙烏地阿拉伯、科威特、阿拉伯聯合酋長國，都非常仇恨美國，正是這些國家有人資助恐怖活動。」

　　俄國著名政治家、經濟學家、前莫斯科市長波波夫教授在「911事件」後發表一篇論文，題目是《賓拉登不死（論反恐怖戰）》。他認為美國建立的金字塔式的21世紀國際秩序，是恐怖主義不會消失的基本原因。美式國際秩序的構架是美國一家在巔

峰；下面是西方七大發達工業國；接著是中等發達國家，如西班牙；這些國家占全球人口十分之一。最下層是所謂第三世界，占世界人口九成。第三世界在美式金字塔構架中所處的地位是恐怖主義分子的社會基礎，決定恐怖主義不斷再生。從這個涵義來說，賓拉登不死。

對於賓拉登現象與兩大文明的衝突，是俄國各界非常關注的問題。俄國現在有兩千多萬穆斯林。據不久前俄國總統下屬俄公務大學召開的《宗教與俄國國家安全問題》學術研討會上發表的數字，二十年後三分之一的人口是穆斯林；首都將有四成居民是穆斯林；軍隊將有一半成員是穆斯林。如何看待兩大文明的關係，自然成了國家安全課題。前總理吉里延科說「911事件」後的反恐衝突有可能轉化為天主教同伊斯蘭的衝突。」俄國伊斯蘭問題專家列舍特尼科夫認為賓拉登現象只是個別的、「戲劇化」的插曲。人類面臨的是整個21世紀都會存在的一種傾向，即在阿拉伯世界快速擴張形勢下兩種文明的衝突。不過這種觀點遭到許多人的反對。

賓拉登不但有生存的本能要求，還有領導聖戰的要求，因此很難說他躲藏起來就是狗熊。這是俄國人文大學媒體研究所從事恐怖主義問題研究專家的結論。

Headline 73　中俄戰略夥伴關係新考驗

　　逝去的一年是中俄戰略夥伴關係大發展的一年。兩國領導人多次會晤；中共十六大剛結束，普京總統就親自前往北京拜訪胡錦濤和新班子，可見對俄中關係的重視。他是第一位見到中國新領導班子的外國領導人。兩國在許多國際問題上採取聯合步驟，特別是對雙方都關心的國際恐怖主義在各自國家的活動，達到共識。但是，在涉及兩國經濟利益時，卻出現了一些值得雙方深思的問題，因為這些問題還折射出兩國關係中深層潛在的戰略利害關係。去年有三件事從另一側面映射出中俄關係。

　　最近的一件事是不久前結束的俄國斯拉夫石油公司股權競購問題。中國石油總公司（CNPC）最後時刻在俄國當局壓力下被迫退出競購。俄國政府為了加速國有資產私有化和籌措預算資金，決定拍售政府握有的斯拉夫石油公司74.95％股票。斯拉夫石油公司年產一千五百萬噸石油，擁有的產地儲油量達三億多噸，還有大量天然氣。

　　按俄國法律規定，外國公司可與俄國公司平等參加競購。報名參加競購的公司共有十四家，最後只有七家參加。競購前，曾

經做出估價，約二十到二十五億美元。俄國石油總公司聲明願出價二十五億到三十一億美元；中國石油總公司願出價三十七億美元。這些消息傳出後，俄國政界一片譁然。國家杜馬一些議員大談「中國威脅」，甚至要通過決議禁止中國公司參加競購。俄國媒體對此進行了大量報導。

俄國媒體報導說，江澤民曾親自要求俄國政府關照。俄國領導收到中國領導的信，信中說中國準備大量投資俄國西伯利亞和遠東的原材料工業。這封信適得其反，在俄國引起一片恐慌。俄國評論界認為一旦出現這種局面，俄國將變成中國經濟蓬勃發展的原材料附屬地。此外還說到「另外一個國家」強力出現在西伯利亞，會成為對俄國施加壓力的工具。最後由親葉利欽的石油鉅子阿勃拉莫維奇手下的公司經過四分鐘的滑稽劇表演，以十六億八千萬美元購得。以此低價購得，必有奧妙，所以事後俄國媒體做出多種猜測。有人說，中國退出競購的代價是俄國政府支援建設從安加爾斯克到大慶的輸油管。

圍繞這條輸油管的爭論是第二件事。經過多年洽談，去年中俄雙方政府商定共同建設這條油管。不料這條油管也難產。去年11月，俄國召開國家安全會議，討論遠東安全問題，其中就提出改變輸油管的走向，初步決定建一條從安加爾斯克通向納霍特卡港的輸油管。俄國的戰略利益在於使遠東地區投資多元化，避免出現所謂「遠東地區中國化」。據濱海邊疆區州長達爾金透露，普京對油管和氣管走向表示不滿。但是此後在普京訪華時，沒有提出改變油管走向問題。

俄國安全戰略考慮是：通向霍納特卡全線在俄國境內，俄國可以全面控制；同時還可以將石油賣給多國客商，包括日本、韓國、美國和中國，不受中國的買方壟斷；其三，還可帶動油管經

過的俄國地方經濟發展。但這條線路對中國不利。

「中國威脅論」者提出，為了保護和經營油管和產地，中方勢必會把大量中國人派到俄國遠東地區。大片遠東地區的政治形勢就會發生變化。中俄油管專案也受到第三者的關注。新年伊始，日本小泉首相不顧零下二十多度的嚴寒，風塵僕僕前往莫斯科會見普京。據《消息報》透露，在討論經濟合作問題時，也談到俄國遠東石油和天然氣開發和運送問題。雙方簽署的《行動計畫》涉及到「在開發遠東和西伯利亞石油和天然氣專案方面合作」的問題。

在談到日本準備購買多少俄國石油和準備投資多少建設油管時，日本方面力勸俄國建設從安加爾斯克到納霍特卡港輸油管，不要建造安加爾斯克到大慶的油管。俄國政府正在舉棋不定。通向俄國太平洋港口的油管有日本做後台，出現變數的可能性極大。有人提出皆大歡喜的方案，即兩條管道都建。好在近幾十年內俄國總是要大量輸出石油的。不過俄國是否有財力同時建兩條油管，有沒有足夠的石油供兩條油管用，經濟上是否合算，戰略上是否穩妥，都在衡量之中，因此俄國戰略考慮的結果尚需拭目以待。

俄國在亞洲的兩大戰略夥伴，中國和印度，都是俄國軍火的大買家。俄國希望打破目前美國一家稱霸的局面，與中國的戰略構思一樣，建立多極世界。俄國幾十年都在呼籲建立俄中印三國合作，作為新的一極。

俄國從自身戰略考慮，希望遠東保持戰略平衡，能有一個和平環境。軍售是其戰略平衡的重要內容。在向中國出售大量武器裝備時，也向印度出售相應的武器。但是，仔細看來，還是有差別的。據俄國媒體透露，俄國售給中國的戰機蘇愷27和蘇愷30約

五十八億美元；巡洋艦二十四億美元；防空系統十五億美元；潛艇十五億美元。中國大量購進武器，對俄國來說，左右為難。既想有收入（占俄國軍售四成），又怕「邊界上有十五億武裝的中國人」。

為了保持平衡，俄國也向印度出售武器裝備。俄國軍事評論員里托夫金在署名文章中對售給中印的武器做了一些比較。例如，售給中國的九五六型現代級巡洋艦，售給印度的是計畫取代它的一一三五，六型。後一種戰艦用了隱形技術。它更可靠，航距更遠，火器射程更遠，更難發現。戰機方面，售給中國和印度的型號初看一樣，都是蘇愷30，但售給印度的蘇愷30MKI雷達天線更先進，裝有前水準尾翼和可控向量推力發動機。售給中國的蘇愷30MKK就沒這些特點。結果印度買的戰機量少，但更靈活更易發現敵對目標，更易擊中目標。軍艦方面，售給印度的更先進，印度還有可能買到第三代核潛艇，中國是買不到的。儘管如此，最近出現了美國向印度微笑的政策，印度在購俄武器問題上有可能打美國牌。俄國報刊也注意到去年12月普京訪華前夕，中美在北京舉行了軍事合作會談。這些動作看來都大國戰略平衡的遊戲。

中俄兩國有識之士對雙方戰略夥伴關係極為重視。俄國外交界一再化解國內的恐華心理，一再推動雙方交流。中國官方一再表示決無覬覦俄國領土和遠東地區的意思。俄國評論界也注意到中國把俄制武器大部分部署在華南，以表明不會針對俄國。但是，國際關係中本國利益總是優先的，戰略夥伴關係也是基於本國利益設計的，因此難免出現變數。總是不斷受到新的考驗。只是如何化解得當而已。

74 法國文藝三聖 相約莫斯科

2002/02/07

今冬莫斯科普希金國家造型藝術博物館舉辦了一次別開生面的主題展。普魯斯特、莫內、德彪西三位法國文藝大師從世界各地走進莫斯科，為冰天雪地的北國首都帶來了溫暖，帶來了陽光，帶來了生機。

觀眾在街上頂著凜冽寒風，排上兩個多小時的人龍，踏進美術聖堂，迎面而來的是一片盎然，彷彿走進鳥語花香的世界。難怪平時冬季每天只有一千名觀眾，這次卻高達四千五百人。二十萬莫斯科人和從歐洲特地趕來的觀光客，參觀了這次展出，無不為舉辦者的學術水準和獨出心裁叫絕。

俄國莫斯科的普希金國家造型藝術博物館和聖彼得堡的冬宮博物館（又稱艾爾米塔日或隱廬博物館）收藏大量法國印象派大師的畫作。這次法國巴黎多爾塞博物館、美國芝加哥美術館、紐約現代藝術博物館都提供了自己的精藏品，參加這次聯展，使觀眾一飽眼福。

這次三位法國大師同登一堂，並不出人意外。他們都是19世紀20世紀之交法國藝術革新派的大將。普魯斯特的小說，洋溢著

濃烈的抒情氣息；「音樂短句」構成他言情文章。《追憶似水年華》主要人物有作家、美術家、音樂家。他借這些人物之口道出對美好人性對美好世界的憧憬。他寫自己的感覺，寫自己對大自然的印象。他與莫內有著類似的美學原則。他像莫內一樣，定格瞬間的印象，用光學效果突出這種印象。他在小說裡寫道：「我再次看到，斯萬太太同我談話的樣子和傘的折光落在她臉上的樣子。」很像莫內畫面上的題詞。

這次展出的莫內畫作，琳琅滿目。暖流撲面的《乾草堆》，燦爛奪目的《睡蓮》，濃霧籠罩的《盧昂大教堂》系列畫，光色遊戲的《莫內家中花園》，都使觀眾流連忘返。一些畫作旁寫著普魯斯特的語句，加深觀眾對莫內與普魯斯特藝術構思的參照。霧中的《盧昂大教堂》若隱若現，或似隨著沉沉夜幕入睡，或似隨著初升的陽光甦醒，攝走了普魯斯特的靈魂。他用《索多梅和戈莫勒》中戈沃若太太的口說：「我更喜歡莫內。瞧他那些大教堂！」

普魯斯特一生的作品都貫串著音樂句子，或者稱「音樂短句」。這次展品中有一些法國作曲家的樂曲手稿。普魯斯特年輕時出入巴黎各種文藝沙龍，結交了不少音樂家。他即使在自己的作品裡也不忘音樂給他的震撼。青年時代他對自己生活的憧憬就是「生活在親人中間，生活在美妙的大自然懷抱裡，生活在大量圖書和樂譜之中，離劇場不遠的地方」。普魯斯特筆下的斯萬在聽了一曲演出之後，用「小提琴的潺潺細流；水珠的漂灑聲；紫色的波動；聲音的波浪」來形容音樂的「水的原力」。這個音樂形象的原型不難看出就是德彪西的交響小品《大海》。印象主義在音樂中的體現者德彪西出現在普魯斯特的小說中就不是偶然的了。展廳空中輕輕飄揚著《大海》的旋律，文，畫，樂三位一體

的美的享受，使人飄飄若仙。

　　小說手稿，繪畫，樂曲原稿，藝術家的遺物，各種版本，陳列一堂，觀眾猶如沉浸在藝術的大海之中。但是，更要提到的是莫斯科國家普希金造型藝術博物館一年一度的「里赫特爾12月晚會」。俄國著名的國際鋼琴藝術大師故去的里赫特爾向普希金造型藝術博物館館長安東諾娃提出每年冬天舉辦將音樂和美術融為一體的晚會，邀請俄國音樂大師和樂團參加演出，由著名藝術學家演講，給莫斯科的冬季增添一些春天的氣息。十多年來如一日，每年12月必舉行。晚會的主題就是藝術的共鳴。今年選的是普魯斯特與美術和音樂。里赫特爾寫道：「我小時候喜歡山楂。山楂是普魯斯特的符號。我在晚年熟讀他的作品，愛上了他的作品。」里赫特爾參觀普魯斯特博物館時曾從園子裡採折一束山楂留作紀念。1990年，里赫特爾曾經在此親自主持了紀念諾貝爾獎獲得者俄國詩人帕斯捷爾納克與同時代音樂和藝術文化為主題的晚會。俄國藝術界文化界年年舉行展示藝術和諧藝術共鳴的主題展，加深觀眾對美的體會，使觀眾的人性更加和美，給了我們很好的啟迪。

2002/03/09

鹽湖城冬奧會上的一場俄美冷戰在俄國公眾間引起了熱戰風波。對於美國大眾媒體一面倒，盛讚美國運動員，對其他國家運動員的成績閉口不提，千方百計突出美國運動員的成績，俄國社會上下一致表示強烈譴責。

俄國歷來是冬奧會的強國，花樣滑冰、冰球、滑雪等長項，所向披靡。這次由於美國媒體和公眾的搖旗吶喊，奧會補授加拿大運動員第二套男女雙滑金牌，引起俄國公眾一致噓聲。連一向行事言談謹慎的普京總統也表示「感到驚訝」。

此間著名諷刺作家和演員札多爾諾夫在國家電視頻道，當著全國觀眾用紅筆在美國給他的多次入境簽證上畫了個大叉以示抗議，表示他不以訪問美國為榮。俄國電視台向全國觀眾展示國際奧會主席拉格寫給普京總統的信的原件，信上用錯總統名字，被認為是故意侮辱國家元首。

俄國社會一直處於情緒化的狀態，直到後來取消俄國女子滑雪接力賽的參賽資格——對一位俄國運動員採集超量血液做檢驗，以致影響成績，對俄國公認女子單人花樣滑冰金牌應當授給

俄國運動員斯魯茨卡婭，卻被授給了美國人薩拉休斯，都被俄國人看作是北美國家有意刁難，當時正在鹽湖城的俄國副總理和莫斯科市長都表示強烈抗議。與之呼應，國內上下議院議長同聲指責美國欺負人。俄奧會領導受到國內公眾和運動員不滿的壓力下，揚言要退出冬運會，不參加閉幕儀式，並提出要與韓國、中國、拉脫維亞等國奧會聯合發動攻勢。俄國人稱之謂「在野蠻西部舉行的一次野蠻奧運會」，已經閉幕，但是俄國社會上的反美抗美情緒，由於美國近來的所作所為，越演越熱。

《美國人事先全買下來了》，這是《莫斯科晚報》一篇文章的標題。作者拉斯卡佐娃說「美國人已經無力進行公平合理的體育比賽」。2月26日《消息報》頭條文章《啊，運動，你是一場戰爭》的作者說：

> 戰爭在繼續。如果說奧運會不是原本，那麼至少是世界的準確拷貝。當代世界的模式是：有美國，有其餘的國家。其餘國家的命運決定於美國是否承認它們存在的事實。

作者認為這一次美國侮辱了其他國家的普通人，這些人本可以成為美國的誠摯同盟。現在很難向他們說清楚，為什麼說美國是真理和善良的帝國，而跨國恐怖主義分子是惡的帝國。美國的激昂愛國主義引發千千萬萬俗人的反美情緒。美國好像忘記了，憤怒的俗人是世界上最可怕的力量。俄國社會實用問題研究中心主任日林表示可憐美國人，「無法保護所有的大使館和麥當勞。美國人不明白，搞霸權沒有效果，一個國家管理不了世界」。

冬奧會引爆了俄國社會裡早就存在的反美情緒。俄國人支持美國消滅國際恐怖主義分子，對美國人在「911事件」的遭遇表

示深切同情。美國卻採取了咄咄逼人的態度，處處排俄國利益。先是進駐俄國的中亞勢力範圍，在那裡建立準軍事基地。獨聯體中亞各國為了本國利益允許美軍使用機場。位於吉爾吉斯共和國首都的馬納斯機場成了美軍在中亞的主要空軍準基地之一，美軍飛機每次起飛付給五到七千美金，單這一項就是一大筆收入。此間有人認為是「政治占領」。對俄國一向若即若離的烏茲別克共和國，積極同美國合作，開放兩個機場，換取美國經援，平衡俄國影響。這些都曾是俄國的禁臠，美軍卻毫不客氣，取來享用。俄國不得不認可，但自然引起兩國戰略利益的衝突。美國覬覦中亞的天然氣和石油，企圖控制中亞能源的出海口，俄國政治評論界認為這才是美國出軍阿富汗的關鍵。

美國不僅從俄國南線東部抄了俄國的後院，近來又著手從西部打入俄國後院。長期以來，車臣的恐怖主義分子經常跨過俄國同格魯吉亞（喬治亞國）的邊界，在格魯吉亞境內的潘吉斯谷地休整和補給，給俄國帶來很多麻煩。俄國一再要求格魯吉亞清掃谷地，格魯吉亞不承認有恐怖分子，另一方面卻在同美國協商，由美國派出軍事顧問協助格魯吉亞訓練軍隊，必要時美方將派出特種部隊參加清掃。美方把打算軍事上進入格魯吉亞的事通報俄方以後，俄方受了一次休克打擊，引起俄方極大震動。出席在彼得堡舉行的獨聯體國防部長會議的俄國防長對格魯吉亞不向俄國通報美軍行動一事表示非常不滿。

在記者招待會上，俄防長板著面孔當面質問。格魯吉亞防長說：「美國人已經通報你們了。」在哈薩克召開的獨聯體首腦會議上，格魯吉亞總統幸災樂禍說：「沒有人能向我們提供數千萬美元的軍援去打恐怖主義分子呀。」藉此影射俄國無力。

俄國媒體認為格魯吉亞總統有恃無恐，是有美國人在撐腰。

美國軍方五名代表在格魯吉亞討論軍援，引起俄國非同一般的關注。俄方已經加強同格魯吉亞接壤地區的戒備。當地除駐有強大的四千名邊防軍部隊外，附近還駐有第四十二機械化師。稍遠處還有俄北高加索軍區隸屬的第五十八集團軍。俄軍估計美方可能今春協助格魯吉亞動手掃蕩，當地局勢必將緊張，俄方已嚴陣以待。

3月8日俄國杜馬國際事務委員會主席羅果津在向莫斯科回聲電台講話時不排除俄美會在格魯吉亞出現軍事對抗。他說，美軍人員在掃蕩過程中，難免遭遇俄軍消滅車臣武裝分子的隊伍。

無獨有偶。正在俄美為格魯吉亞事件交鋒的時候，又出現了布希總統簽署涉及俄國鋼材進入美國市場的反傾銷法案，引起俄國強烈反應。俄國則聲稱從3月10日起禁止進口美國雞肉，因為美方沒有及時向俄方通報檢驗報告。美方立即威脅說要阻止俄國加入世貿，頗像一場新的貿易戰。美國的民族利己主義在俄國激發反美情緒。

76 光頭黨：俄國的
新法西斯毒瘤

2002/04/21

4月以來，一股黑氣籠罩在俄國大地上。報刊、電視採訪、電子郵件，連篇累牘大談光頭黨。種種可怕的故事在社會上流傳。有說兩名日本姑娘在地鐵裡被光頭黨推下鐵道，事後說把她們當成中國女孩了；有說莫斯科音樂學院的兩名中國女學生被光頭黨施暴；有說莫斯科某大學四名學生被殺。但是這些流言沒有人出來澄清，越傳越可怕。不過，以光頭黨名義發給各外國大使館的恐嚇電子郵件卻是事實。

這封大喝「俄羅斯是俄國人的」電子郵件，引起一片恐慌。駐莫斯科的外交使團聯合照會俄國外交部，要求加強保護。孟加拉大使對國際文傳社記者說，他的許多住在俄國的同胞受到光頭黨的襲擊。英國大使館和美國大使館呼籲本國旅遊者，特別是非裔和亞裔英國人、美國人在4月20日和21日這兩天不要外出。

4月20日是希特勒出生一百一十三周年。為紀念這個日子，俄國光頭黨計畫在全國發起一場攻擊異族的行動。21日是俄國全國足球錦標賽莫斯科兩大球隊的比賽日。去年這一天，六百名球迷在莫斯科市中心大打群架。記者乘坐的計程車司機，從一上車

就勸記者這兩天不要上車，直到下車還念念不忘再次叮囑。他本人是阿塞拜疆人，表示決不出車。俄國內務部總動員，以應付意外事件。單是莫斯科就出動了一萬五千名軍警維持治，防止光頭黨鬧事。

內務部副部長兼公安局局長切卡林在15日的記者招待會上表示，決不允許光頭黨胡作非為，決定在全國發動針對光頭黨可能鬧事的「反極端主義旋風運動」。

俄國的光頭黨有自己正式註冊的組織，名叫人民民族黨。1994年建黨。全國黨員約有一萬人，總部設在莫斯科吉申巷。黨魁是亞歷山大‧伊萬諾夫—蘇哈列夫斯基，黨員平均年齡十七至十八歲。他們的外表特徵是光頭、軍用長筒靴、黑夾克上衣、近似希特勒黨的十字袖章。黨徽為加線十字，黨的口號是「吊銷一切非俄羅斯族和非東正教人員」的俄國國籍，政治路線為「民族環保、東正教」。機關刊物為《我是俄羅斯人》。黨員致禮的方式一同希特勒納粹黨，右手向前向上，更有自己的武裝培訓基地。

人民民族黨有自己的入黨儀式，入黨儀式通常在天黑之後舉行。空地上豎著一個一人高的十字架，十字架上纏著碎布。宣誓入黨的人，脫光上身，站在十字架旁，由在場的黨員點燃十字架，離他數步之遠的黨魁監督他讀誓詞。宣誓時，一把上膛的卡賓槍槍口貼著宣誓者的腦袋。俄國光頭黨的黨綱說，他們是「自己人種和民族的戰士，白色武士」，「真正的光頭黨員應當盡量不用亞非出產的食品和日用品，如：大米和醬油、亞洲產羽絨服、亞洲電子產品。叫那些有色人種和異族人去買這些破爛吧」。

黨魁伊萬諾夫—蘇哈列夫斯基曾就讀於高級工兵指揮學院，參加過1968年鎮壓布拉格之春的行動，1979年開始在莫斯科電影製片廠工作，拍過幾部電影。1997年被控挑撥民族關係，判三年徒刑監外執行，但被赦免。近一年來，光頭黨在莫斯科十分猖獗。

　　去年4月21日，他們大鬧亞謝涅沃市場，手持鐵棍大打出手，造成多人受傷。10月30日，三百名光頭黨打砸搶察裡津市場和亞謝涅沃市場，三人被他們打死（一名印度人、一名阿塞拜疆人、一名塔吉克人），二十多人受傷，這個案件至今沒有處理。今年2月16日，五名光頭黨打傷一名阿塞拜疆少年。3月6日，光頭黨槍傷兩名阿塞拜疆人。3月9日，光頭黨打傷兩名斯里蘭卡留學生。同月28日，一群光頭黨用刀刺死一名阿塞拜疆人。4月20日，莫斯科在強大的員警管制之下，沒有發生重大事故。光頭黨黨魁說，有一批黨員前往遠東打中國人、朝鮮人和日本人去了。21日，莫斯科市內幾處市場為防止光頭黨鬧事而關閉。

　　光頭黨的惡行已經引起俄國公眾的強烈譴責。中央選舉委員會委員普羅霍羅夫對《莫斯科晚報》說：「他們並不像某些內務部官員們所說的是一般的流氓，而是有組織的法西斯社團，對國家的平安穩定造成現實的嚴重的危害。」俄羅斯科學院的研究人員伊留申科認為「光頭黨背後有來自現任的和過去的情治機關的成年人，地方上的官員保護光頭黨。這就是為什麼不用刑法282條（挑撥民族關係）對他們治罪的事實。」執法機關把光頭黨的罪行定性為「少年流氓行為」已經引起社會公眾的不滿。對當局允許新法西斯主義社團的存在和活動，表示強烈抗議。可是國家杜馬至今沒有通過禁止新法西斯主義的法案。

Headline 77 紅場煙火沖天曝露社會問題嚴重

2002/06/10

6月9日，莫斯科，紅場邊上，克里姆林宮城下，俄國國家杜馬大廈門前，大火沖天，濃煙滾滾。近萬名人群大打出手，沿著主要大街見車就燒，見窗就砸。

俄國足球隊輸給日本隊以後，在紅場邊上觀看球賽的人群，在一些人的鼓動下，發動了一場騷亂。俄國首都從來沒有見過這種場面。值勤的騎警面對發狂的人群，無能為力。近萬名球迷集中在這裡，只有一百二十名員警維持治安，面對喝了大量啤酒滿眼發紅一腔怨氣的青少年，不知該往何處躲藏，更不用說去阻止騷亂。

出事地點附近的一家商店從街上救了一名防暴員警拉到店裡來，才救他一命。觀看球賽轉播現場，一名日本公民不顧大使館警告，站在人群裡看，被打得頭破血流。

這場混亂中，五名前來觀看柴可夫斯基音樂大賽的日本人和一名美國人遭到攻擊受傷。兩名中國同胞也未能倖免。一位名叫王立新（譯音）嚴重受傷，被送往急救醫院救治。另一位名叫

程西（譯音），是前來參加莫斯科柴柯夫斯基音樂大賽的小提琴手。在遠離出事地點的莫斯科音樂學院附近被毆打，左肩受傷，只好退出比賽。他說，可能是把他當成日本人了，從小就夢想前來莫斯科參加這項大賽，如今好夢難圓。

莫斯科正在統計騷亂造成的後果，據報導，目前已有一名防暴員警受傷致死，七十五人受傷（其中十八名軍警），十人住院療傷；一百一十三人被拘留審查；數十輛汽車被燒毀。

除了市中心外，當天還有一批光頭黨分子衝擊南韓人在莫斯科設立的天主教堂，騷擾正在進行星期日禮拜活動的韓族人。

騷亂發生後，全國上下一致譴責。俄國總理凱西揚諾夫指出騷亂不是球迷幹的，是流氓分子鬧事，無法無天。同時，他說，莫斯科事件是有組織有預謀的騷亂。他要求聯邦和莫斯科市政府和執法機關嚴加追查，保證今後不再發生。不久前，凱西揚諾夫曾簽署政府決議支持承辦2008年歐洲足球錦標賽。事件之後，他表示俄國能否承辦，自然引起懷疑。「俄國還有權爭辦歐洲錦標賽嗎？」

國家杜馬大廈一樓的窗子全被砸碎。謝列茲尼奧夫主席認為責任在組織集體觀看實況轉播者的身上（即莫斯科市政府）。他說：「可能員警不足，他們沒估計到會出這樣的事，但我個人認為責任在組織這次沒有必要的演出者的身上。」

總統新聞助理亞斯特列任姆斯基認為是「商業利益占了頭條」，影響了正常活動。「應當安排好治安措施」。

國會聯邦院（上院）主席米羅諾夫指出：「足球本身沒有錯。問題出在執法機關身上。」他說這是對執法機關的一大教訓。「他們理應明確預見到各種可能出現的後果。應當禁止在公眾場合轉播球賽。莫斯科騷亂事件是執法機關的大失敗。」副議

長說，莫斯科市長盧日科夫在出事當日仍在賽普勒斯休假，第二天仍未回到莫斯科。看來他無話可說，治理不了莫斯科，「應當辭職，退休。」

俄國內務部長格雷茲洛夫要求除對騷亂進行刑事追究外，對內務部系統進行內部責任追究。莫斯科市內務總局副局長當天執勤因失職已被撤職。局長已經提出辭呈。

司法部長恰伊卡認為騷亂與俄國至今沒有反極端主義法有關。已經立案進行刑事追究。各電視台已經應內務部要求將當天的錄影資料上繳，供追查犯罪分子用。莫斯科市政府新聞發言人說，出事地點有錄影記錄，壞人逃不了。

俄共主席久加諾夫認為這是一場「有組織的挑釁」，目的是促使議會盡快批准《反極端主義法》（俄共投票反對批准這項法律，認為是針對反對派俄共的），實際上只是流氓行為，現有的法律足夠定罪。

日林諾夫斯基派的杜馬議員米特羅法諾夫說不要給騷亂貼政治標籤。這次騷亂不是政治極端主義。不過他感到奇怪的是，這次騷亂好像有人在背後指揮。

大眾媒體對莫斯科內務總局長所說「當天值勤人數與正常休假日一樣」感到驚訝，明知道會出事，卻沒有準備，「嚴重瀆職」。

《朝日新聞》駐莫斯科記者認為「莫斯科騷亂與足球沒有關係」。

出事當天莫斯科市長盧日科夫在國外休假，主持市政的副市長尚采夫認為只是流氓行為，市政府沒有責任。

內務總局局長普羅寧認為當時採取的治安措施是合適的。在各方指責下，市政府仍拒不承認在市中心廣場組織大規模觀看轉

播和在現場周圍大做含酒精飲料生意是失策的。

克里姆林宮的智囊人物帕夫洛夫斯基認為莫斯科騷亂事件影響俄國吸引外國投資。他在回答國際文傳社記者問時指出：「不可能有再差的信號了」。「正當普京總統在聖彼得堡舉行一系列國際高層會晤的時候，莫斯科市中心卻組織了一大群人看足球，但是又沒有做任何準備。現在全世界都在轉播克里姆林宮頂上濃煙滾滾。這簡直是不可想像。」他認為事件表明俄國政治生活中存在嚴重的問題，說明俄國的政治組織不善於做群眾工作。「俄國的政治體制和教育體制造成這一代青年人退化和野蠻化」。

俄國線民熱烈討論發生騷亂事件的原因。一個署名奧列格的線民說：「侵略性的增長令人不安。原因很多：社會關係緊張和社會犯罪化，人們心裡積累了大量怨氣要發洩……等等。」也有人指責球隊沒有好好踢球。當天晚上的電視論壇《總結》上有一個年青姑娘指責電視台故意放大足球的位置，統統放在頭條報導，而重要的事，如印巴核大戰危機，卻放在次要地位報導。因此，媒體導向錯誤。

各界人士對首都騷亂提出一系列看法。政治評論家尼科諾夫認為「這是犯罪。罪犯應當受到懲罰。但是，近十到十五年來，國內成長起新一代人，這一代人沒人管。」小白樺歌舞團藝術總監寇里佐娃說今天青年人的道德水準很低，沒有興趣可談，也許沒有工作。

國家級足球裁判別裡亞耶夫說：「莫斯科政府應當盡快關閉設在各大運動場上的商品集市，讓青年人有地方休息娛樂。」

莫斯科反法西斯中心主席普羅舍奇金指出：「近十五年來排外情緒有很大發展。」

外交部外交大學尤里・包里索夫教授認為用「流氓胡來和

當局無力來解釋出現無政府主義活動是錯誤的。」「原因更深一些。近十年來民族尊嚴倍受踐踏。這是不能容忍的。」

有報導說，已經發現這次騷亂同光頭黨有關。光頭黨攜帶大量鐵棍和汽油燃燒瓶，打人放火；有人指揮人群行動。4月12日光頭黨為紀念希特勒生日要聚眾鬧事被壓下去後，伺機再起。這次是他們計畫好的行動。執法部門放縱光頭黨已經引起國內外一致譴責，但未見光頭黨受法律制裁的實例。

社會問題激化、青年教育失策、大國失落、民族主義上升、排外情緒、犯罪律高、民眾生活改善很慢、社會分化嚴重、青少年犯罪很少制裁……等，都是發生莫斯科騷亂的深層原因。

Headline 78 莫斯科的夏天 動人心弦

2002/06/24

莫斯科的夏天是美麗的。

莫斯科夏天的美在於宜人的氣候。由於莫斯科處在高緯度上，夏季的時間並不長，按照俄羅斯人的標準，陽曆6月就算進入了夏天，直到8月底。這三個月期間，人們充分享受夏天的歡樂，夏天的美。蔚藍的天穹，有時清澈無底，明朗，深邃；有時白雲如絮，柔和，飄逸；有時烏雲壓頂，風急，雲湧。莫斯科不在海邊，然而間接受到海洋的影響：北大西洋和波羅的海吹來的勁風會給莫斯科帶來一陣陣涼意；地中海的暖風會把莫斯科的氣溫提升到讓人可以在清清的莫斯科河裡戲水，在湖畔曬太陽。偶爾出現的高溫，攝氏三十度到三十二度，也促人打開空調，雖說這樣的天氣一個夏天也就兩三個星期。莫斯科的驕陽不灼人，使人既享受陽光的溫暖，又不會熱得讓人揮汗如雨。

莫斯科夏天的美在於旖旎的自然景色。春天雪融之後，空氣濕潤，地上如剛剛清掃一遍，汙物隨著水流流進了地下排水道。受著雪水的滋潤，白樺，楊樹，橡樹，梧桐，雪松，鬱鬱蔥蔥。

6月，北方的鮮花怒放，街頭的花圃讓人流連。貫穿全城的

莫斯科河、亞烏札河，同分佈在城內各個角落的大大小小池塘和水泊，給莫斯科增加了動感。從飛機上向下看，只見綠油油一大片，高樓大廈隱藏在樹林之中。居民樓四周樹陰婆娑，嫻靜，溫馨，沁人心脾。莫斯科處於白夜地區的邊緣，沒有聖彼得堡那種幽麗的白夜。

6月，也是一年中白晝最長的月份，6月22日又是一年中最長的白夜。莫斯科的晝與夜在這個時期交替，非常短暫。天色剛剛轉暗，情人們還沒有來得及在暗影中享盡熱吻的甜蜜，天色竟無情地轉亮。莫斯科的夏夜沒有南國夏夜的漆黑，沒有黑色天幕上滿天星斗的壯觀，對我這個在南方長大的人來說，總覺得一絲遺憾。

莫斯科的夏天美在人群。暖洋洋的夏日，人們可以隨心所欲地各顯神通，穿上自認為是最漂亮最撩人的時裝。這當然首先指的是妙齡少婦少女。巴黎最流行的款式隨時傳入莫斯科。街頭，寫字間，夜總會，露天咖啡廳，音樂堂，公園，博物館，畫廊，處處可見衣著光彩奪目爭奇鬥豔的女郎。加上五顏六色的頭髮，構成一幅畫家都難以繪出的明麗動畫。莫斯科人具有良好的教育，自幼受到深厚的文化薰陶和美學冶煉，因此豔而不俗，狂而不亂。

今年的6月23日，星期天，是一個頗具莫斯科特色的夏日。昨夜一陣西北風，吹走了近日二十八度的「高溫」，氣溫下降到二十二度。正是遊園的好時光。寒舍陽台下就是莫斯科市中心著名的古老森林公園「索科爾尼基公園」，意為養鷹場，是當年專為俄國沙皇進行鷹獵的場所。俄國著名畫家列維坦一幅膾炙人口的《索科爾尼基公園之秋》，引出多少遐想。從陽台向下看去，蕩蕩的綠波中一片暗色的貝殼，便是我今天我要去的地方。

我下了電梯，走出大樓，順著樓牆走過一百公尺，穿過馬路，向公園的側門走去。進入公園，沿著清澈池塘的岸邊信步前行，走進一片洋溢著清新空氣的密林。幾分鐘之後，豁然開朗。一片生機盎然的白樺樹林環抱著一座用木條精心搭成的音樂台，宛如四分之一個貝殼，屹立在白綠相間的樺樹和橡樹組成的大幕前。年年夏季，每逢星期日，下午5點到7點，在這座交響樂台上，都要舉行音樂沙龍，由功勳演員加琳娜・普列奧勃拉然斯卡婭女士主持，演出各種音樂節目，從交響樂到歌劇清唱，從俄國民間喜愛的手風琴到高雅的大提琴，從著名的音樂大師到音樂學院的學子，都是她沙龍的客人。風華正茂的她，一襲鏤花黑衣，把她清麗飄逸的形象襯托的更加楚楚動人。

　　6月22日是民主俄國為紀念二次衛國戰爭爆發而定為「衷節」。今天的節目單中，有我喜愛的柴可夫斯基第六交響樂《悲愴交響曲》片斷。低沉、緩慢的樂句，引我進入沉思。我這一生中，半生坎坷，有過「心悽愴以感發兮，意切怛而憯惻」的心境。然而，正是人間情，人生美，鼓勵我奮發。探索人生美促使我自強不息。音樂是我的良友，引我遐想。

　　陶醉在音樂中的我，回想起十多年前我譯出俄國愛斯基摩人—楚克奇人作家雷特海烏小說集《現代傳奇》。其中有一篇《風帆》，寫主人公，一個愛斯基摩少年，第一次在天涯海角的白令海峽岸邊，聽到柴可夫斯基第一交響曲的心情。「音樂彷彿把我們這些此刻站在聖石前面的人全都高高舉起，舉向大海的上空，舉向傑日涅夫角群山的上空，舉向偉大的楚克奇凍原上空。」「烏厄連鎮從來沒有過這麼美好的情景！」「這是真正的生活！」從未聽過交響樂的愛斯基摩人，聽到了音樂的內在美，品嚐到了人生的樂趣。推介這部小說集的緣起，是我看到這樣一

個弱小的民族竟有如此深邃而美的內心世界，令我折腰。

柴可夫斯基的旋律在我耳際繚繞。我的思緒又轉移到十年前。我的老學長、俄羅斯科學院的通訊院士李福清教授和台灣鄒族學者浦忠誠博士的敦促下，友好合作，譯出俄國學者所著《台灣鄒族語典》。我的任務之一就是譯出鄒族的民間故事和風俗傳說。透過這些文字我看到了一個只有萬來人的少數民族，竟有著如此豐富的精神世界，再次使我體會到，世界上的民族不分大小，都有自己的民族美，都有平等立於世界民族之林的權利。

台上一聲響亮的鼓聲，把我拉回到柴可夫斯基的音樂世界。美妙的樂曲彷彿繞著白樺樹的樹梢，沖向天際，沖向大千世界，沖向每一個人的內心。回首身邊的聽眾，都像我一樣，陷入自己的世界。

莫斯科的夏天就是這樣動人，這樣引人遐想。

Headline 79 《向俄羅斯進軍！》

2002/07/03

中國總理朱鎔基在最近一次訪俄期間，在中國駐俄羅斯大使館接見中國在俄經貿企業代表時，發出《向俄羅斯進軍！》的號召。朱總理以他特有的風趣緊接著補充說，他指的是加強中俄經貿合作而非軍事行動。朱總理的號召雖說顯得姍姍來遲，但正像俄國人常說的，「晚點總比沒有好」。

回顧十多年來中國對俄經貿指導思想，可以分成三個階段：

第一個階段是分管對俄經貿關係負責人採取的消極對俄經貿態度。主要思想是中俄經貿關係沒有發展的條件。

第二階段是試一試的態度。這是上個世紀九十年代初期，中共中央政治局決定大力發展對俄貿易，確切些說是向俄國推銷中國庫存商品。派駐代表，動員中國各地向俄羅斯發貨，數十列貨車若干億元的商品，湧向俄國。這種缺乏調研盲目發貨的行為，給國家造成極大損失，貨款絕大部分沒有下落。

第三個階段，就是這次《向俄羅斯進軍！》的新時期。中俄戰略夥伴關係在政治和軍事方面的合作，成就突出，但是在經貿方面卻一直存在大量問題。中方對中俄貿易每年逆差數十億美

元一直耿耿於懷，對中國商人受到騷擾和貨物被搶事件，每次會談中都要提及。俄方對中方在支付武器貨款時部分款項（30%以上）用易貨方式、中方公司和個人在邊貿中常常採取不正當手段進行違法貿易、華人公司和個體商人在俄偷稅漏稅。中俄關於這些問題的會談往往不歡而散。

去年中俄貿易首次突破一百億美元大關，雙方大受鼓舞。但是中國仍有數十億逆差。由於俄國是市場經濟，外貿全面放開，國家調節職能不明顯。雖說俄國每年進口大量輕工產品和食品，中國在其中只占很小部分。據莫斯科國際商業協會秘書長鮑裡索夫說，俄國市場的購買力相當於幾個東歐國家，七成輕工產品、五成食品要靠進口。俄國市場是一個國際商界必爭之地，是一個國際競爭極為激烈的市場。這一點中國的外貿界並不那麼清楚，而且掉以輕心。另外，心理上還存在互相看不起的態度。中國人認為俄國市場不值得開發，甜頭不多，不如西方市場容易做。俄國則認為中國貨品質太差（這應當「歸功」於前些年政府支持的倒爺活動），沒有世界名牌好銷。這種局面，兩國領導人自然十分清楚，都在採取措施改變現狀。

朱鎔基上台以後，加強對俄經濟攻勢。五年前決定成立歐洲商業開發投資管理中心，撥出大量資金墊底，派出經貿專家，開始悄悄進軍俄國。一方面進行調研，一方面樹立中國商品新形象。投資數千萬美元在莫斯科繁華地區購置一幢大型購物中心，建立中國「友誼」商城。在俄國領導人車隊每天上下班必經之路開辦「天客隆超市」。據稱，這是中國國有商業在海外唯一的投資專案，也是中國在俄羅斯最大的投資專案。現在經營一萬多種商品，七千多種來自中國。

據消息人士說，今年早些時候，中國國務院有關部門在北京

主持召開對俄經貿工作會議，除政府有關部門參加外，還邀請了一些大型企業領導人參加，研討「進軍」俄羅斯的戰略。國家有關領導人要求端正對俄經貿的認識，認清俄國的經濟潛力和市場潛力，認清中俄經貿合作的戰略意義。會後全國各地聞風而動。大量經貿代表團來俄開發合作新機會。6月底，中共中央政治局委員、廣東省委書記李長春訪俄，在莫斯科主持廣東省經貿展銷洽談會，四天展銷會共簽署十億多美元的合同，是近年來中國在俄舉辦展銷會最佳業績。與此同時，江蘇省常務副省長梁保華率領江蘇省政府和企業家代表團訪俄，與莫斯科州和聖彼得堡市領導人洽談經貿合作。種種跡象表明，中國正在加大對俄經貿力度。

在向俄羅斯進軍的大潮中，國際大商家都在行動。常住人口八百萬的莫斯科市購買力是擁有一千三百萬人口的北京市購買力的兩倍。俄國經濟的發展速度要超過外人的估計，已經占世界第三位，僅次於中國大陸和印度。

由於歷史原因，雖說市場容量很大，但俄國商業據點不足，恰恰造成進軍俄羅斯的好機會。俄國對外國零售業進入俄國沒有限制，國際零售網正在大批湧進俄國。以土耳其為主的拉姆斯托爾超市連鎖店，已經開設十四家超市，深入居民點，商品供不應求。名店宜家居，已在莫斯科開設兩家巨型家用品超市，都在十萬平米以上，正在俄國投資兩千五百萬美元在俄國生產傢俱組件，供應歐洲各分店。德國麥鐵龍已在莫斯科開設兩家超市，持有該店優惠卡的顧客已超過二十萬人。現擬投資七千三百萬美元，再開二十二家超市。營業額預計可達五億美元。法國歐尚超市連鎖店擬在莫斯科開設十家商店。

在這次俄羅斯大呈商機的時候，香港如何定位？值得探討。

香港經濟以美國市場為主，現在又面向大陸經濟。美國經濟發展並不那麼理想。大陸入世之後國際競爭加劇，又面臨上海挑戰。香港只有發展世界全方位的市場，才有更樂觀的前景。世界資源最大的國家、潛力最大的國家俄羅斯，正在提供一次重大的商機。

　　香港的零售商業，經驗豐富，資金雄厚，人材濟濟，正可在俄國大顯身手。大陸千方百計引進俄國的高新科技，為此建立了五個對俄科技合作中心，從購買技術到建立聯合研究所和實驗室。香港的科技創業界，正在大力發展高新科技產業，不妨考慮借助俄國科研力量。就以香港創新科技署發展生物科技為例，大可借助俄國的生物工程成就，包括具有世界領先水準的生物工程研究用儀器設備（已得到大陸特別重視）。香港的物業困難重重，而莫斯科的物業方興未艾，回報率大大超過香港。香港進軍俄羅斯，必給香港帶來意外的成就。

Headline 80 中國領事被殺：疆獨恐怖活動，還是商業火拼？

2002/07/03

6月30日，吉爾吉斯共和國首都比什刻克市中心，十字路口，發生槍殺中國領事王建平事件。當時王建平與一名當地商人乘坐一部私人賓士車，被兩名殺手開槍打死。商人名叫烏瑪律‧努爾姆哈麥德。唯一的見證人是一名私人計程車司機。殺手也朝他開槍，他及時趴下來，逃過一劫。

烏瑪律是中國的維族商人，在當地經商，控制幾家小商品市場。《商人日報》消息的標題是《中國外交官掉進吉爾吉斯火拼》。消息說，據未經證實的消息說，王建平與烏瑪律有商業上的共同利益。吉爾吉斯治安部門最初說是當地黑社會為爭奪商業地盤而火拼的結果。吉爾吉斯的一家新聞社「卡巴爾通訊社」聲稱沒有政治動機。吉爾吉斯官員說，有可能中國領事是被來自「自由土耳其斯坦」的疆獨分子殺害的。這一說法得到進一步的證實。吉爾吉斯內政部發言人克爾迪巴耶夫7月2日表示，已經逮捕了三名涉嫌槍殺王建平的人。一名維吾爾族的吉爾吉斯公民，兩名中國人。他們與疆獨組織有關。

近一個時期來，吉爾吉斯南部動盪不安，因中吉簽署劃定兩國邊界問題，引發大規模騷亂，主要口號是反對中國。這場暴亂引起一場政治危機，幾乎導致阿卡耶夫總統下台。據稱這些反華暴亂背後可能有疆獨分子挑動。

冰凍三尺非一日之寒。前蘇聯境內約有三十萬維族人。其中十八萬人住在哈薩克斯坦，其餘人住在俄羅斯。他們大部分是1962年赫魯雪夫策動大逃亡跑到蘇聯的。疆獨分子在中亞各國成立了分裂組織。在哈薩克斯坦和莫斯科有他們的政治中心。

莫斯科疆獨分子的頭目是薩爾加里‧塔里木。他鼓吹建立獨立的土耳其斯坦。據俄國《專家》雜誌2000年第三十一期報導，海外疆獨分子的組織不僅在西方有，在獨聯體也有。中亞有「維吾爾自由組織」、維吾爾國際聯合會。上個世紀九十年代初，維吾爾解放組織成立於阿拉木圖，該組織向哈薩克斯坦當局表示遵守當地法律，以國際人權立法為活動宗旨。哈薩克當局出於自身利益允許這些組織存在。據法新社消息，在哈薩克斯坦組建了東土耳其斯坦組織聯合民族革命陣線。

《專家》雜誌報導說，巴基斯坦曾經大量培訓疆獨分子。他們在巴基斯坦和阿富汗接受戰鬥訓練，學會進行破壞活動，然後滲入新疆。新疆屢次發生爆炸事件，與這些疆獨分子有關。俄國情報專家認為，數十名中國維族人加入車臣恐怖主義分子行列，越來越多地捲入各種伊斯蘭極端主義分子組織的活動，破壞中亞地區的穩定。因此，疆獨分子對俄國的安全也構成威脅。疆獨分子把中亞稱作「是俄羅斯帝國搶占的西土耳其斯坦領土」。疆獨分子的恐怖主義組織目標是要推翻吉爾吉斯、哈薩克斯坦、塔吉克斯坦三國的政府，並同阿富汗和烏茲別克的恐怖主義分子合作，衝擊俄國。俄國專家認為，疆獨分子成了中俄兩國共同的問

題。為了確保南方邊境的安全，在反疆獨的鬥爭中俄國應當站在中國一邊。

Headline **81** 莫斯科恐怖慘案：國際恐怖分子血洗劇場

2002/10/26

10月23日晚，莫斯科已經是秋寒襲人。上演一年多的俄國版美式音樂劇《東北風》，仍然吸引著俄國各地觀眾；到莫斯科來的外國旅遊者也抱著濃厚的興趣前去一睹真飛機上場的演出。第二幕剛開始，一群武裝的蒙面人搶占舞台，宣佈劫持全體在場人員。現在已經知道，包括觀眾、演員、工作人員在內，總數在八百人以上。

雙手沾滿鮮血的車臣匪徒巴拉耶夫帶領由五十名恐怖主義分子組成的自殺小組（除車臣人外，還有阿拉伯人和阿富汗人），在莫斯科市中心製造了這場震驚全球的劫持人質事件。從被劫人數、自殺小組人數和場內的塑膠炸藥數量（多達數百公斤）來說，是空前的事件。恐怖主義分子提出的要求是「停止車臣戰爭，從車臣撤出聯邦軍隊」。

事件發生後，全國目瞪口呆，沒人料到「911事件」會延續到莫斯科來。據現有消息，巴拉耶夫說，早在5月份就開始準備，兩個月前就派人以看戲為名，不斷考察研究這個劇場的結構

356 從集權到民主——看懂俄羅斯之一

和攻占劇場的路徑。

據在僵持階段進入現場的唯一記者、獨立電視台的科爾佐夫說，恐怖主義分子大部分是以觀眾身分進入劇場，然後有兩輛小麵包車把軍用迷彩服送到劇場，在劇場內套上迷彩服。

有消息說炸藥也是事先通過劇場邊的一家咖啡館送進現場的。全國老百姓都在問：這樣多的武裝人員、這樣多的炸藥是怎樣進入首都的？聯邦安全局公佈的錄影記有車臣武裝分子頭目馬斯哈多夫的講話。他說不久就會有一場改變局勢的行動，暗示要攻擊莫斯科。但是聯邦情報機關沒有阻止住，引起民間許多疑問。

經過多次談判，沒有任何結果。在恐怖主義分子開始槍殺人質後，解救人質指揮部決定採取武裝攻占。為了防止恐怖主義分子引爆炸藥，行動中使用了癱瘓神經系統的毒氣，先使全體恐怖主義分子瞬間喪失行動能力，然後逐個槍殺。

據參加行動的一位特種兵人員說：「通過通風管道施放催眠氣體，同時向大廳扔進幾顆手榴彈。最主要的是我們成功地消滅了女自殺者。我們的戰士通過專門打出來的通道進入大廳，直接打死睡夢中的恐怖主義分子。對準太陽穴開槍。我明白這是非常殘酷的。可是，他身上掛著兩公斤塑膠炸彈。我們沒有別的辦法消滅他。」

只有個別恐怖分子被活捉。據俄國內務部副部長華西利耶夫說，專家認為，如果發生引爆，則至少有上千人會被炸死。現在絕大多數人被解救，但截止10月28日，已有一百一十八名人質因中毒氣而死去。

莫斯科劫持人質事件同最近國際上一系列重大恐怖主義活動，巴厘島事件，菲律賓事件，都有關聯。普京總統說：「這次

事件是在國外策劃的。」在現場收聽到劇場內的匪徒同國外聯絡的電話。更令人震驚的是，他們還同駐莫斯科的一些外國使館通話（據說是中東國家）。此事正由情報部門追查中。

事件發生後，俄國外交副部長洛秀科夫召見丹麥大使，對丹麥政府允許在哥本哈根召開支持車臣匪徒的世界車臣人大會表示嚴重抗議。俄國總統代表指責丹麥政府「縱容國際恐怖主義」，並打算取消普京訪問。俄國外交部還對荷蘭當局批准出版宣傳車臣恐怖主義分子的《車臣時報》表示抗議，指責荷蘭政府直接支持國際恐怖主義。

西方國家對待國際恐怖主義的雙重標準遭到俄國媒體的譴責。俄國家電視台時事評論員斯瓦尼澤在《鏡子》節目中指出，CNN稱把劫持人質的匪徒是「持不同政見者」；BBC則稱他們是「起義分子」。

普京在全過程中表現出處理危機時冷靜、果斷、強硬。他坐陣克宮，不斷與各部門磋商，會見各界人士，指揮行動，及時指出防止出現民族衝突。事件結束後，他向全國發表聲明，向全國人民表示道歉。他說：「我們證明，俄羅斯是不會下跪的。我們沒能救出所有的人，請原諒我們。」

俄國政治評論界認為，巴拉耶夫的目標是破壞俄國社會的穩定和普京的威信。事件發生後，社會上出現斯德哥爾摩綜合症，即反戰思想和和平主義，甚至有人要求普京向戴高樂放棄阿爾及利亞學習，放棄車臣。這對打擊國際恐怖主義活動是不利的。全國社會面臨分裂的危機。同時，全國各地出現洗劫車臣人、高加索人和穆斯林的情緒。一場全國性民族危機迫在眉捷。普京採取強硬態度處理事件，保住國家穩定，避免社會分裂。馬斯哈多夫指揮這次劫持人質行動，國際上支持車臣恐怖分子的力度會大大

降低，必將導致他的孤立。對早日解決車臣問題有利。

　　事件發生後，英、美、德、歐盟、印尼、中國及許多國家紛紛表示支持普京。俄國特種部隊攻占劇場和消滅匪徒之後，西方國家表示讚賞。

　　車臣戰爭已經持續十年，大部分地區已經由聯邦軍隊控制，正在轉入和平生活。叛軍殘餘在國際恐怖主義組織的支援下，進行游擊戰，騷擾平民。此間專家認為只有徹底解決車臣問題，才能避免類似事件再次發生。總之，車臣戰事不了，俄國不得安寧。

82

俄京慘案
傷心的舞蹈

2002/11/03

　　莫斯科人質事件結束，人們痛定思痛，令人不勝噓唏。俄國人質臨危不懼，在劫難中表現出一個民族的精神，發人深思。這裡記述幾個動人的故事。

座號牌的故事

　　車臣匪徒劫持人質的那個晚上，二十五歲的葉蓮娜正與「伊里丹」愛爾蘭舞俱樂部的夥伴們，在戲劇中心的大樓裡排練舞蹈。青年人排練熱情高漲，突然闖進來一個身著迷彩服的蒙面車臣人。

　　「統統跟我走！」

　　演員們還以為是開玩笑。車臣人朝天花板開了一槍，大家才明白出了事。葉蓮娜穿著舞服和芭蕾鞋進了觀眾大廳。被劫持以後，他們並沒有喪失自持，而是泰然處之。

　　她說，恐怖主義分子不准人們說話，可是他們仍然低聲交談。大家互相交流各種笑話，趣聞，盡量擺脫面臨死亡的想法。

她的鄰座娜塔莎，是個樂天姑娘，兩個人聊一會兒天，睡一會兒。葉蓮娜夢見自己在翩翩起舞。睜開眼，她對自己的處境並不感到奇怪，這事令她自己也覺得好怪。

「老實說，我心中已經告別了生活。頭腦裡翻過一張張結婚照片，回味起那些幸福的日子。唯一遺憾的是，我沒有來得及生個子女，身後一無所存。還有，很替媽媽擔心。她剛剛經歷過中風，我的死會使她無法活下去。」

衝鋒開始後，她的另一個鄰座謝廖沙告訴她：「這是毒氣，快把圍巾團起來，透過圍巾呼吸。」葉蓮娜聯想起了媽媽的鴨絨大衣，好像用大衣裹住自己，柔軟而暖和，她沉沉入睡。她的鄰座娜塔莎對她說：「葉蓮娜，如果我們能把座號牌卸下來，我們就能活下去。」葉蓮娜把隨身的鑰匙都弄壞了，手指甲也破了，但是她卸下了這個十二號座號牌，帶回家留作大難不死的紀念。

魂斷莫斯科

美國通用汽車公司的電工桑地‧阿侖‧布克，滿懷對愛情和幸福的憧憬，不遠萬里，前來莫斯科會晤自己的未婚妻。布克今年四十九歲，住在俄克拉何馬的中西城。

他的同事們說，他是一個「保守和老派」的人，因與前妻性格不和而離異。他希望能在俄國女性中間找到志同道合的終生伴侶，在她們身上找到更多保守和老派的思想。

布克借助奇妙的互聯網，找到了自己的心上人，斯維特蘭娜‧古巴列娃，住在哈薩克斯坦，電腦工程師，四十五歲，離異，有一個十三歲的女兒，名叫薩莎。

七個月來，互聯網鴻雁天天傳情，說不完的溫馨，訴不盡的

相思。大洋兩岸的情人，終有機會成為眷屬。今年6月，布克來到莫斯科，斯維特蘭娜也帶著女兒前來初會異國情郎。他們的感情有合影為證：健壯的柔道師布克笑容可掬，斯維特蘭娜摟著薩莎，洋溢著幸福。這次布克來是為了將未婚妻和後女接到俄克拉何馬。

10月23日這一天，她們從美國大使館領到了赴美定居的簽證。斯維特蘭娜說：「對我們來說，這是一個光明而歡樂的日子。心情非常好。我們決定快樂一下，買了《東北風》的戲票。一點預感都沒有……」忙於籌備赴美和婚禮的斯維特蘭娜，卻到公墓去安葬死去的女兒。赴美舉行婚禮，成了前去安葬布克。一場愛情喜劇被恐怖主義分子導演成了人間悲劇。

慈祥的兒科醫生

俄羅斯醫學科學院兒科學研究所急救外科部主任、醫學博士羅沙爾教授，成了家喻戶曉的人物。這位年逾花甲的老專家，不顧生命危險，毫不猶豫，大無畏地進入被恐怖主義分子劫持的劇場，檢查病人，特別是病兒。他曾經在車臣地區救治傷兒，受到當地人民的敬愛。

在劫持人質事件期間，莫斯科螢幕上不斷出現他安詳、聰慧、令人信服的面容，一位人道主義者的面容。事件高潮中，他多次進入現場，不斷送藥進去，親手從劇場裡救出八名兒童。第一個屍體也是他帶出來的。

對羅沙爾教授來說，這不是他第一次進入危險地帶搶救兒童。十多年來世界各地發生的戰事地區和自然災害地區，都有他的足跡。1988年亞美尼亞大地震、1991年波斯灣戰爭和南斯拉夫

戰爭、1995年日本大地震、1998年阿富汗地震、去年印度地震，都留有他的身影。

他在會見電視記者時，說他最敬愛的人是母親。每當出差搶救各地兒童歸來，第一件事就是去看望母親。現在老母已經離開人間，每次歸來，無限惆悵，兩眼淚花似珠。普京總統事後接見他，對這位國際兒童急救委員會主席表示敬意。

無獨有偶。被劫的人質中有兩位醫生，盡了自己對希波克拉底發的誓言，在劫難中以病人為先，不顧自己的安危，在現場救治傷病員。他們也治療在場的恐怖主義分子，用他們的話說：「我眼裡只有傷病員。他們的罪法院會定的。我只管治傷。」他們沒有因自己給恐怖分子治傷而要求出來，而是與難友們共渡難關。羅沙爾教授出來後再三呼籲要找到這兩位醫生。最後才知道，其中一位醫生未能活著出來。

何處得安寧

莫斯科的晚秋冷風颯颯。雪花灑在近郊的特羅耶庫洛公墓上。這裡正在安葬三名不同年齡的人質。十三歲的少女達莎，正是如花的年齡，嚮往美好的未來，也許是一個情竇初開的姑娘，尚未來得及享受人生，卻成了人質危機的犧牲品。三十七歲正當壯年的亞歷山大沒有什麼動人的事蹟，一個平平淡淡的人物，安分守己的布衣，沒惹什麼人，也未能倖免。莫斯科音樂劇院六十五歲的合唱指揮沃爾科夫，在合唱藝術方面成績斐然，這次他以普通觀眾身分前來看戲，沒想到竟然葬身劇場。

《東北風》的兩位小演員，少年和少女，剛剛踏入入生，在演戲的過程中，兩小無猜，卻也漸漸萌生純潔的初戀。兩家的長

者為了孩子在冥界共同幸福地生活，決定將他們安葬在一起。這些普通的莫斯科人成了恐怖主義的犧牲品，激發民眾詢問：「何處得安寧？」

2003/01/04

　　元旦前夕，正當全球各地歡欣鼓舞辭舊迎新之際，車臣首府格羅茲尼市中心，俄軍兩名中校軍官在光天化日之下，被武裝分子劫持。這只是車臣政府大廈被炸的餘波而已。

　　去年12月27日，中午兩點多，一輛卡瑪斯大卡車和一輛烏阿斯中型卡車，經政府大院第一道警衛檢查證件後順利通過庫爾甘特種武警部隊的哨崗，進入大院。接著通過步兵戰鬥車的陣地，在車臣共和國安全局眼皮下穿過由別彼爾姆特種部隊防守的第二道鐵柵欄，儘管這裡有重兵把守，有裝甲運兵車和警犬待命，兩輛卡車仍然奪命直奔第三道鐵柵。這裡的鐵門是關著的。於是大卡車猛衝鐵門，奪門而入，衝向二號大樓。另一輛卡車緊追其後，衝向一號大樓，但受阻未能衝進大樓內部，兩輛卡車同時爆炸，車臣政府大廈頓時硝煙密佈，一陣呼喊之聲。

　　這時一部分官員正在餐廳用午餐，一部分在辦公室裡。當時約有二百多人在兩座大樓和餐廳裡。多幢建築物被炸毀；絕大部分人挨炸。

　　到元月2日，已有八十三人喪生，一百五十多人受傷。這是

繼莫斯科人質以來最大的一次恐怖主義活動事件。據事後報導，在卡車衝擊最後一道鐵門時，目擊者司法部官員波茲尼亞科娃說，事件發生時，她正站在大廈門口，親眼看到卡車開到花圃裡，衝向大廈。這時一名警衛潘克維奇正從警衛室走出來。卡車壓向他來。他及時開槍打向駕車者，接著另一名警衛哈比布林中尉趕來支持，卡車未能衝進大廈裡面。否則大廈會夷為平地，遇難人員還要多。

現在大廈只留下殘架，院內炸出一個直徑十五米、深十米的大坑。哈比布林中尉受了致命傷，至今生死難卜。政府食堂的工作人員塔瑪拉對記者說，不僅她本人受傷，她十九歲的女兒法吉瑪，接待室負責人，格羅茲內尼大學新聞系二年級學生，正在大樓裡，也身受重傷。急救車把母女倆送到市立第九醫院，醫院竟然停電，包紮材料也沒有，連止血帶也找不到。醫生只好在燭光下為塔瑪拉縫傷口。

爆炸時在大樓工作的車臣共和國總理巴比奇和聯邦車臣事務部部長伊里亞索夫沒有受傷。受傷人員中有聯邦車臣事務總督導員瓦加波夫、車臣政府辦公廳主任杜達耶夫、車臣副總理巴迪耶娃和車臣衛戍副司令祖耶夫等要人。

事件之前，12月25日，車臣武裝分子曾試圖擊殺俄軍駐北高加索（車臣在其轄內）聯合部隊司令馬卡羅夫中將。他的座機直升機遭到恐怖主義分子襲擊。他們在直升機路徑的峽谷里拉了一條鋁線攔截飛機。幸虧飛行員技藝高強，總算脫險。

有情報說，俄軍掌握到車臣武裝分子從格魯吉亞（喬治亞）共和國運來一百到一百五十萬美元經費，馬卡羅夫曾經下令試圖截住，但未成功。武裝分子為報仇，要刺殺馬卡羅夫中將。

格羅茲尼事件發生後，俄國舉國上下震動。普京總統表示，

這是車臣恐怖主義分子要破壞中央政府的和平處理車臣問題的計畫。車臣政府駐莫斯科代表處新聞主任伊薩耶夫說，這次恐怖行動是為了破壞車臣共和國制憲公決。近來車臣各地出現大量傳單，號召居民不要參加公決投票。他感到不可思議的是，卡車竟然衝到兩道武裝警衛而沒有受到阻截。這是對俄國治安機關榮譽的第二次重擊，前一次是莫斯科人質事件。

總統駐南方聯邦區（全國共分七個區）全權代表第一副代表柯洛別伊尼科夫認為這次恐怖活動是針對總統和政府解決車臣共和國局勢的努力。國會聯邦院國防和安全委員會主席奧澤羅夫說「這次事件毫無疑問是令人髮指的恐怖主義活動，根子往往在車臣甚至俄國境外」。國家杜馬資深議員、前財政部長札多爾諾夫認為這次恐怖活動既是針對制憲公決，也是針對俄國中央政府和車臣行政長官卡吉羅夫聲稱車臣形勢穩定，全面處於政府控制之下的說法，證明根本控制不住形勢。俄國伊斯蘭教最高穆夫提塔珠金說：「政府大廈爆炸事件是車臣匪徒的垂死掙扎。車臣正在恢復法制令他們發狂。計畫在3月舉行的車臣新憲法公投和選舉總統，使恐怖主義分子失去任何反抗的理由。現在擺脫車臣衝突困境的唯一出路是恢復和平生活，任何恐怖活動無助於此。」

此間普遍認為這次恐怖事件與車臣政治局勢近來的發展有關。車臣戰事已延續近十年，雖說大規模軍事行動不多，但已發展成國際恐怖主義活動的一個部分。

當年葉利欽政府曾將大批部署在當地的軍事裝備移交給有明顯分離主義傾向的杜達耶夫政府，使叛軍有大量軍火可進行游擊戰。再加上國際恐怖主義組織提供大量經費和有經驗的武裝分子，聯邦軍隊至今無法徹底消滅車臣匪徒。

普京採取的政策是一方面武力清剿，一方面動員車臣親聯邦

居民和官員建立和平秩序。聯邦政府撥出大量資金協助恢復車臣經濟，加緊恢復法制。不久前在車臣第二大城市古德爾梅斯市舉行了車臣人民代表大會，會上決定在今年3月進行新憲法公投，晚些時候舉行總統大選和議會大選。普京簽署公投總統令並公佈了憲法草案。車臣武裝分子頭目發誓要破壞公投。據當地反恐怖主義活動作戰指揮部在事件發生前三天透露，車臣著名匪首之一巴薩耶夫、國際恐怖主義組織「穆斯林兄弟」頭目之一瓦里特和中級戰地司令官曾在車臣舉行會議，命令各游擊隊在車臣境內進行大規模恐怖活動，以攪亂車臣局勢。

十年戰爭沒有解決車臣問題。軍事上，車臣叛軍大部已經被消滅，車臣武裝分子只剩下小股部隊；在國際恐怖主義組織支援下，只能進行游擊戰，以進行騷擾、恐怖活動為主，已經無法左右大局。但仍不斷給聯邦軍隊製造麻煩，聯邦主力軍隊至今無法撤出。

國際上，「911事件」之後，國際社會正式承認車臣成了國際恐怖主義活動的一部分，這對俄軍採取清剿行動是很大支持。這次事件發生後也不例外。中國、美國、英國、日本等都表示譴責。不過西方諸國仍要求俄國政府加速政治解決車臣問題。

政治上，車臣居民中越來越多的人要求安定，要求過和平生活。莫斯科人質事件發生後，許多車臣老百姓自動上街遊行聲討恐怖主義分子，表示站在政府一邊。這種公眾心態有利聯邦政府推行恢復法制的政策。今年3月的憲法公投，可以說是解決車臣問題的關鍵。一旦新的憲法政府和合法總統登上車臣政治舞台，車臣武裝分子的末日就不遠了。不久前任命的車臣政府總理巴比奇正在清理政府機構，清除那些曾在分裂主義政府中工作過的官員；嚴格財經制度，防止聯邦撥款被私吞，確保用來重建住宅和

工廠。執法機關正在正常工作，車臣警察局也在召募人員，但決不許前武裝分子混入。新政府越是努力，管理越是嚴格，反抗力也就越強。這次車臣恐怖主義分子爆破政府大廈，恰好符合這條邏輯。

目前正在調查恐怖主義分子的卡車是如何闖入大院的。一個月前車臣內務局已得到情報，說恐怖主義分子正在策劃用卡馬斯卡車裝炸藥衝擊政府大廈。當局已有所警惕。這次卡車順利通過第一崗，說明他們有必需的證明文件，包括司機的身分證明和車內貨物的證明，還有通行證。這些證件是什麼人發給的？發給的根據是什麼？現在初步提出的可能性有三個：內奸、腐敗和怠忽職守。司法機構已經要求解除格羅茲尼市內務局長和政府大廈衛戍司令的職務。聯邦政府已經表示，這次事件不會影響解決車臣問題的和平進程。

84 小泉訪俄　中日
俄關係新格局

2003/01/14

　　元月9日，日本小泉首相到達莫斯科之後，第一件事就是頂
著北國嚴寒，不穿大衣，身著禮服，前往莫斯科人質事件發生地
向遇難人員敬獻鮮花，以表達對俄國人民的友好。

　　對小泉來說，真是一個重大的姿態。曾幾何時，小泉上台
以後，指責原外務省負責俄國業務的官員是親俄派，全部清洗出
去，而且大有不奪回北方四島決不甘休之氣。在同普京總統的
交往中，也顯得特別冷漠。這次出訪俄國卻大談與俄合作，令人
驚訝。

　　雙方會談的主要內容是北方四島、經濟合作、朝鮮半島三大
問題。北方領土問題，雙方重申1956年以來的意向，包括俄國同
意在適當時候先解決兩個小島的歸屬，並表示要尋求解決雙方在
這個問題上的分歧，「繼續在非情緒化和無成見的氛圍中積極對
話」，以達到簽署擱置了五十多年的日俄和約。實際上俄國做出
了讓步。從不承認領土問題到根據1956年協議到先歸還兩島的
意向。

　　對普京來說這是一步難棋：不同意解決北方四島，俄日關係

就打不開局面，而俄國不僅對日本的投資和市場感興趣，而且把日本看成中和中國影響的日益增強的戰略夥伴；同意交給日本，他就會以出賣國土而遭臭萬年。朝鮮半島問題，日本希望俄國對金正日施加壓力，迫使北韓回歸核武器不擴散條約。

在經濟合作方面，小泉大作文章，「從訛詐到利誘」，施盡手段。小泉說，只要簽署和約，解決領土爭端，日本就會大量投資俄國。他舉中國為例，中日和約簽署後，中日兩國貿易額增加了二十倍。小泉除宣佈要實現早先的諾言，撥款一億美元供俄國銷毀核潛艇外，還要加速對薩哈林—北海道和安加爾斯克—納霍特卡油管的投資。這次日方再次提出，願意投資協助建造價值五十多億美元的安加爾斯克—納霍特卡油管，並勸俄國不要把油管修到中國。

據俄國媒體透露，在小泉訪俄之前，去年12月，兩名日本內閣成員就寫了一封密信給俄方，建議同俄國合作，提供優惠貸款，建造這條油管，開發西伯利亞和遠東地區。日本意在幫助俄國解決最擔憂的「遠東中國化」問題，以抗衡中國。日本的目的在於卡住中國的能源供應線，以阻礙中國的發展和遏制中國在亞洲影響的增長。俄國面臨選擇基本夥伴的難題。

小泉訪俄，在日本來說，是聯合俄國遏止中國；在俄國來說，是多了一個平衡遠東戰略的因素。俄國已經有印度這個戰略夥伴，再加上日本的話，中國就要考慮自己的戰略態勢了。何況小泉前腳走，日本防衛廳長就到了莫斯科。

有人比喻說，俄日談判猶如《莫斯科郊外的晚上》所唱的，「小河水在流又不在流；歌聲聽得見又聽不見」，這種局面已經打破，雙方簽署普京稱之獨一無二的《行動計畫》，可以說是小泉訪俄的最大收穫。

Headline 85　兩大危機和俄國對策

2003/02/16

當前國際上兩大危機給俄國外交提供了新的機會。一個是伊拉克危機，一個是朝鮮半島危機。正當全球上千萬人舉行大規模反戰示威的時候，莫斯科只有一千人上街，在美國大使館門前舉行短暫的抗議，沒有在全國引起太大的反響。與此同時，伊拉克駐莫斯科大使館聲稱，已經收到兩千五百名俄國志願者的申請，要求前往伊拉克參加抗美援伊戰爭。俄國媒體天天關注伊拉克危機的發展。反戰和反美情緒不斷上升。俄國政府和外交部一直在進行大量的外交活動，普京總統更是親自出馬，與法、德兩國領導人磋商解決危機的機制，與中國密切配合，在聯大採取和諧步驟，盡量阻止伊拉克發生戰事。

薩達姆·海珊當年發動武裝政變，奪取親共人士掌握的政權，把伊拉克的共產黨員趕盡殺絕。俄國政界和媒體對薩達姆推行獨裁政治一直持批判態度。這一次伊拉克危機過程中。伊拉克政府曾經一度宣佈撤銷同俄國魯科伊爾石油公司的大宗開發合同，直接威脅俄國的經濟利益。即使如此，俄國仍然拉住薩達姆不放。對俄國來說，更重要的是本國的戰略利益。

俄國至今沒有放棄和平解決伊拉克危機的做法，是因為伊拉克對俄國來說太重要。價值不僅在於七十億美元左右的石油利益，還有上百億美元的軍火欠帳，並指望伊拉克問題解決後收回這些欠款。伊拉克將來仍是俄國日益縮小的武器市場重要部分。伊拉克是俄國在中東地區戰略利益的要地，是對抗親美的阿拉伯國家，首先是科威特的基地。俄國主張建立多極世界，無非是要打破美國一統天下的霸權主義。

「911事件」之後，俄國站到了美國一邊，積極參加以美國為首的國際反恐陣線，因為俄國多年來就是國際恐怖主義的受害國。但是這不等於俄國甘於俯首稱臣。伊拉克危機出現以後，俄國一直堅持要通過聯合國安理會處理，就是不願讓美國為所欲為。鮑威爾在聯合國列舉伊拉克罪狀之後，俄國外長伊萬諾夫立即表示，要經過專家，首先是聯合國武檢和核查小組驗證，才能做出結論，並沒有像真正的盟國那樣無條件地接受。

2月14日聯合國武檢和核查小組報告指出，目前沒有伊拉克擁有大規模殺傷武器的證據，更加強了俄國通過外交手段解決伊拉克危機的要求。法德兩國不顧北約大多數成員國和英國支持美國動武，堅持要通過外交手段解決伊拉克危機，即使動武也要由安理會做出決定，可以說是北約空前的內部矛盾大曝露。普京抓住機會，立即前往德法訪問，全力支持兩國。對俄國來說，又出現了一次建立多極世界的機會。

俄德法三國聯合反對動武，對美國來說猶如一場噩夢，難怪美國人要破口大罵。不過俄國也留有餘地，要求薩達姆加強同檢查小組的合作。普京在法國表示，必要時，俄國才會在安理會討論使用武力時會使用否決權。但是俄國不會鋌而走險，搞壞同美國的關係，這是俄國的底牌。俄國一再表示，艦隊出巡是到印

度洋執勤,與伊拉克局勢無關,說明俄國不會參與雙方的武裝衝突。

日前金正日六十一歲生日,普京派專機送上三匹良種駿馬作為禮物,意味深長。正當美國日本加強軍力,瞄準北朝鮮,三匹駿馬可以說是為金正日加油。

普京上台以後,在國際事務中大力糾正戈巴契夫和葉利欽全盤倒向西方的外交路線,確立全方位外交。朝鮮就是俄國重點對象之一。普京親自拜訪陷入孤立的金正日,兩度邀請金正日訪俄,滿足他的虛榮,無非是要把北朝鮮拉回來。這次北朝鮮趁美國忙於對付伊拉克之際,抓住布希毀約,大揮核棒。2月13日,朝鮮宣佈「可以對美國全球利益給予毀滅性打擊」,擁有「足可擊中任何距離的彈道導彈」,達到了對美冷戰的最高峰。

俄國時事評論界認為,現在是金正日發揮淋漓盡致的時機。他認為美國對付不了三個同時對手:阿富汗、伊拉克和北朝鮮;中國在安理會會使用否決權來對付聯合國的制裁。這一切都是為了增加談判的籌碼。不過他們提醒金正日要知分寸,不要錯過時機。否則美國會乘打敗伊拉克之勢,整治金正日。

美國曾請俄國和中國說服北朝鮮放棄核計畫。俄國政府表示理解北朝鮮立場,認為問題是美國毀約、斷絕對朝援助造成的,解鈴還需繫鈴人,敦促美國恢復對朝援助,透過對話解決問題。

普京派出副外長洛修科夫為特使,於1月中旬到平壤進行斡旋。負責處理朝鮮危機的洛修科夫途中先同中國磋商,採取一致立場,建議美國答應平壤要求,進行雙邊直接對話,不要國際化。日前他對俄國《消息報》說,俄國認為北朝鮮應當遵守核武器不擴散條約,應當通過外交途徑解決危機。在談到他訪問平壤時,透露出曾進行了一場「不簡單的談話」;平壤再三表示沒有

發展核武器的計畫;在一定條件下允許國際檢查;現在是朝鮮沒有核計畫,美國未必有向朝鮮動武的打算,因此沒有衝突和開打的理由;朝鮮的行為邏輯可以理解:它只能供應三成的電力需求。他指出:有些國家老想把危機推向軍事衝突。如果把朝鮮逼向死角,武裝衝突難以避免,其後果不堪設想。

今非昔比,中俄都不會為了金正日而捲入另一場朝鮮戰爭。這是金正日應當認清的。

Headline 86 俄國關注薩達姆之後的伊拉克局勢

2003/02/23

　　俄國當局就伊拉克局勢採取的對策，出現新的因素。普京動用了最後一張王牌，派出俄國外交老將、薩達姆密友、俄國前總理、外交部長、對外情報局局長普里馬科夫前往伊拉克做最後的努力。與其說這是俄國為防止對伊戰爭的爆發，不如說是為伊拉克戰後做準備。俄國盡了最後的努力來和平解決伊拉克危機。俄國政界和外交界已經很清楚，戰事不可避免，目前正在設計戰後對策。

　　俄國首先考慮的是如何保住在中東地區的戰略利益。伊拉克戰後將由美國控制中東地區的政治和經濟局面，已是不爭事實。這對俄國的中東戰略利益是一個噩夢。俄國多年經營的中東地區可能在數日之內喪失。為了盡量保住在這一地區的戰後利益，俄國正在改造公眾輿論。俄國需要不需要薩達姆，這是一個關鍵問題。

　　俄國政治評論指出，不能依賴薩達姆。一是薩達姆政府已經徹底撕毀了同俄國魯科伊爾石油公司的合同；二是指望從薩達姆

手上討回債款是不可能的，因為薩達姆政府遲早要倒台。俄國會聯邦院國際事務委員會主席馬爾格列夫認為，伊拉克戰爭必在中東阿拉伯地區引起政治危機，西亞各國，土耳其、敘利亞、沙烏地阿拉伯會分裂，出現新的國際疆界。

克宮戰略家巴夫洛夫斯基認為衝突必將擴大，戰場有可能逼近獨聯體邊境，「這將是一次世界級的巨大危機，後果不堪設想。」俄國政治界更擔心的是，伊拉克戰事開始，意味著建立國際新秩序。如果俄國堅持保薩達姆，難免被排除在處理戰後事務進程之外。因此，俄政界認為，為了俄國國家利益，不能為了伊拉克而破壞俄—美—歐洲的夥伴關係。以便在戰後還有一定的發言權。雖說俄國同法德正在聯合爭取和平解決危機，至少要通過安理會決定是否動武，俄國也只能做到適可而止。

普京很清楚，歐洲分裂對俄國來說也存在一定的不利。分裂必將削弱多極世界之一的歐洲抗衡美國的地位，更不用說美國對俄國支持德法已經耿耿於懷。

俄國外長伊萬諾夫說：「俄希望保持歐洲大西洋地區的統一，因為俄國本身已成了歐洲的一部分。」與德法結盟只能說是俄國的策略考慮，而非戰略考慮。戰後要想有發言權，不能搞壞同美國的關係，這才是俄國的戰略利益所在。俄國政治觀察家、前葉利欽的發言人科斯季科夫呼籲普京充當美國與歐洲之間的中間人，撈取戰後利益。這些利益包括參加世貿、加入歐盟、車臣問題、支持私人對俄投資、取消貿易限止等等。

據俄國媒體透露，俄國一直在同美國進行幕後談判，如何保護俄國在伊拉克的經濟和政治利益。俄國相當清楚，戰後的伊拉克政府將同阿富汗的情況一樣，由美國在幕後指揮。只有同美國達成協議，俄國的石油利益才能得到保證，才能收回近八十億美

元的武器欠款。

　　據俄國最大的石油公司魯科伊爾石油公司總裁阿列克別羅夫說，美國私下已經答應他的公司在1997年之後同伊拉克簽署的合同條件。不過，俄國石油界擔心，一旦美國控制伊拉克，那就是另一回事了。俄國在伊拉克的石油利益區是西庫爾納，開發這個油區需巨大投資，俄國一家承擔不了，必需西方加入。保住薩達姆，西方絕不會拿錢出來；再說保住了薩達姆政權，聯合國對伊拉克的制裁不會放寬。制裁之下，開發必將受到限制，也就是說，俄國在伊拉克的石油利益會碰到問題。

　　俄國的國家財政收入，目前主要來於出售石油。石油價格越高，收入越多。俄國科學院國際安全問題研究所預計，如果戰事順利，到今年第三季度，石油價格將下降到每桶二十美元以下。每下降一美元俄國將少收十億美元。因此，俄國石油界出面要求政府同美國談判，不要導致價格大幅度下跌。

　　俄國核子物理學家菲裡莫年科博士認為，俄科學家認為伊拉克戰爭後果不可設想。一旦美國攻打伊拉克，薩達姆必將放火燒毀油井。伊拉克現有一千五百口油井，而戰場附近的總儲量約五千億噸。石油含有放射性物質，如鐳226。只要一枚重型炸彈就會引起地下石油著火，這個地區釋放的放射性物質將達二百五十萬居里以上，而全球如果平鋪，最多容許量為一百五十萬居里。因此，將會出現全球切爾諾貝爾核事故。

　　另一位物理學家亞歷山大羅維奇認為，伊拉克周邊地區地下是一個石油晶狀體，壓力達數十萬億噸。一旦發生爆炸，將釋放出巨大能量，引起的海浪高達三十至五十公尺。俄國科學院通訊院士、地球物理研究所實驗室主任尼古拉耶夫認為，轟炸伊拉克必將引起地震，即使目前不出現，以後必將把地球震得七零

八落。

　　普里馬科夫之行以失敗告終。俄國評論界指出，他每次出行的結果不但不能阻止戰爭，而且必然出現戰事。有歷史為證。他於1991年2月16日會見薩達姆，要求薩達姆從科威特撤軍；22日老布希要求薩達姆立即撤出全部軍隊；23日戰爭爆發。1998年3月，他去解決南斯拉夫危機，4月戰爭爆發。1999年3月，北約轟炸貝爾格來德；普里馬科夫在訪美途中空中返回俄國，再次未能阻止戰事。2001年5月普里馬科夫前往埃及解決以巴危機，兩天之後以巴衝突升級。因此，俄國評論界認為，普里馬科夫此次會見薩達姆空手而歸，說明戰事在即。普京派他去見薩達姆，只是為了說明，俄國對伊拉克已經做到仁至義盡。看來俄國對伊拉克問題現在可能出手新立場。

Headline 87 普京不希望「美國戰敗」

2003/04/07

4月2日，普京在會見新聞界時發表談話，表明俄國希望美國得勝。原話是這樣說的：「俄國確實一直贊成和平解決問題。我同意，這幾天出現的人員傷亡的事件證明我們所持立場是正確的。但是，出於政治和經濟的考慮，俄國不希望美國戰敗。事件的發展確實富有戲劇性。外交部正在採取進一步的努力，把解決這個問題的辦法納入聯合國安理會的範疇內。」

俄國對伊拉克的立場出現一百八十度的大轉變，自然引起一片困惑。不過卻有著一定的邏輯性。從政治上來說，俄國同美國的戰略夥伴關係是第一位的，同伊拉克的關係是第二位的。俄國擔心美國戰敗會搞亂現在的世界格局。儘管俄國決不同意美國獨霸世界，但是在反恐聯合陣線這個本世紀根本問題上立場是一致的。其次，俄國不希望歐洲分裂。這次伊拉克事件引起歐洲分裂成老歐洲和新歐洲，不符合俄國的戰略利益。因為團結的歐洲可以成為多極世界的一極，在一定程度上可以與美國抗衡。

普京在戰事初起，同法德聯合，要求由聯合國解決伊拉克問題，還表示要在安理會上使用否決權。戰事打響以後，俄國並沒

有兩肋插刀去救薩達姆，而是要求盡快結束軍事行動，及時提供人道援助。俄國十分清楚，薩達姆決非善類。他的獨裁統治，他的出爾反爾，俄國早有領教。就在戰事迫在眉睫的時候，薩達姆政府一度撕毀同俄國石油公司簽訂的合同。指望保住薩達姆就可以保住俄國在伊經濟利益未必可靠，這也是俄國十分清楚的。

　　薩達姆政權的末日指日可待。俄國現在既要保住政治面子，又要能保住薩達姆之後的政治經濟利益，做出這樣的選擇。普京不僅做了新的表態，而且還有具體行動。普京敦促俄國會批准同美國簽署的裁減進攻性戰略潛力條約。普京的新行動得到布希總統的及時回應。4月5日，布希主動打電話給普京，商討薩達姆之後的問題，雙方決定萊斯立即前往莫斯科當面磋商。布希還要求美國國會不要把俄國列入黑名單。在此之前，4月4日，鮑威爾國務卿會見俄外長伊萬諾夫，著眼點也是兩國在薩達姆之後的關係。伊萬諾夫隨即前往巴黎會見法德外長，再次提出聯合國應主導薩達姆之後的伊拉克事務。

　　普京的經濟考慮，對俄國來說，也相當重要，現在俄國在伊拉克的經濟利益，大致為：伊拉克欠俄國八十億美元債務；伊拉克同三家俄國石油公司簽訂的合同約三百億美元；俄國占伊拉克進口的6％；俄國在伊拉克石油換糧食計畫中賺了六十億美元（伊拉克駐俄大使的說法）；伊拉克在俄國訂購大量發電設備、機器和汽車。

　　至於戰後伊拉克重建工作，據俄國專家估計約值兩百至八百億美元。參加伊拉克重建計畫就能分到新的利益。莫斯科覺察到反戰的口號應當降溫了，否則戰後俄國將被排除在伊拉克事務之外。何況美國國會已經有人在要求把反戰的俄、法、德三國列入黑名單。普京的最新表態就是在這種形勢下做出的。俄國十

分明白，一旦由聯合國主導伊拉克善後事務，俄國至少可以保住目前聯合國「石油換糧食計畫」中的石油合同，也不排除拿到新合同。

據有關人士透露，數月前，俄國政界和外交界已經向參加「石油換糧食計畫」的俄國公司發出信號，建議他們把同伊拉克的合同都通過聯合國，以確保戰後能繼續執行。

4月6日，萊斯到達莫斯科，同俄國高級官員進行會談，其中包括俄國安全委員會秘書、外交部長、國防部長。關鍵的會談是同俄國對美政策制訂人、總統行政首腦沃洛申。據此間透露，她同俄方會談的內容，俄國關心的是參加戰後伊拉克重建問題，特別是石油工業；美國關心的是俄國國會批准裁減進攻性戰略潛力條約。美國非常關切這個條約的進展，願意就這兩個問題達成交易。會談中還討論了俄國駐伊拉克大使館車隊被美軍槍擊的事件。萊斯閃電式的訪問，顯示俄美重視兩國的戰略夥伴關係和保持政治對話。普京也曾接見萊斯。萊斯轉交了布希給普京的信。據透露，布希在信中表示希望美俄繼續對話。耐人尋味的是，這次萊斯同俄國的會談中，涉及「大規模殺傷性武器不擴散和反對國際恐怖主義問題」。前一個問題可能是指北朝鮮揮舞核計畫一事。

俄國在普京做出和解姿態的同時，展示自己的武力。普京總統於4月5日視察俄國太空部隊司令部。這支部隊在普京任內得到很大發展，是俄國足以同美國一比高下的精銳部隊。這也是給布希的一個信號。俄國有備而來，俄國太平洋艦隊和黑海艦隊的巨型軍艦向印度洋開拔，據說是同印度海軍進行聯合演習。俄國海軍的官兵則說，準備隨時執行任何戰鬥命令。俄國海軍靠近波斯灣美軍艦隊，當然不是巧合。俄國軍艦可以監視美國海軍的行

動。值得注意的是這次演習是俄國近年來最大規模的一次，是俄國海軍「回歸大洋」。一艘攜帶核武器的多用途核潛艇將在水下護衛聯合艦隊，就更值得關注了。

Headline 88　北韓使俄國頭痛

2003/05/01

　　朝鮮半島的核武問題日趨激烈。與北朝鮮關係密切的中俄兩國實在頭痛。日前北韓宣佈退出1992年朝鮮半島無核條約，完成了北朝鮮有權製造核武器的全部手續。對東亞來說，這是一場新危機的前奏。

　　面對長期以來北朝鮮發展核工業的問題，俄國採取了不同時期不同的對策。北朝鮮建國近六十年，一直給俄國帶來不少麻煩。當年官居蘇聯紅軍大尉的金日成被送回朝鮮出任北朝鮮領導人，又在史達林支持下發動了朝鮮戰，不少蘇聯軍人在韓戰中犧牲。蘇聯向他提供了大量軍事和經濟援助。

　　金日成掌握大權以後，把蘇聯派往北朝鮮擔任要職的原蘇籍朝鮮人清洗一空。在中蘇交惡的年代裡，金日成利用兩國矛盾，從雙方獲取好處。蘇聯解體後，俄國走上民主化的道路。葉利欽總統大大冷淡搞威權政治的北朝鮮。直到普京總統上任，主張全方位外交，開始調整俄國外交政策，親自前往平壤修好，才出現了轉機。去年還安排了金正日浩浩蕩蕩訪問俄國。今年又贈送名馬給金正日祝壽。曾經全程陪同金正日訪俄的總統駐遠東代表發表專書，記載訪問過程和給予金正日正面評價。但是俄國對金正

384　從集權到民主——看懂俄羅斯之一

日出爾反爾和捉摸不定很是頭痛。

俄國官方對北朝鮮的方針可以從以下幾方面來看：

一、北朝鮮是俄國國際戰略利益的組成部分，是俄國的一張牌，是對美對華關係中的一個平衡因素。例如，在對美關係中，俄國一再聲稱北朝鮮應得到領土和主權完整的保證，在這個前提下，北朝鮮保證不發展核武；對華關係中，俄國有意開發日本—南韓—北朝鮮—俄國這條歐亞橋以對付中國—哈薩克斯坦—俄國這條歐亞大陸橋。

二、俄國並不贊成北朝鮮的威權政治，但這是北朝鮮內政，外人無權干預。

三、北朝鮮是俄國遠東戰略安全的重要因素，對於北朝鮮發展導彈和核武器持反對態度。

四、俄國對北朝鮮的好戰聲明不以為然，對北朝鮮的捉摸不透和不負責任態度感到惶惑。不久前俄國一家大報刊登了一幅《俄國受到威脅主要來自南方》的示意圖。圖上標明從北朝鮮飛向俄國遠東地區的導彈。

自從北朝鮮宣佈退出核武器不擴散條約和恢復核計畫，受到俄國的特別關注。俄國官方一方面表示不贊成美國中斷對北韓的援助計畫，另一方面呼籲北朝鮮和美國理智對待，通過對話解決問題。俄國專門特派副外長前往平壤遊說，並且提出了具體計畫。俄方向朝美兩國提出的建議是北朝鮮停止核計畫，在國際機構監督下把核材料和設施運出北朝鮮，停止出口導彈和生物化學與生化武器；美國則撤銷對北朝鮮的禁運和處罰，正式承認朝鮮民主主義人民共和國，按照聯合國憲章不對北朝鮮施以武力和其他壓力，向北朝鮮提供經濟援助，首先是能源方面的援助。但是北朝鮮堅持要美國先答應簽訂不侵犯條約，因此俄國同北朝鮮的

會談成效甚小，引起俄國對北朝鮮的失望。俄國副外長在談到此次訪問時口氣十分嚴厲。同時，俄國防長在不久前訪日時暗示俄國沒有出兵保護北朝鮮的義務。（中國大陸與北朝鮮的友好合作條約中有軍事互助的條款。）

美國在伊拉克大勝之後，北朝鮮感到美國的壓力，不得不改變策略，同意與美國在北京會談。莫斯科認為北京三方會談，是一次美朝相互火力偵察。對於北朝鮮聲稱擁有核武器一事，俄國專家認為不大可能，因為即使北朝鮮擁有一些鈈，卻沒有製造核彈頭足夠的技術。不過俄國政治研究中心的專家德沃金指出，1990年2月克格勃就報告說北朝鮮已經完成第一顆核裝置的研製。

這次北京會談把俄國排除在外，引起俄國的不滿。北朝鮮不願意讓俄國參加，是對俄國的勸和表示憤慨。美國不願意俄國參加朝美會談，原因在於伊戰結束之後，美國對俄國反戰仍然記恨，要給俄國一點顏色看；俄國不斷指出一旦美國孤立北朝鮮，朝鮮半島就可能出現武裝衝突。在這場衝突中，俄國不會像北京那樣反對北朝鮮，因為北京擔心如果北朝鮮搞了核武器，台灣起而仿效，也搞起核武器來，這是北京最不願意見到的。不過俄國專家認為美國排除俄國的做法，吃虧的將是美國，因為平壤會利用俄美矛盾，向美國提出更高的要價。

北京的四天會談，俄國一位評論認為是華盛頓和平壤在玩捉迷藏。華府需要一個和平間隙，然後再來對付平壤；平壤則指望布希下台。總之，「不是毛驢咽氣，就是沙赫完蛋」。

俄國的廣大民眾，對金正日並不在乎。金正日訪俄期間，為了他的專車，改變了鐵路客車的正常運轉，引起民眾極大憤慨和嘲笑。有些旅客特別狀告鐵道部，而且勝訴。對於出生在俄國，

卻拒絕會見出生地父老的金正日，沒有給俄國人民留下什麼好印象。

Headline 89 胡錦濤訪俄 促進合作化解 憂慮

2003/05/27

　　在一片「非典」惡浪衝擊下、世界一百多個國家對中國進行堵截、俄國關閉了60％中俄口岸、暫停中俄各項交流的不利形勢下，胡錦濤毅然按原訂計畫訪俄，參加有四十多國元首與會的聖彼得堡三百周年大慶，不能不說是一次壯舉。

　　單從俄國的氛圍來說，就相當「非典」：俄政府要求中國盡量壓縮隨行人員數量、先在中國隔離非典潛伏期後再來俄國；莫斯科市長對內宣佈停止邀請中國代表參加莫斯科舉行的一切大型活動；在日前莫斯科舉行的國際旅遊交易會上，副市長（前蘇共莫斯科市委書記）從遠處見到中國代表團人影，如同見到魔影一樣，趕快逃開。這種氛圍中國領導層不可能不瞭解。胡錦濤表現出不拘小節，以國事為重。

　　中俄兩國的戰略利益在很多方面是一致的。建立多極世界政治體系、保持並加強聯合國在國際事務中的主導作用、反對一國獨霸、創造和平穩定的國際環境、反對國際恐怖主義、反對分離主義傾向、反對核武擴散，在這些問題上都有共識。中國單獨或

者俄國單獨抗衡美國獨霸是做不到的，兩國採取聯合立場，必有成效。這次聯合國撤銷對伊制裁美國做出讓步就是明證，戰略夥伴關係是從兩國各自戰略利益出發的。

中國是俄國目前軍售大主顧，對俄國來說，不僅是經濟上的收入，而且是對俄國軍事工業的大力支持，特別是實質上從財力上支持俄國繼續開發新武器，例如俄國正在研發的新一代的「太空—空中—地面」武器系統。對中國來說，中國所需的先進武器目前唯一的來源只有俄國，無論是戰機還是軍艦，防空導彈系統還是常規武器。這些東西美國是不會出售給中國的。中俄都反對武力解決朝鮮半島危機，力爭通過對話解決北朝鮮問題。就這個問題，這次雙方再次達到共識。

胡錦濤領導的中國正在建設小康社會。新世紀中國發展經濟面臨的重大難題之一就是資源，特別是能源。由於前幾屆中國政府的對俄經濟戰略失誤，沒有認識到俄國資源對中國經濟發展的戰略意義。前些年俄國經濟轉軌以後，西方公司大量湧向俄國能源市場，搶占俄國能源基地。俄國多家石油和天然氣公司都有它們的股份，中國鄰近的薩哈林島能源基地也在英美日資本控制之下。中國去年才認識到問題的嚴重，開始向俄國能源部門投資，結果出師不利，被迫放棄參加斯拉夫石油公司的競標。

另一個能源大項目是西伯利亞輸油管。日本在美國支持下，花大力氣派出大批官員進行遊說，力勸俄國放棄已經同中國達成的協議，不要把油管修向中國大慶，而是修向納霍德卡港，由日本購買全部石油，從而控制對華石油供應。日本竭盡利誘之能事，不僅答應提供五十億美元優惠貸款，還向遠東各州州長允諾提供十億美元以上的經濟援助，協助遠東地區的經濟發展。4月29日，俄國總理凱西揚諾夫宣佈首選大慶，第二步修建通向納

霍德卡港的輸油管。這個對中國經濟發展有著重要戰略意義的專案，是對中俄關係的一次考驗。雙方就這個意義深遠的專案沒有簽署協定，看來還有一些問題。俄國還要算一算兩個走向的經濟帳。

這次兩國簽署了聯合宣言外，還簽署了中國建設銀行向俄國外貿銀行提供兩億美元專用貸款和兩國保護海產資源的協定。

俄國社會是一個多元體。政治上的多元化，在國家各級政權中對各種問題都有反映，在對華問題上也不例外。勿庸置言，俄國朝野中都有中國威脅的論調。無論是在俄國立法機構裡，如國家杜馬和聯邦院，還是在行政機構裡，特別是遠東地區的一些州政府裡，都存在。一些媒體也推波助瀾。有些問題相當敏銳相當嚴重，富有火藥味。例如，有人認為不能把大量先進武器賣給中國。沒有永恆的朋友，只有永恆的利益。一旦發生利害衝突，中國反戈一擊，後果不堪設想。這就涉及中俄兩國軍事合作、中國軍隊現代化的問題。再如，最使俄國上下擔心的中國非法移民問題。據《消息報》4月28日發表的一張俄國外來威脅圖說明就列出中國在俄非法移民。官方統計中國非法移民為九十萬人。非法移民問題給中俄兩國關係投上了濃濃的陰影。這個問題不解決，將永遠影響中俄關係，不僅涉及兩國基本關係，對維持遠東地區和平穩定，也至關重要。就在胡普會談的當天，5月27日，當地報紙還提到中國經濟和移民向遠東擴張的問題。

中俄兩國貿易打破了前幾年的停滯，2002年有了很大的發展，有記錄的達到一百二十億美元，主要靠軍工訂貨支撐。即使如此，還沒有達到預期的兩百億。這在兩國各自的外貿總額中所占比例都很小。雙方在對方的投資量少到微不足道的地步。雙方都失去不少商機。俄國大力發展零售商業。西方一些大型零售

公司在俄國建立超市和連鎖店，搶占俄國零售業數十億美元的市場。中國仍靠個體小商販在俄經營中國商品，形象越來越糟。

在俄國國民收入年增長30％的情況下，購買力不斷上升，對商品檔次的要求越來越高，中國的商業部門適應不了形勢的發展。中國所提供的低價位商品，正由俄國本國商品取代。俄國隨著經濟的復甦，由糧食進口國成為出口國。

輕工和食品工業也在發展，中國如能參加到這個進程中來，對雙方都是有利的。出口高新技術是俄國的國策，中國對高新技術的需求很大，又是一個雙方合作的好機會。但是，達成交易的專案很少。俄方在推廣自己高新技術方面，仍處於自發狀態。中國希望從俄國得到更多的資源以適應本國經濟的需求。以木材為例。中國要的是圓木。俄國禁止圓木出口。俄國林業界提出要加快木材加工的發展，出口木材的深加工產品。西方財團早就料到這一步，在俄國的木材加工，包括建築用材、傢俱、紙張等工業，早就占據了大量份額。中國只有順應新形勢，才能有所收穫。

胡錦濤首次以中國主席身分參加上海合作組織六國首腦會議。會上制訂了上海合作組織的章程，設立了經常性辦事機構秘書處，並由中國擔任首屆秘書長（內定為中國駐俄大使張德廣出任）。上海合作組織從此之後就成了一個全面的地區性國際合作組織，設有國家首腦會晤、政府首腦會晤、外交部長會議、國防部長會議、經濟部長會議、反恐聯合作戰總部等等機制，成了一個集政治、外交、經濟、軍事一體的國際組織，其在國際事務中的作用將越來越重要。

俄中兩國對雙方的發展都十分關注，對中俄戰略夥伴關係非常重視。俄國對胡錦濤接任中國領導人寄於很大期望。俄國媒體

和中國問題專家多次提到他受到蘇聯文藝作品的薰陶。在胡錦濤接任中共總書記後，第一個到京訪問他的是普京。胡錦濤就任國家主席出訪的第一個國家是俄國。一些俄國人擔心，江澤民退出第一線，會唱俄國歌的留蘇學生一代中國領導人退出歷史舞台，對俄國不利。胡錦濤的對外政策，他在以前訪美時談到美國在世界事務中壓倒作用，中美關係重要性超過中俄、中國歐盟關係，都引起俄國的關注。不過俄國政界認為美國無力影響中國的領導層。而胡錦濤是一個務實的人，深深知道中國的發展需要一個穩定的後方，一個友好的俄國是中國發展的必要條件。因此，俄方並不擔心胡錦濤的對外政策會有重大變化。5月27日兩國正式會談開始前，普京會見胡錦濤，雙方都認為這次訪問會給中俄關係增加新的脈衝。

胡錦濤上任後的一些言行，給俄國留下好印象。俄國媒體指出一些現象，例如，大談憲法的領先作用。再如深圳試行三權分離的政治體制改革方案。處理非典事件中的果斷和開放作風，親民作風，胡錦濤的改革派形象，引起俄國公眾的好感。此次訪俄，胡錦濤同普京就兩國戰略合作關係、發揮聯合國和安理會在國際事務中的作用、建立多極世界體系、上海合作組織務實內容、兩國經濟合作、聯合制服「非典」等問題進行會談。而化解俄國公眾的擔憂，則是胡錦濤的歷史重任。

胡錦濤以務實、謙虛、果斷、穩妥的作風，代替唱歌賦詩，向俄國和世界各國展現中國新一代領導人的新政治風度，必將在很大程度上提高中國的國際地位。

日本利誘俄國把輸油管鋪到海港

2003/06/09

胡錦濤訪俄，簽訂一千五百億美元石油協定，包括鋪設輸華油管至大慶，引發俄國反對聲浪，擔心受外國控制，但簽字公司稱中方是可靠買主，貿易於俄方也有利。

經濟利益是外交的歸宿。胡錦濤這次訪問俄國期間，中國石油天然氣總公司與俄羅斯石油大公司尤科斯公司，分別代表兩國政府，簽訂一份價值一千五百億美元石油協定。協定包括投資二十五億美元，鋪設一條長達二千四百公里的輸油管，由俄境西伯利亞東部通向中國北部城市大慶，輸油管定於2005年完成，其後，俄羅斯每年可對中國輸出三千萬噸原油。

根據協定，從2005年開始，中石油每年向俄羅斯購入二千萬噸原油，到2010年提高至三千萬噸，直至2030年年，總值達一千五百億美元。此外，在2005至2030年間，中國從俄羅斯入口七億噸石油。

胡錦濤訪俄，再次肯定中俄戰略夥伴關係。俄國媒體說，胡錦濤「現在不說俄國話，但也不說美國話，對俄國有利。在建成

多極公正民主的國際政治體系、通過對話反對使用武力解決朝鮮半島危機、加強聯合國的中心作用都達成了共識」。中俄在軍事合作方面也進了一步。中國國防部長曹剛川將軍在同俄國國防部長伊萬諾夫會談後會見記者，俄媒體形容他「春光滿面」。

曹剛川長期負責向俄國購買軍事裝備，多次訪問俄國，是俄國軍界的老夥伴，更何況是現在中國領導人中唯一的留蘇生，能說俄語自不在話下。當今中國的軍隊由曹掌管，俄國軍方認為容易找到共同語言。曹藉此機會宣佈兩國在軍事合作方面有新內容，將舉行聯合防空演習，中國將同哈薩克斯坦聯合舉行反恐軍事演習。俄媒體指，演習對抵消美國在中亞的軍事影響，防止外來空襲，有極重要的現實意義。

不過，俄國輿論界圍繞遠東地區的輸油管問題，各石油集團和各政治勢力爭論得不可開交。這條輸油管是通向俄國北海莫爾曼斯克港，把石油輸向美國和西歐，還是通向遠東，把石油輸向中日韓？通向遠東的管道，是通向中國黑龍江大慶，還是通向納霍德卡港？這個問題，俄國各界多年來一直在議會中、國家安全會議和媒體上激烈討論。當局關心的是俄羅斯遠東地區的安全、穩定和發展，戰略力量的平衡。俄國輸油管是國家財產，由俄國石油運輸總公司管理，是俄國的搖錢樹。全國各石油公司的管道運輸全部由這家公司控制。全國輸油管道全部由這家公司修建，任何私營公司，包括同中國簽署供油協議的尤科斯公司，至今無權修建輸油管。

俄國政府通過輸油管控制石油出口和稅收，調節財政收入，因此，政府不輕易放手允許私人公司修建和擁有輸油管。走向納霍德卡還是大慶，爭論達三年之久，至今沒有停止。在中石油同尤科斯簽約之後，石油運輸總公司的總裁說，從政治上來說，修

向納霍德卡更好。一是管道在俄國領土，不會受外國控制；二是石油出口不會受中國左右。遠東地區的石油產量有限制，無力敞開供應東亞各國的需求。俄國一些石油公司已經表示，一旦尤科斯公司供油短缺，它們不會補足。遠東各州州長要求修向納霍德卡，這樣輸油管沿途的經濟可以得到連鎖發展。

尤科斯公司強調，中國是個可靠的買主，購買俄國石油有保證。中國是從自身利益出發作保證的。國際上日本在美國支持下，一直力勸、利誘俄國將管道修向納霍德卡。日本派出遊說團到各州去活動。除提供五十億美元的低息貸款外，還向管道沿途各州提供十億美元以上的投資以發展地方經濟。日本還指出，俄國可以通過納霍德卡港賣給日本、美國、韓國、中國。俄國正在權衡如何取得最大的利益。俄國媒體對此並不回避，公開討論利害。

Headline 91 俄國反腐大行動：將軍落網　起贓五百萬美元現鈔

2003/06/30

「戴肩章的妖魔」

　　6月23日，清晨六時，俄羅斯聯邦總檢察院偵查局大樓前，聚集了一批執法人員，總數共達四百人。這批人員中，有內務部分管本系統人員守法情況的內部安全總局、總檢察院、聯邦安全局、「阿爾法」特種部隊。本次行動指揮人員宣佈大搜捕開始。一聲令下，這支隊伍頂著朦朧晨曦，分頭奔向各搜捕地點。四個小時之內進行了四十多次搜捕，於上午九點四十五分，全市一致行動，同時抓獲一個以刑警為主的犯罪團夥名骨幹分子，六名莫斯科市刑偵局高級軍官落網。另外一名團夥頭目、緊急情況部安全局中將局長加涅耶夫於上午十時就擒。另有兩名嫌犯，五處副處長裡薩科夫上校和高級偵訊官瓦列里焦明上校在逃，已發佈全國追捕令。

　　「戴肩章的妖魔」加涅耶夫中將，身任安全局長要職，負責

聯邦緊急情況部的內部安全工作，深得部長紹伊古大將的信任，負責部長的個人安全。當天上午十時，他正在辦公室裡用電腦玩撲克。檢察人員在全副武裝的特種兵阿爾法部隊官兵陪同下突然闖入他的房間，令他大感意外。在他面向牆壁，雙手拷上手銬時說，「你們幹得漂亮。」隨即進行的搜查中，在他的錢包裡搜到一萬美元現金；從他的保險箱裡又搜出五萬美元。

六名落馬的高級軍官，一名是莫斯科刑偵局二部副部長塔拉托林。他是在莫斯科市彼得羅夫卡大街三十八號市內務總局大樓內就擒的。這幢大樓名揚國內外，是莫斯科內務總局的代稱。辦案人員在他的上級辦公室裡等他。他被叫來以後，還沒來得及反應過來，手銬已經上手。他低著頭喃喃地說，「誰能料到會出這樣的事。」在內務總局大樓裡還抓獲了高級偵訊官奧斯特羅夫斯基上校和布列夏克中校。弗拉基米羅夫中校是在家裡被帶走的。2001年時他曾把毒品塞給一個商人，然後向商人進行敲詐。最驚險的要算捉拿第五處副處長薩莫爾金和高級偵察官尼古拉焦明上校。辦案人員到達他們的住處後，要求他們開門。他們威脅說要開火並用手榴彈「迎接」。阿爾法部隊強行炸開鐵門，強行進入，隨即把他們制服。在他們的住處查出一個鐵盒，裡面盛著一迭記有成千上萬美元的條子。薩莫爾金手上戴著價值三萬美元的名表。雖然他的月薪只有四百美元左右。

刑警如同黑社會團夥

當天還搜查了四十多處住宅和別墅。在一家住宅裡搜出一個專門將氣彈手槍改制成射擊真正槍彈的手槍。辦案人員說，俄國近年來有大量槍殺案用的就是這種手槍。不久前被殺害的國家

杜馬議員也是被這種槍打死的。在搜查他們租用的一家銀行保險箱時，查出這個團夥的「公款」二百五十四萬美元。在他們的住宅裡另外查出五十萬美元。以上都是現金。最重要的是查出一本團夥的黑帳，上面記著什麼時候為什麼事情給什麼人多少錢。這次搜查是總檢察院數月前立案審查的結果。當天還對他們在莫斯科郊外的別墅進行了搜查。他們的五幢別墅，價值三百五十萬美元。單是裝有夜間照明設備的網球場就值百萬美元。他們的別墅和住宅衛生間裝著鑲金的抽水馬桶，其豪華可見一斑。這些「戴肩章的妖魔」對名車也情有獨鍾，每人都有數部絕頂級的座駕。

取代黑社會

這個戴著肩章的犯罪團夥不久前向莫斯科一家公司勒索近一百萬美元，受害人向內務部報告。內務部決定動手。數年前俄國內務部內部安全總局已經注意到他們的活動。幾年來一直在搜集有關他們的罪證材料，現在才勾畫出了比較完整的犯罪圖。目前已經發現這個團夥約有三十人，一百多件犯罪事實，敲詐勒索、製造假罪證、殺人，無法無天，無所不為。他們同黑社會交往密切，通過與莫斯科黑社會合作，勒索大量款項，假黑社會之手，將許多公司置於自己的「保護」之下，如相當有名的客商館貿易行、客商館銀行、帝國賭館、香格里拉賭館、一批酒店餐廳，充當「房蓋」，作為取之不盡用之不竭的搖錢樹。

據現有材料，他們的錢是通過幾家基金會名義漂洗的，如刑偵界老戰士社會福利基金會。這個團夥有三十個人，因此還有一批罪犯將被捉拿歸案。團夥頭目是五處的兩名副處長：里薩科夫和薩莫爾金。加涅耶夫中將擔任協調人的角色。他們作案的方法

通常是由這些警官出面對工商界人士進行恫嚇，再由加涅耶夫出面「調解」，表示可以解決問題，同意付錢的人，得到他們專門註冊的私營保安公司保護。拒絕付錢的人，必然遇到麻煩。一般是突然被抓，理由是查出他們有毒品或者非法持有武器。這些違禁品實際上是這個團夥塞給他們的。接著立案，最後以刑事罪判入大獄。現在已經從他們身邊查獲一大批裝著海洛英的小包，就是用來誣陷無辜的。

貪官將軍

加涅耶夫中將是個特殊人物。他畢業於空降兵學院，曾在阿富汗作戰數年，獲得一批戰鬥勳章。1993年，葉利欽任命他擔任俄國緊急情況部安全局局長。他是該部部長紹伊古大將的親信。媒體報導說，這位部長所有的重大決定都同他商量。所有專用物資和人道主義物資全由他負責保管。如前所說，部長的人身安全也交給他負責。因此，說明部長特別信任他。這次行動在加涅耶夫家起出兩公斤黃金製品，大量古董和盧布現鈔，其量之大，令辦案人員咋舌。目前他被懷疑向一家公司勒索七十萬美元。

黑金達三百三十五億美元

俄國的腐敗現象由來已久。據葉利欽的前政治顧問薩達羅夫主持的俄國民主資訊基金會做的一項調查報告《俄國腐敗情況》說，俄國政府官員每年向居民索取的賄金達三百三十五億美元。當代的腐敗現象從1991至1992年間的所謂私有化開始愈來愈突出。執法機關，特別是內務部系統，腐敗現象一直很嚴重。據這

份報告說，執法機關的腐敗對社會特別有害。危險性最大的是民警取代黑社會「保護」中小企業，單是這一項，老百姓被執法機關勒索的數目每年就超過三億美元。一些執法機關的官員，被安排到大企業去工作，月薪高達一萬到兩萬美元。在俄國的外國人同樣深受官員腐敗之害。外國記者到俄國採訪，從入海關起就得有準備。香港記者在紅場被員警敲詐屢有發生。連大名鼎鼎的電影導演王家衛也在紅場遇到麻煩。

普京立志反腐

　　普京上台以後，多次提出要同腐敗現象作鬥爭。他任命內務部圈外的人為內務部長，就是為了潔化員警系統。現任內務部長格雷茲洛夫是普京的親信，來自彼得堡。他就任以後，首先就是抓反腐，成立內部安全局，監督員警系統的操作；設立熱線電話，民眾可以隨時報告受員警欺壓的事件。一些地方的內務部門高官紛紛落馬。卡爾梅克共和國的內務部長已因貪污受賄和違法亂紀被關進了監獄。遠東地區也是他重點關注的對象。北方的摩爾曼斯克州內務總局也是他檢查的重點。所以，格雷茲洛夫說，這個團夥已經活動四年之久，組織軍事化，極其保密極其隱蔽。這次莫斯科刑偵局官員落馬只是開始，好戲還在後面。此間媒體認為，這幫戴肩章的妖魔多年來得心應手，必有法院和檢察官下水，夥同一氣，共用黑錢。因為按俄國現行刑事法，偵訊人員無權銷案或立案，只有檢察官才能下令釋放或逮捕。因此，下一步檢察系統可能面臨反貪行動。莫斯科市上不少人相信，內務部長如此大張旗鼓，必有最高旨意，即所謂「政治意志」。

有趣的是，就在格雷茲洛夫部長召開新聞發佈會，宣佈大抓「戴肩章的妖魔」，大動手術解決內務部系統腐敗問題時，有一些人提出，他完全是為了競選。原來格雷茲洛夫是全國性親總統政黨「統一俄羅斯」的主席。國家杜馬大選不遠。他這是為了爭取選票而採取的行動。另一些人則說，通過競選多抓一些貪官，對老百姓來說還是好事。這樣的競選多多益善。另一個有趣的事是，加涅耶夫被抓起來以後，他的上司竟然出面保他，給他出具最好的鑒定，官官相護，看來是天下的通病。

92 威尼斯影展親情「回歸」

2003/09/28

　　剛剛結束的第六十屆威尼斯國際電影節上，俄國影片《回歸》榮獲金獅大獎和最佳處女作獎，以及三項非正式獎。一片連獲五獎，是電影節的異常現象。這是俄國影片第三次在威尼斯影節榮獲大獎。前兩部都是具有國際盛名的導演攝製的。塔爾科夫斯基的《伊萬的童年》和米哈科夫的《愛情國度烏爾加》分別獲得1962年和1991年的金獅大獎。

　　俄國新進電影導演茲維亞金采夫執導的《回歸》攝於去年，情節毫無撲朔迷離之處：十四歲的安德列和十二歲的伊萬是單親家庭的兩兄弟，與母親生活在一起，不記得自己有父親。然而，十年之後，父親突然回來了，並帶哥兒倆出去玩一個禮拜，抓魚、參觀外地瀑布等。途中父親又接到電話，要父子們去一個神秘島，尋找神秘的鐵盒子，其中只有秘密而無具體東西。影片主題也「一般」：培養孩子的男子漢精神。父親帶孩子出來玩，是為了讓在母親和女人圈裡長大的男孩子看看，父親是真正的男子漢：對孩子們口氣凌厲，有時咆哮如雷，有時拳腳相加。但他會修船，做許多只有男人才會做的體力活兒。這一切讓男孩子覺得

新奇，因為他們沒有受過「男子漢教育」。自稱「父親」的男人對孩子粗暴，在孩子心裡自然引起反抗，不聽話。但就在這種心理對抗中，孩子成長起來，認同並最後高呼「爸爸」。全片許多場面沒有什麼動作，僅有一片青草的低吟，或樹林的颯颯聲。全片滲透動人心弦的親情，以及為了下一代犧牲自我的精神，這是人類共有的品德。

影片超現實主義的手法，也與以往的俄國片不同，似乎沒有太多的俄國元素。中性的景色，神話般的迷霧，天下常見的父子處境，反而引起國際觀眾的共鳴。評論家指出，影片《回歸》無重大情節，卻大力渲染情感變化。常境常情，烘托出心靈的細膩，「這是大導演的大手筆」，難怪影片露出真面目前，即被四家國際A級電影節搶奪：除威尼斯電影節外，洛加諾、蒙特利爾和多倫多電影節都曾力爭《回歸》，但最後由威尼斯電影節獨得專寵。接著，法國、義大利、比利時、英國、荷蘭、瑞士都購買了該片的放映權。美國的哥倫比亞電影公司也已簽訂發行合同。

導演茲維亞金采夫今年四十歲，畢業於俄羅斯中央戲劇大學，演員出身。過去只拍攝過一些短片，沒有什麼名氣，這次一鳴驚人，竟獲五獎。兩位小演員在片中表演也出色，獲一致好評。扮演哥哥的加林十六歲，曾在各種音樂劇中演出。現年十四歲的多布羅納拉沃夫扮演弟弟，曾參加莫斯科諷刺劇院的演出。扮演父親的拉夫羅年科是話劇演員，只在1984年演過一部電影。扮演母親的芙多維娜是有經驗的演員，曾獲「水晶圖蘭朵特獎」。該片演員陣容別說在國際影壇，就是在俄國也算不上是眾星燦爛，不料在威尼斯大閃星光。放映後，在場內響起長達十五分鐘的熱烈掌聲。國際影評給予《回歸》相當高的評價。他們一致認為這部影片的特點是精緻與大眾化的結合，也就是我們常說

的陽春白雪與下里巴人的統一，簡直「美極了」。

導演茲維亞金采夫在談到自己的創作時說，他受到名導演安東尼奧尼、黑澤明、勃列松和塔爾科夫斯基等人的影響，俄國文豪陀斯妥耶夫斯基的心理描繪和德國心理學大師榮格的心理分析學說，對他的影片理念和推理手法都有相當的啟迪。

影片還經常出現《聖經》的素材：場景時間發生在星期六到星期天之間，父親到來的那一天，孩子們正好打開《聖經》，看《亞伯拉罕獻出以撒為燔祭的故事》（《創世紀》第二十二章）的插圖。這段故事說，耶和華見到亞伯拉罕伸手要殺孩子以撒，「耶和華的使者從天上呼叫他說，亞伯拉罕，亞伯拉罕。他說，我在這裡。天使說，你不可在這童子身上下手，一點不可害他。」全片就是圍繞這個主題展開，人文主義思想獲得人們的深切認同，因而也成為今年俄國電影創作的頂峰。

2003/09/28

　　中俄輸油管好事多磨。兩國經過多年磋商，同意修建一條通向中國大慶的油管，今年5月胡錦濤主席訪俄期間，由中國石油總公司同俄國尤科斯石油集團簽署，規定俄方每年向中方供應兩千萬噸原油。其中有一處伏筆，「通過安加爾斯克至大慶輸油管提供」。現在，問題就出在這處伏筆上。

　　今年6月筆者就曾指出，尤科斯公司沒有修建輸油管的權利，只有得到政府支持，才能真正實施原油出口。真是商場落花有意，但政壇流水無情。9月22日俄國總理凱西揚諾夫訪華，將與中國總理溫家寶會談，其中主要議題之一就是這條輸油管。今年8月25日原定中俄兩國政府間能源合作小組委員會召開會議，為兩國總理這次會談做準備。結果是俄國能源部長尤蘇福夫於8月20日致電中方主席（國務院發展改革者委員會主任）馬凱建議推後。表面理由是俄方對會上討論的各項問題需要進一步研究。而此前8月18日，俄總統普京與副總理赫裡斯堅科及石油運輸總公司總經理研究管道走向問題時，曾提到輸油管改道之事。莫斯科《生意人日報》報導說，「能源部的可靠消息來源說，推遲日

期與俄方打算更改安加爾斯克到大慶的輸油管走向有關。」

　　該消息來源還說，問題不在能源部，此決定是由「比尤蘇福夫更高層的政府官員」倡議的。俄國遠東輸油管線現在有兩個方案。一個是南方線，由私營的尤科斯公司制定，沿貝加爾湖南岸，經赤塔州進入中國。俄境內長一千四百五十二公里，工程費約十八至二十億美元。中方境內為七百九十五公里。另一條是北方線，由國營的石油運輸公司制訂，由安加爾斯克到納霍特卡。這條線的走向是沿貝加爾湖西岸和北岸，作為支線，由頓達市轉向南方通向中國。但俄國自然資源和環保部國家環保專家鑒定委員會於7月27日否定北方線，理由是途經地震帶。這樣，作為北線的支線，通向大慶的頓達至大慶線也一併否定。至於南方線，則有八十公里長的地震區。該委員會本應在8月20日做出結論，但至今沉默不語。

　　中方為了確保新世紀經濟大發展的需要，首先要解決的是能源供應。中東石油供應出了問題以後，北京決心讓能源供應多樣化。俄國作為最大的原油出口國，當然是首選。中國近年開始對向俄國石油投資有興趣，前有購買斯拉夫石油公司的舉動，後有修建通向大慶輸油管的意向。中國石油總公司同俄國尤科斯公司商定修建南線，俄國政府當時也表示支持。

　　然而，當俄國國家安全會議在討論遠東戰略安全時，從俄國的長遠利益出發，無論是從開發遠東地區來說，還是防備南線輸油管被中國控制出口包括價格和輸出量來說，都有理由開發北線，但又捨不得放棄中國這個大買主，有人提議從北線修支線到中國。但這時，突然殺出「第三者」日本。今年1月，小泉純一郎訪問俄羅斯，懇求俄羅斯修建一條從安加爾斯克至納霍德卡的輸油管，每日進口百萬桶石油，相當於日本每日進口量的二成

五。日俄就聯合鋪設「安加爾斯克至納霍德卡的輸油管道」達成協議。

3月，俄羅斯能源部提出折衷方案，即把輸油管道在中俄邊境分岔，分別通往中國和日本，但通往中國的支線將優先開工，但日本不願意。5月，小泉再次訪俄，要求俄方將「安納線」優先施工。6月，日本派外務大臣川口順子訪俄表示，如果先修建「安納線」管道，日本將提供七十五億美元，協助開發東西伯利亞新油田。

俄國一向重視能源的開發和輸出，在控制出口方面十分嚴格。控制出口的唯一有效管道就是卡住出口輸油管，石油運輸公司一向列為國營企業，就是這個原因。這家國營公司同尤科斯公司一直矛盾重重，鬥得很厲害。輸油管南線有可能成為雙方鬥爭的犧牲品。

尤科斯公司是一家私營公司。大老闆霍多爾科夫斯基違反了普京訂下的「遊戲規則」：做你的生意，別問政治。尤氏不僅支援各反對普京的政黨，本人也有意向政壇發展，更表示打算競選總統。今年12月俄羅斯國會下議院大選，傳言他已派了六名親信參選，要到議會裡維護自己的利益。霍多爾科夫斯基的一連串列動令當權者不快。近來，尤科斯公司大股東和公司安全部部長被起訴和拘留，企業被查帳，都不是無緣無故的。

北京收購俄國斯拉夫石油公司失利，這次「安大線」輸油管再受挫。評論家瓦辛柯夫認為，「北京在選擇能源合作對象時急功近利，缺乏全面認知及長期戰略眼光，造成今天的尷尬局面。反觀西方對俄石油投資起步早得多，所以雙方在能源合作方面數量和規模都很可觀，但中國至今沒有突出的成績，只是購買一些原油而已；從某種程度上說，輕視與俄國經濟合作的北京是自食

苦果。要知道，俄國不是中國廉價品的市場，而是國際經濟爭奪的地盤」。

俄媒體報導說，中方目前開始採取對策，以免五年計畫受到影響。中國正在加緊同哈薩克斯坦的能源合作，包括修建一條輸油管。有消息說，中國正在擴展大連石油港的輸送量，以應變困局。分析人士認為，目前中國仍有迴旋的空間，俄方近日連串「動作」無非是想重開價碼，北京應該立足於堅持不懈跟莫斯科談判，爭取靈活多樣的解決方案。另外，北京還應使中俄戰略夥伴關係在許多方面得到落實，讓莫斯科看清，唯有落實在經濟上，能源合作做到雙贏，中俄戰略夥伴關係才會進入實質的新階段。

Headline **94** 俄國：權力與金錢的鬥爭

2003/11/01

俄國首富石油大王霍多爾科夫斯基於10月25日被拘留，在俄國仍至全世界都引起大震動。俄國總檢察院向他提出七項指控，主要罪狀是欺詐、偷稅、侵占資產等，涉及數額高達十億美元。按俄國刑法，可判處十年監禁。這次富有戲劇性的拘捕，在俄國國內外引發政治、經濟、社會危機，至今仍是國際媒體議論的焦點。

普京這次採取如此重大行動，究其根源，仍然在政治需要。據俄國消息靈通人士說，2000年普京上台伊始，即秘密會見各大工商金融巨頭，雙方達成私下協定，即實行「等距離」政策，不再給某些人特別優惠，一視同仁，不分是否屬原「葉利欽家族」七大銀行家集團，不問他們的資產來自何處，仍可以繼續經營，條件是他們不要干預政治，不要捲入政治鬥爭。但是資本的本性是發展到一定階段必然要插手政治，以維持和擴大自己的利益。眾所周知，俄國石油界大老們一直用各種手段包括金錢，在政府和國會遊說，要求通過有利於他們的法令法規，取得開發新油田的權利。俄國石油界能夠成為新貴，不外乎三個支柱：免費使用

國家資源、利用離岸公司吃國內外市場差價、偷稅漏稅非法退稅。即如霍多爾科夫斯基，能從一個身無分文的小小共青團區委書記十年之間成為擁有八十億美元財產的首富，其中的「貓膩」自然不少。當然，辮子一大把。這些大老們為了賺更多的錢，自然要政府和國會為自己服務。前有別列佐夫斯基，自以扶上普京為功，要對普京發號施令，被普京趕出國外；後有古辛斯基，掌握大量媒體，控制一家全國電視頻道，揭露政府內幕，特別是宣傳反對車臣戰爭，被軍方視為眼中釘。古辛斯基最後被關進拘留所三天，自願交出媒體，換來出國流亡。霍多爾科夫斯基則大量收買民心，開展慈善事業。今年12月新一屆國會大選，他除了支持親西方的右派聯盟和蘋果黨外，還同時支持攻擊普京政權的俄共。在目前的競選活動中他指派一些人參加到各派去，爭取直接進入國會。在此之前還宣佈有競選總統問鼎九五的計畫，直接威脅到普京的位置。霍多爾科夫斯基被捕時，正在國內各地會見政界和公眾，目的是向他們解釋尤科斯公司的真實情況，聯絡感情，實際是為尤科斯公司代表進入國會遊說，為自己將來競選總統打底子。此間普遍認為，俄國總檢察院是在普京默認下採取如此大張聲勢拘捕霍多爾科夫斯基的行動，向全國巨頭們發出強烈信號：不要越過雷池一步，否則，先例已經有了。

據內部消息說，葉利欽曾同普京達成協議，兩年內不動他的班子。現在兩年早就過去，以沃洛申為首的葉氏家族應退出舞台。這次拘捕霍氏的事，沒有事先通報他；事後他又出面為霍氏說情，並當著普京的面指責這種做法。現場人士說，普京十分冷淡地說，你可以辭職。這樣就引發俄國1993年炮擊國會事件以來，最嚴重的政治危機。

這次政治危機涉及俄國政局和社會各個階層。工商界要人要

求普京表態。普京沒有像往常那樣拖幾天再做出反應，而是立即召集政府會議，宣佈拒絕會見工商界代表和對執法機關行動進行討價還價，表示支持檢察院的行動，下令政府成員「停止歇斯底里」、「不要捲入這場爭論」。在他講話之前，正在墨西哥開會的副總理兼財長庫德林就表態說，經濟犯罪應受到懲治，不過希望審判是公正的，透明的。普京講話之後，政府總理凱西揚諾夫沒有緘默，而是在公眾場合表示對事件「嚴重關切」，認為拘捕霍多爾科夫斯基是過分的行動。經濟發展部副部長德沃爾科維奇在《工商業與政權》研討會上更明確提出「同工商界的對話應當坐在圓桌邊上，而不是透過大獄的窗柵」。政府關注國家經濟和吸引投資的問題。這場政治危機引起政府意見分歧，引起普京與凱西揚諾夫分道揚鑣的危機。有消息說，12月國會大選以後凱西揚諾夫面臨下台的問題。

　　這場危機在社會上引起爭議也是在所難免。親西方勢力、民主派、市場經濟派一致譴責檢察院的做法。蘋果黨負責人之一伊萬年科說：「我們認為，不管執法機關的動機如何，事件的範疇已經從實質上改變著政治局勢，會引起對憲法體制不可動搖性的疑慮。」國家杜馬副議長、右派力量聯盟主席之一庫田・伊琳娜指出：「工商界與政權當局之間的平衡遭到嚴重破壞，我認為資本不再相信投資排名率。」丘拜斯譴責拘捕霍多爾科夫斯基。他在俄國工商聯會議上說：「社會動盪不安、神經緊張，工商界同政權直接對抗，迫害的危險會擴展到中小企業界。」俄共領袖久加諾夫在給國際文傳社的書面評論中說：「霍多爾科夫斯基只搞工商業的時候，他是掌權者的戰友。一旦提出政治打算，立即成了對手。當局對對手是不客氣的。」中小企業界對事態的發展憂心忡忡。因為有不少人為了對抗葉利欽時期的苛捐雜稅，利用

離岸公司來逃稅。不過,從普京處理霍多爾科夫斯基一事來看,他的目的在於敲打大資本家,不會動中小企業界。關鍵在於私有產權能否得到保護,這是關係全國上下的大事,是普京不得不考慮的根本性問題,也是他今後成敗的關鍵。俄國現在貧富差距特別大。普通退休職工月退休金約合七十美元,而富豪收入不可同日而語。就拿國營俄羅斯統一電力總公司的總經理丘拜斯來說,年薪為一百萬美元。三千多萬退休職工大部分贊成打擊富豪,認為他們得到的是不義之財,是原來的國家財富,理應拿出來全民共用。國家杜馬「人民代表」議會黨團領袖拉伊科夫說:「某個人偷了一頭小豬,拘捕了他,沒人會嘰嘰喳喳。霍多爾科夫斯基確實份量很重,財產,名人,但是法律面前人人平等。拘捕他不會反映到政權與社會的關係上,因為只涉及當局與個別大亨的關係。」

霍多爾科夫斯基被捕消息傳出來以後,俄國股票市場全面猛跌。市場開盤後,俄國股票立即縮水一百五十億美元。尤科斯股票下跌十四個百分點。與此同時,俄國的歐元債券也隨著下跌。據預測俄國此次損失至少四百億美元。俄國權威的「三人對話」投資管理公司總裁認為這次金融市場的反應如同1998年俄國金融大崩潰。一家商業銀行的證券部經理說,股市一片驚慌,混亂,歇斯底里。外國投資商擔心俄國政局出現不穩,紛紛裹足不前。特別是在俄國總檢察院凍結法律上屬於兩家外國公司的40%的尤科斯公司股票後,更引起外國投資者擔心資金安全。不少人認為普京提出的要在近期內把國內生產總值翻一翻的計畫可以免談了。目前俄國方面還顧不上解決這個問題。不過,普京倒是立即召集國內外投資商開會,設法穩定局勢。

這次大動盪最明顯的後果是普京更換自己的行政首腦。葉

利欽家族利益的照管人沃洛申被解職，由普京的老同事老校友三十八歲的梅德韋傑夫接任總統辦公廳主任。普京任命一位非特工出身的法律學家、一直分管經濟問題的人擔任這個相當於政府總理的職務，說明普京仍把經濟問題放在首位，並且瞭解國內外輿論對俄國特工出身的人日益控制俄國政府要害部門一事的擔心。梅德韋傑夫上任後，11月1日在回答俄羅斯國家電視台記者採訪時，表示執法機關在採取行動之前，要好好考慮經濟後果，例如凍結屬於離岸公司的尤科斯股票，無助於補償國家損失。他還表示，執法機關不應濫用職權，否則很可怕。

這次俄國政治經濟大動盪，對中國有著重要的關係。中國是尤科斯公司的合作夥伴。霍多爾科夫斯基一直頂住外來壓力要與中國合作。他認為中國是一個穩定的石油市場，因此長期以來除向中國提供石油以外，還堅持進行雙方洽談，並於胡錦濤主席今年月訪俄時兩國石油公司簽署了供油協議。這項協議曾在國內外中文媒體上大加渲染。實際上起了中方與尤科斯公司聯合變相向俄國政府施壓的作用。在此之後，這項協議實際上被擱置一邊。據俄國媒體目前透露出來的消息，俄國政府可能早就打算整肅尤科斯公司，一直把中俄石油管道的事拖著不解決，並打算拖到明年年中，到時尤科斯公司問題將會明朗化。將來尤科斯公司更換主人之後，是否還會信守原來的協議，是個大問題。中方原以為戰略夥伴關係可以提供穩定的能源來源，現在已經有所覺悟，正在大力發展能源多樣化來源，積極修建油港，增加運油船隊，擴大向其他地區進行石油開採方面的投資。這表明中國並不依賴俄國石油為生。美國在這方面略勝一籌。尤科斯公司也同美國石油界有密切合作關係，但美國並不把俄國石油放在經濟發展的戰略要點上。

俄國政治評論界在俄國首富霍多爾科夫斯基被關進拘留所以後，油然想起中國各大超級富豪的命運。10月31日《消息報》專門介紹中國大亨。題目用的是《中國殘酷鬥爭百萬富翁》。文章詳細介紹王雪冰、朱小華、仰融、周正奇、楊斌、劉曉慶、高永和牟其中的情況。結論是「中國檢察院毫不手軟，將全國最有名最富有的人關進大獄，只要他們涉嫌貪污、經濟或納稅舞弊」；「令人驚奇的是，大量打擊工商界人士並沒有引起社會的負面反應，全國在整體上支持當局採用粗暴方法打擊經濟犯罪」。

　　在議論到俄國今後往何處去的問題時中國再次出現。現在有一派認為普京及其許多親近人士可能認為阿拉伯世界、東南亞包括中國在內實行的威權資本主義模式是完全有效的一種經濟模式。特別是以石油為生的阿拉伯國家。在俄國現代歷史上，有過不觸動政治體系而進行經濟改革的想法，如普京崇拜的對象安德羅波夫就是一個例子。

　　俄國開始一個新時期，今後的走向還要拭目以待。

格魯吉亞：美俄
爭奪的遊戲

2003/11/25

　　素有「狡獪的老狐狸」綽號的格魯吉亞總統謝瓦爾德納澤在
國內反對派的壓力和俄美兩國拋棄之下，被迫宣佈辭職，退出政
治舞台。謝瓦爾德納澤十年前出任格魯吉亞總統，立即借助美國
制約俄國，請美國為他培訓總統衛隊，請美國軍事顧問協助整頓
軍隊，後來還表示要求參加北約，打擊格魯吉亞的親俄派。美國
早就垂涎高加索地區，一直想打入一個楔子。謝氏為美國提供了
一個機會，美國趁機擴大在高加索的勢力和影響，支持謝氏在獨
聯體內一再與俄國摩擦。謝氏支持車臣叛軍，允許車臣武裝分子
把格魯吉亞作為後方基地，展開對俄國政府軍的游擊戰。這些不
友好的行動引起俄國的不快。但是，格魯吉亞的經濟在很大程度
上依賴俄國。格魯吉亞的能源，包括電力和天然氣，全靠俄國供
應；大量格魯吉亞僑民從俄國每年匯回二十億美元，解決格魯吉
亞老百姓的生活。俄國目前在格魯吉亞設有第十二和第六十二兩
大軍事基地，三千名軍人，四百輛坦克和裝甲車，俄國駐軍總部
設在首都梯比裡斯。俄國把格魯吉亞看成自己維持南部邊疆穩定
的重要戰略因素，一直拉住謝氏不放，對他的一些做法採取忍讓

態度。謝氏遊弋於美俄之間，以保持自己的地位。

　　這次引發「絲絨革命」的導火線，是11月2日進行的議會大選。為了保住親政府派的議席，大行舞弊，直到20日才宣佈計票結果。激進的親美派在野各政黨被宣佈為少數派，引起在野黨強烈不滿，發動各地反對派人士齊集首都，要求謝瓦爾德納澤下台。美國表示，「這次大選沒有表達格魯吉亞人民的意原」。歐盟的觀察員也表示大選不符合國際標準。謝氏求救於俄國大使，請求俄國出兵干預，俄國國防部長表示，俄國在格魯吉亞的軍隊決不涉入。美國國務卿在電話裡表示近期內安排赴格魯吉亞調解，卻未見行動。俄國再次使用科索沃故技，搶先派出外交部長前去幹旋。俄國提出的方案是總統宣佈重新進行大選；反對派不動總統。然而已經無補於事。據媒體報導，最後是俄外長動員謝氏宣佈辭職，反對派保證他的安全。員警和一些部隊，包括國防部長倒向反對派，謝氏只好下台。俄國促進事件和平解決，並向格魯吉亞各界表明：遠親不如近鄰。普京對格魯吉亞事件特別關注，發表正式態度，認為事件的發展並不意外，是前領導犯了一系列國內外政策、經濟政策錯誤的結果。普京認為這些錯誤主要是謝氏沒有顧及格魯吉亞同俄國的傳統聯繫。不過普京認為謝氏從來就不是獨裁者。普京向新掌權者及其後台發出警告，要求他們對格魯吉亞人民負責，要求重新選出來的合法領導恢復兩國傳統友好。俄外長會見反對派領導人薩阿什維里後，薩氏表示對他的好感。

　　格魯吉亞反對派主要領導人是薩阿什維里和布札納澤。前者是留美法學博士，後者是留俄法學士，兩人都是著名的親美派。薩氏曾任前政府司法部長，是激進的民族主義者；布札納澤女士曾任國會議長，是溫和的反對派。按憲法規定，布札納澤接任國

家元首職務。新政府將面臨兩大難題：一是經濟難題。一旦俄國斷氣斷電，格魯吉亞將陷入一片黑暗和混亂。一是國家分裂的危險，面臨南斯拉夫台本。格魯吉亞是一個聯邦性質的國家，除中央直屬各省外，還有四個民族自治共和國。其中阿札里亞、阿布哈茲亞和南奧謝蒂亞三個自治共和國都是親俄的。阿布哈茲共和國曾多次提出要求加入俄羅斯聯邦。這三個共和國都反對新上台的親西方民主派。總之如何處理好同俄國的關係，是格魯吉亞生命攸關的問題。至於美國，目前陷入伊拉克和阿富汗泥沼，未必有暇顧及格魯吉亞事務。

Headline 96　俄國大選 官僚派大勝 右派大敗

2003/12/11

大選順利舉行

　　2003年12月7日上午，莫斯科大雪紛紛揚揚，加上昨夜一場大雪，蓋住了馬路，使行人舉步維艱。就是在今天，一億零九百萬俄國選民使用自己的憲法權利，在三十七萬軍警、金屬探測器、八十萬本國觀察員和四十多個國家一千二百名國際觀察員「觀察」之下，在俄國南方連續發生恐怖事件和候選人被槍擊的情況之下，在全國九萬四千多個投票站，參加國家杜馬議員的選舉活動。筆者有機會親自前往住家附近的投票站觀察投票情景。俄國大多數投票站，如同前蘇聯時期一樣，設在中小學校裡。我所參觀的莫斯科一二二三號投票站就設在羅蒙諾索夫中學裡。校門口掛著「歡迎投票」的橫幅，走進大門，我看見六名員警，手持警棍和金屬探測器，坐在沙發上，神情放鬆，並無如臨大敵的感覺。走廊裡飄揚著俄國音樂。投票廳裡除了本區選舉委員會的

成員外，還有一些觀察員。其中一名女觀察員坐在票箱旁，注視投票過程，面容相當嚴肅。我看見一位年長者拿出身分證，領到選票以後，在票上做了符號，投進白色票箱。學校大樓裡專為選民設置了小吃部，雖說各種食品其貌不揚，但是比市面上要便宜一半，因此不乏顧客。據說，這也是前蘇聯的傳統，以吸引選民前來投票。看完投票全過程以後，我走出學校。學校門口，一位姑娘胸佩工作證，對投過票的選民進行民意調查，詢問選民投票情況。

競選活動光怪陸離

　　國家杜馬議員共四百五十名，二百二十五名由二十三家政黨和團體角逐；另外二百二十五名由一千九百八十九名候選人以個人名義在各選區競選。議員每屆任期四年，由選民一人一票差額直選。這次選舉正處於俄國在普京上台以後，依靠情治機關和武裝力量部門（包括內務部、國防部、安全局、總檢察院、法院等）抓緊整頓，在加強法制的口號下，全力建立自由派人士稱之為「管理下的民主」。這種治國政治路線引起俄國社會各派政治力量不同的看法。各黨派的杜馬競選活動熱火朝天。選民經過多次大選，已經習慣這種直選制度。候選人，包括像大名鼎鼎的丘拜斯，把署名的競選信寄到莫斯科每一名選民的家裡。競選期間，手段花樣百出，從漫罵到刺殺，從打架到查帳，無所不有。

　　俄國政壇自從葉利欽開放黨禁以後，大大小小政黨不可勝數。十年來，大浪淘沙，這次參加競選的政黨大小共二十三個。這些政黨代表社會上不同的政治勢力和利益，名稱千奇百怪，令人眼花繚亂。諸如啤酒愛好者黨、退休人員黨、汽車俄羅斯新路

線黨等等。競選過程中曝露出大量政治醜聞。統一俄羅斯黨的上屆杜馬議員尤金以揭發為能事。俄國首富霍多爾科夫斯基就是他出面揭發而入獄。這次黨部決定的候選人名單中沒有他，他就在媒體大大揭發該黨曾經接受別列佐夫斯基和尤科斯政治獻金的內幕，指責黨主席之一的內務部長格雷茲夫貪污公款。黨領導揚言要將他開除出黨。

俄共這次處於被動地位，在政壇的地位每況愈下。媒體暴出俄共同別列佐夫斯基勾搭的內幕。杜馬安全委員會副主任、前聯邦安全局長提出要對俄共的經濟後台之一俄國農業建築總公司進行財務審計，檢查總經理維迪曼諾夫挪用公款的情況。一向以極端言論出名的日林諾夫斯基在電視辯論時大打出手，不僅自己揮起老拳，而且當場命令自己的保鏢們毆打辯論對手。競選期間，10月30日，布良斯克統一俄羅斯黨候選人謝緬科夫被殺手擊傷。該黨在當地的支部立即宣佈這是一次「政治恐怖事件」。接著，彼爾姆市的候選人涅鳥斯特羅耶夫也遭到槍擊。

競選期間各黨派都提出自己的政治口號，以爭取選票。統一俄羅斯黨提出穩定社會、發展經濟。俄共提出建立公正的社會，如增加工資，恢復社會保障系，也談保障人權。蘋果黨主要依靠力量是知識界，因此，除了提出全民共同關心的公用事業改革和提高公用事業收費標準的問題外，提出增加本國科研和教育經費。右派力量聯盟反映私營企業界利益，要求減少稅收，設計了把工資提高一倍和增加工作崗位的規劃。祖國聯盟要求提高礦物資源地租，增加國庫收入，因為資源是上帝賦予全國人民的，不能讓少數人占有，用這些錢來發展經濟，提高居民生活水準。日林諾夫斯基的俄羅斯自由民主黨提出「為了窮人，為了俄羅斯人」的社會民族主義口號，很得一些下層人民的擁護。

大選結果引起震動

大選當天晚上，莫斯科時間二十一點，俄國境內投票結束，海外俄國選民投票則於次日上午七時結束，據俄國中央選舉委員會發表的初步統計數字，俄國杜馬大選投票比例達到法定要求，因此選舉結果合法。按俄國選舉法規定，得票超過5％選票的政黨將進入杜馬。全國聯網計票，選舉委員會大樓燈火通明，通宵達旦。各黨派和新聞界都關注選舉結果。計票從遠東開始，第一批不到3％的選票已經初露端倪，直到全部選票統計結束，統一俄羅斯黨、俄羅斯共產黨、俄羅斯自由民主黨和祖國聯盟入線，而代表激進改革派的右派力量聯盟和蘋果黨名落孫山，沒有達到5％的票數，因而未能進入杜馬，只有地區名額選舉中，兩黨共有六人當選。引起大震動的是像右派力量聯盟的領導人伊琳娜‧庫田（在地區名額競選中輸給謝列茲涅夫）和蘋果黨領導人亞夫林斯基（該黨未能進入杜馬）、右派聯盟主席之一的聶姆佐夫這樣重量級右派人物都沒有入選。最後席位的分配情況是：統一俄羅斯黨二百二十二個席位，俄共五十三個席位，自由民主黨三十八個席位，祖國聯盟三十七個席位，人民黨十九個席位，各小黨共十六個席位，獨立議員六十五個席位。

俄國各界眾說紛紜

對大選結果，各界人士看法並不一致。外交大學包利索夫對記者說：「我不是預言家，但是預見到親西方的自由派右派力量聯盟和蘋果黨必然失利。俄共領導同大資本眉來眼去必定受到

懲罰。千百萬選民覺悟高，這是史無前例的。」國家電視台節目主持人斯瓦尼澤認為「俄共失去人心、民族愛國主義政黨祖國聯盟飛黃騰達、自由派挫敗，都在意料之中。」莫斯科市議會議員巴拉紹夫指出，「很高興見到選民們意見一致，大家都舉手按當局的意願投票。」「保護公民權益委員會」主席巴布希金感到失望：「選民沒選在杜馬里維護他們權益的黨派」。

社會擔心　普京表態

　　本屆杜馬選舉結束後，社會上出現一些相當強烈的憂慮。許多人擔心官僚黨會利用在議會裡的多數來修憲，大大擴大已經很集中的總統權力，同時延長總統的任期。普京立即表態，堅決反對修憲，發誓要遵守憲法，而且要充分發揮憲法的作用。有人擔心新杜馬是個跛腳鴨，沒有堅持市場經濟的右派力量，只有盲目擁護總統的中間派和看克宮眼色表決的日林諾夫斯基派。因此，在杜馬大選初步結果出來後，普京立即表態，認為這次大選是鞏固俄國民主的一次機遇，反映了全國居民的現實所好，反映了俄國政治生活的現實。他勸勝利者不要衝昏頭腦，而要認清自己的政治責任；失敗者要檢討自己的問題和政治活動。對於沒有進入杜馬的黨派人物，國家領導將會充分調動他們的思想、知識和幹部為國家服務。民意調查說明，他的觀點只有不到半數的選民表示支持。社會上還有人擔心俄國會走向集權主義。

官僚黨大勝

　　這次國家杜馬大選結果不出俄國公眾和政治評論界所料。新一屆杜馬第一大黨是統一俄羅斯黨。這個黨遙遙領先。據筆者詢問一些俄國朋友，普遍的看法是，在競選期間得到普京總統的支持。普京在會見這個黨的代表時明確宣稱，「我依靠你們黨」。有了這句話，統一俄羅斯黨在競選過程中提出的口號是「與總統一起選擇統一俄羅斯黨」。媒體稱之為「總統黨」。這個黨由原來的兩個掌權的黨派統一黨和祖國黨聯合組成。統一黨只有四年多的歷史，是當年為確保普京當選總統而由別列佐夫斯基搞起來的。黨魁是內務部長格雷茲洛夫和軍事化的緊急情況部部長紹伊古，主要成員是各地實權派人物。祖國黨是各地小皇帝州長發起的，主要人物有莫斯科市長盧日科夫、韃靼斯坦共和國總統沙米耶夫。兩黨本質上沒有區別，所以合成一個黨。該黨候選人名單前四名就是上面提到的四個人。普京上任四年來的一要項重要計畫就是建立垂直的政權，以便打破葉利欽時代政令不通的局面。另一項計畫就建立「管理下的民主」。媒體認為這個黨在實現這些計畫中的功勞不小。上一屆杜馬改變了由俄共主宰議會的局面，使普京許多計畫得以執行。參加競選活動的其他政黨指責這個黨動用國家行政資源為本黨服務。俄國社會求安定的情緒也為該黨取勝奠定了社會基礎。許多選民跟著掌權者走，也是主要因素之一。

實用主義占上風

　　這次大選最突出的現象是三分之一以上的選民支持掌權派的統一俄羅斯黨。這個黨的領導人一再說他們是「實用派黨」。一大部分選民正是這種實用派，指望這個黨能為他們的現實生活提供好處。每個社會都是中間派占大多數。這個黨以中左面貌出現，自然得到這個大多數的支持。在杜馬中將占有近半數席位，新議長可能由該黨出任，並能左右議會決議，將會採取一系列動作改變俄國現行政策，最終為修憲和確保普京長期執政服務。

新左派旗開得勝

　　第二個突出現象是新左派的興起。俄國社會的懷舊意識仍然很濃。不少人對蘇聯帝國的威勢和國家全包福利念念不忘。但是俄共提出打倒「反人民的普京政權」口號得到的回應越來越少，俄共中的一部分人對久加諾夫的無能表示失望，因而出來重新組黨。這次新出現的「祖國聯盟」就是新左派的代表。這個團體的重量級人物有最年輕的科學院院士、經濟學家格拉吉耶夫、原杜馬國際事務委員會主席羅果津、前中央銀行行長格拉欣科、在軍隊有很大影響的前蘇共政變委員會成員瓦列尼科夫大將、前空降兵司令什派克。他們明顯的民族社會主義思想，打富濟貧口號，迎合了社會上相當一部分選民的要求，因此能以第三大黨的地位進入杜馬。一位政治學家指出，克宮支持它，指望它有一天能建成歐洲式的「文明的社會民主黨」，以便取代日益不得民心的俄共。

俄共成了昨日黃花

第三個突出現象是俄共大輸。這次俄共失去了一半票數，得票僅占總數的12.7％。雖然仍居第二大黨，但已失去在國家杜馬呼風喚雨的力量。俄共十多年來處於反對黨地位，對俄國社會的改革和改善人民生活沒有做出任何積極的貢獻，治國理論上沒有提出新東西，跟不上社會改革的步伐，內部又不斷分化瓦解。原來俄共的重量級人物，如上屆國家杜馬議長謝列茲涅夫、祖國競選團第一把手格拉吉耶夫都離開了俄共，另創組織。俄共的選民見到新左派，立即倒戈。

右派慘敗

第四個突出現象是代表大資產階級和親西方勢力的右派力量聯盟和自由派蘋果黨得票大大下降，說明選民關心的還是自身的利益，反映出要求改善生活的實用主義政治意識。民主派失利的主觀原因沒有反映大多數選民的要求，脫離政治現實。競選活動失策。不少人對電視上右派力量聯盟三巨頭坐在豪華的私人飛機白色皮沙發裡的得意形象非常反感。俄國三千多萬人在生活線上掙扎，而他們卻過著奢侈生活，大選慘敗自在料中。各民主黨派看重小組織利益，沒有聯合起來，各自為政，都沒有過關。事後檢討，都認為責任在民主派領導人物的「老大情結」。

民族主義情緒膨脹

第五個突出現象是激進民族主義者日林諾夫斯基獲得大量選票，位居杜馬第三大黨。這些選民主要是文化低下的市儈、不諳世事的青年和流氓無產者，加上極端民族主義者。1993年國家杜馬大選時，日林諾夫斯基的自由民主黨也取得了意外的勝利。當時一位知名民主派人士就說：「俄國發昏了！」自由民主黨是一個民族主義政黨。它的得勝說明俄國社會的民族主義情緒正在氾濫。

民主社會尚待完善

對杜馬大選後的俄國政局，此地政治評論界人士認為，統一俄羅斯黨聯合一些小黨，會在杜馬里擁有憲法多數，可能形成一黨或者一個半黨控制國會的局面。代表一千萬選民的右派政黨沒有進入這屆國家杜馬，不是民主社會應有的現象。同時，普京曾放出風來，有意組織多數黨政府。這樣，俄國將面臨新的政治局面。

俄國國家杜馬大選，是俄國政治民主化的進程之一。二十三個政黨可以自由競選，儘管醜聞不斷，競選手段未必正當，但是，可以各顯神通，讓選民自由選舉。選民享用憲法賦予的選舉權，直選國會議員，至少可以反映出民眾的訴求和心態，對執政者也是一種民心考驗。俄國從集權國家走向民主國家，過程複雜，困難重重，難免出現反覆。這是一個艱難曲折的歷史進程。不過民眾嚐到民主的甜頭，就不會允許社會走回頭路。

Viewpoint07　PF0102

從集權到民主
——看懂俄羅斯之一

作　　者／白嗣宏
責任編輯／林泰宏
圖文排版／邱瀞誼
封面設計／王嵩賀

發 行 人／宋政坤
法律顧問／毛國樑　律師
印製出版／秀威資訊科技股份有限公司
　　　　　114台北市內湖區瑞光路76巷65號1樓
　　　　　電話：+886-2-2796-3638　傳真：+886-2-2796-1377
　　　　　http://www.showwe.com.tw
劃撥帳號／19563868　戶名：秀威資訊科技股份有限公司
　　　　　讀者服務信箱：service@showwe.com.tw
展售門市／國家書店（松江門市）
　　　　　104台北市中山區松江路209號1樓
　　　　　電話：+886-2-2518-0207　傳真：+886-2-2518-0778
網路訂購／秀威網路書店：http://www.bodbooks.com.tw
　　　　　國家網路書店：http://www.govbooks.com.tw
圖書經銷／紅螞蟻圖書有限公司
　　　　　114台北市內湖區舊宗路二段121巷28、32號4樓
　　　　　電話：+886-2-2795-3656　傳真：+886-2-2795-4100

2012年12月BOD一版
定價：500元

國家圖書館出版品預行編目

從集權到民主：看懂俄羅斯之一 / 白嗣宏著.-- 一版. --
臺北市：秀威資訊科技, 2012.12
　　面；　公分. -- (Viewpoint ; PF0102)
BOD版
ISBN 978-986-221-999-7(平裝)

1. 政治　2. 民主化　3.國際關係　4.文集　5.俄國

574.4807　　　　　　　　　　　101018824

讀 者 回 函 卡

感謝您購買本書，為提升服務品質，請填妥以下資料，將讀者回函卡直接寄
回或傳真本公司，收到您的寶貴意見後，我們會收藏記錄及檢討，謝謝！
如您需要了解本公司最新出版書目、購書優惠或企劃活動，歡迎您上網查詢
或下載相關資料：http:// www.showwe.com.tw

您購買的書名：＿＿＿＿＿＿＿＿＿＿＿＿＿＿＿＿＿＿＿＿＿＿＿＿

出生日期：＿＿＿＿年＿＿＿＿月＿＿＿＿日

學歷：□高中 (含) 以下　　□大專　　□研究所 (含) 以上

職業：□製造業　□金融業　□資訊業　□軍警　□傳播業　□自由業
　　　□服務業　□公務員　□教職　　□學生　□家管　　□其它＿＿＿

購書地點：□網路書店　□實體書店　□書展　□郵購　□贈閱　□其他

您從何得知本書的消息？

　　□網路書店　□實體書店　□網路搜尋　□電子報　□書訊　□雜誌

　　□傳播媒體　□親友推薦　□網站推薦　□部落格　□其他＿＿＿＿＿

您對本書的評價：(請填代號　1.非常滿意　2.滿意　3.尚可　4.再改進)

　　封面設計＿＿＿　版面編排＿＿＿　內容＿＿＿　文／譯筆＿＿＿　價格＿＿＿

讀完書後您覺得：

　　□很有收穫　□有收穫　□收穫不多　□沒收穫

對我們的建議：＿＿＿＿＿＿＿＿＿＿＿＿＿＿＿＿＿＿＿＿＿＿＿＿

＿＿＿＿＿＿＿＿＿＿＿＿＿＿＿＿＿＿＿＿＿＿＿＿＿＿＿＿＿＿＿＿

＿＿＿＿＿＿＿＿＿＿＿＿＿＿＿＿＿＿＿＿＿＿＿＿＿＿＿＿＿＿＿＿

＿＿＿＿＿＿＿＿＿＿＿＿＿＿＿＿＿＿＿＿＿＿＿＿＿＿＿＿＿＿＿＿

11466
台北市內湖區瑞光路 76 巷 65 號 1 樓

秀威資訊科技股份有限公司 　　　收
BOD 數位出版事業部

....

（請沿線對折寄回，謝謝！）

姓　　名：＿＿＿＿＿＿＿＿＿　年齡：＿＿＿＿　性別：□女　□男

郵遞區號：□□□□□

地　　址：＿＿＿＿＿＿＿＿＿＿＿＿＿＿＿＿＿＿＿＿＿＿＿＿＿＿

聯絡電話：(日) ＿＿＿＿＿＿＿＿＿＿　(夜) ＿＿＿＿＿＿＿＿＿＿＿

E-mail：＿＿＿＿＿＿＿＿＿＿＿＿＿＿＿＿＿＿＿＿＿＿＿＿＿＿＿